일의 주인으로 성장을 도모하는 자기경영자가 살아남는다

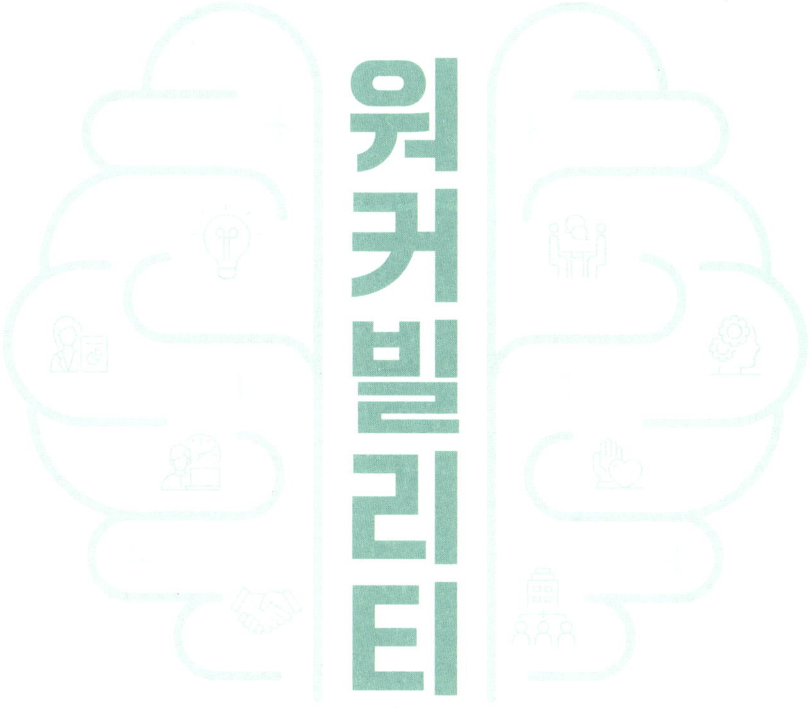

워커빌리티

WORKABILITY

김예진 하수민 이선혜 조은님 김윤정 도지은 김은영 박승은 지음

Book Insight 북인사이트

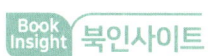

Contents

추천사   6

프롤로그   13

챕터 01

변화 속의 위기와 기회

01 | 변화의 소용돌이 속에 있는 워커들 · 19
02 | 변화에 살아남기 위해 필요한 것은? · 26
03 | 위기를 기회로 만드는 '다.유.능' · 36
04 | 변화의 시대, 대체 불가능한 인재로 성장하기 · 47

챕터 02

자기경영자, VAST 워커

01 | 자기경영자, VAST 워커 · 55
02 | 가치를 아는 자기경영자 VA 워커 · 62
03 | 강점을 발휘하는 자기경영자 ST 워커 · 75
04 | VAST 워커의 영향력 · 88

워커빌리티

챕터 03

능동적 워커가 가져야 할 책임

01 | '책임감 있는 직원을 뽑습니다.' · 95
02 | 경력 단계별 직장인의 책임자원 · 104
03 | 인정받는 워커로 성장하는 개인적 책임의식 · 115
04 | 책임의 무게를 마주하는 용기 · 127

챕터 04

함께 일하는 방법 다시 배우기

01 | 따로 또 같이 · 135
02 | 심리적 협업장벽 허물기: 신뢰로 여는 협업의 길 · 143
03 | 심리적 협업장벽 허물기: 협업 리셋의 4단계 · 154
04 | 탁월한 개인들의 협업 · 166

 Contents

챕터 05

밸런스가 필요한 요즘 소통

01 | 모두가 처음인 이 시대의 소통 · 175
02 | 멀티제너레이션 시대의 소통 · 180
03 | 하이브리드 워크 시대의 소통 · 194
04 | 변화를 뛰어넘는 소통 불변의 법칙 · 206

챕터 06

Clever 워커가 되기 위한 올바른 사고법

01 | '사고(思考)' 잘하고 있나요? · 213
02 | 워커에게 꼭 필요한 창의적 사고 · 220
03 | 워커에게 꼭 필요한 비판적 사고 · 228
04 | 변화하는 미래의 또 다른 필수적인 사고방식 · 237

워커빌리티

챕터 07

워커에게 필요한 마음 코칭

01 | 당신도 직춘기를 겪고 있나요? ·245
02 | 일터에서 찾는 워킹테라피 ·251
03 | 삶터에서 찾는 오감만족 힐링테라피 ·263
04 | 마음 관리에도 트레이닝이 필요하다! ·275

챕터 08

문화를 만들어가는 여정

01 | 우리는 왜 회사를 다니는가 ·281
02 | 개인이 모여 우리의 문화를 만든다 ·287
03 | 우리가 모여 조직이 된다 ·297
04 | 우리의 문화가 지속되기 위한 Action ·308

에필로그　317
참고문헌　320
저자소개　328

추천사

당신은 직장인입니까, 장인입니까?
일과 삶의 혁명을 꿈꾸는 사람들에게

지식생태학자 유영만 한양대학교 교수, 「코나투스」 저자

불안과 위기의 시대를 극복하는 '워커빌리티'

먹고살기 위해서 어쩔 수 없이 수행할 수밖에 없는 개인 차원의 노동(Labor)은 자기 일을 사랑하지 않는 사람들이 마지못해서 하는 생계수단이다. 이와 달리 자신이 하는 일의 본질과 의미를 자문하는 작업(Work)에 종사하며 보람과 가치를 창조하는 사람이 있다. 이들은 대체 불가능한 자기 분야의 독창적인 창작을 통해 근원적인 경쟁력과 자부심을 갖고 한 시대의 획을 긋는 사람들이다. 하지만 최근 들어 인공지능을 기반으로 한 디지털 기술의 혁명적인 발달로 성공적인 업무 추진에 필요한 능력은 물론 그 능력을 발휘하는 방식에도 근본적인 변화의 물결이 거센 파도를 치며

평온한 직장에 전대미문의 폭풍우를 몰고와 일과 일터에 불안을 가중시키고 있다.

하지만 불안을 초조하고 두려운 나머지 심리적으로 위축되는 부정적인 감정이 아니라 오히려 지금까지와는 다르게 대응하라는 경고등으로 해석하면 나에게도 새로운 기회가 온다는 암시로 받아들일 수 있다. 불안은 지금까지 해왔던 방식대로 업무를 처리하는 시대가 막을 내리고 뭔가 다르게 생각하고 다르게 행동하지 않으면 안 된다는 경각심의 다른 측면이다. 지금까지 내 몸에 밴 익숙한 업무방식을 근본적으로 '리셋'하는 사고(思考)를 하지 않으면 심각한 사고(事故)를 당할 수밖에 없는 냉엄한 현실이 우리를 불안하게 하고 있다. 이런 위기감이 증폭되는 시기에 시의적절한 책이 바로 「워커빌리티(Workability)」다.

워커빌리티를 높이기 위해 이 책은 세 가지 능력을 요구한다. 어떤 환경변화가 급습해도 '다양성'을 존중하며 다름과 차이 속에서 창의적인 발상과 도전을 감행하며, 가치 있는 경험과 자신만의 강점으로 불확실한 상황에서도 변화의 물결을 타는 '유연성', 그리고 정답을 기다리지 않고 주어진 상황에서 최적의 해답을 찾아 적극적으로 돌파구를 찾아 나서는 '능동성', 즉 다유능(다양성, 유연성, 능동성)이다. 다름과 차이를 존중하는 다양성의 텃밭 위에 유연한 사고방식과 능동적인 행동으로 씨앗을 뿌리고 의미와 가치를 창조하는 방식으로 자신의 일을 관리하고 경영한다면 모두가 인정하고 존중해 주는 아름다운 성과가 나타날 것이다.

'다.유.능'으로 향하는 Action

새로운 워커빌리티의 능력조건으로 요구되는 다유능(다양성, 유연성,능동성)으로 분명한 목적의식을 갖고 흔적을 축적하다 보면 어느 순간 모두가 감동하는 기적이 일어날 것이다. 기적은 한순간의 운이 만든 부산물이 아니라 자기 분야에서 분명한 비전과 목적의식을 갖고 반복하다 마주치는 반전의 성취물이다. 다유능으로 무장한 일터의 전문가는 능력과 재능을 넘어 자기 분야의 독보적인 창작 능력을 보여줌으로써 우리를 엄습하는 어떠한 변화의 물결에도 휩쓸리지 않고 대체 불가능한 독창성(獨創性)으로 함께 일하는 협동의 창의성, 즉 협창성(協創性)의 기반을 만들어간다.

이제 우리는 생물학적으로 살아남기 위해 '노동(Labor)'을 하는 수준을 넘어서야 할 뿐만 아니라, 이 지상에 무엇인가 영속적인 것을 남기기 위해 '작업(Work)'을 해야 함은 물론 우리의 삶을 더 좋은 삶으로 만들기 위해 무엇인가를 다른 사람들과 함께 만들고 공유하며 공동체를 구축하는 '행위(Action)'를 해야 한다. '행위(Action)'란 사회적 동물인 사람이 자신이 몸담고 있는 공동체에서 자신의 고유한 개성을 드러냄으로써 다른 사람이 지닌 색다름과 어울려 함께 살아가는 관계지향 활동을 말한다. 이것이 바로 한나 아렌트가 「인간의 조건」에서 말하는 노동, 작업, 행위의 근본적인 차이점이다. 이 책은 한 사람이 열심히 노력해서 업무 성과를 극대화시키는 산업화시대의 업무 패러다임에서 벗어나 인공지능을 비롯한 디지털 기술이 근본적인 변화의 물결을 일으키는 시기에 어떻게 대응해야 되는지를 실전 경험으로 체득한 정문일침의 지혜로 깨달음을 주고 있다.

직장인에서 장인으로 거듭나기

이 책은 한 개인의 워커빌리티가 자기 혼자 열심히 노력해서 생긴 것이 아니라고 주장한다. 나의 전문성이 다른 사람의 전문성과 융합되어 새로운 창조적 산물을 만들어내기 위해서는 어떤 노력과 조건이 필요한지를 관계와 문화 속에서 재점검하는 기반이 이 책이 주는 소중한 통찰이다. 전문가가 축적한 모든 전문성도 진공관에서 혼자 노력해서 축적한 독립적 산물이 아니다. 한 사람이 보유한 전문성에는 그 전문성이 개발되는 과정에서 직간접적으로 영향을 미친 모든 사회적 관계나 제도나 문화 그리고 시스템이 유기적으로 영향력을 주고받는 가운데 만들어진 공동의 결과물이다. 한 사람이 열심히 노력해서 업무 성과를 향상시키는 전통적인 방식에서 나와 다른 분야의 전문가가 만나 커뮤니케이션하면서 협업을 통해 각자의 전문성이 시너지로 작용하여 협동의 창의성이 꽃을 피우는 방식으로 전환해야 한다.

자기 일을 사랑하지 않고 질문이 없어진 사람, 어제 했던 일을 반복하는 '직장인'에게 우리가 겪고 있는 변화는 생존 자체를 위협하는 장애물이다. 하지만 자기 일을 사랑하는 나머지 그 일을 어제와 다른 방법으로 더 잘하고 싶어서 자발적으로 질문하고 연구개발을 거듭하는 '장인'에게 지금의 위기는 또 다른 기회를 얻을 수 있는 조건이다.

변화하는 시대, 대체 불가능한 워커로서의 전문성으로 자신의 일은 물론 동료나 고객의 아픔을 감지하고 이를 치유하기 위한 솔루션을 개발, 경계를 넘나드는 소통과 협업 마인드로 가능성의 문을 열어가고 싶은 사람들에게 이 책은 곁에 두고 참고하면서 읽어야 될 필독서다.

지금까지의 업무관행과 관습을 재고(Rethink)하고, 시대변화가 몰고오는 불확실성을 성찰(Reflect)함으로써, 이제껏 알지 못했던 인간의 고유한 능력을 재발견(Rediscover), 함께 이 시대를 살아가는 동료들과 재연결(Reconnect)해서, 앎과 삶, 그리고 일의 혁명(Revolution)을 일으키고 싶은 '직장인'들이 읽으면 자기 일을 사랑할 수밖에 없는 '장인'으로 거듭나게 만드는 실전형 지침서라서 한 번 잡으면 손을 떼기 어려운 놀라운 마력들이 책의 곳곳에 숨어 있다. 여러분의 직장 생활에도 혁명이 일어나 어제와 다른 운명을 창조하는 놀라운 경험을 맛보기 바란다.

Prologue

프롤로그

Prologue

프롤로그

일의 변화에 따라 새로운 일머리가 필요한 시대

일이 우리 삶에서 중요한 이유는 일이 삶 그 자체이기 때문이다. 일이 변화하면 삶의 모습도 변화한다. 변화가 변수가 아닌 상수가 된 시대에 세상을 이끄는 가장 큰 거시적인 변화 중 하나는 일하는 방식이다. 일하는 방식의 변화로 인하여 삶의 방식도 변화하고 있다. 우리의 삶 자체를 바꾸고 있는 일하는 방식의 변화 속에서 성과를 내고 성공하기 위해 우리는 실제로 일하는 능력인 역량에 주목할 이유가 충분하다.

일머리는 일하는 방법과 요령으로 한국에서는 오래된 과거로부터 '일을 잘한다'는 의미로 표현되어 왔다. 수렵/채집사회에서는 힘이 세고 사냥을 잘하는 사람, 농업사회에서는 부지런히 농사를 잘 짓는 사람 그리고 산업사회와 후기 산업사회에서는 기술과 지적인 능력이 일머리가 있는 사람이었다. 산업사회 이후에는 일머리를 '역량(Competency)'이라는 단어로 표현했는데, 이 역량을 향상시키기 위해 기술과 지식에 대한 교육이 중요하게 여겨졌다. 역량의 조건이 산업사회에서의 '기술'에서, 후기 산업사회에서의 '지식'으로 변화하면서 공부머리가 일머리의 전제조건으로 여겨졌다. 그러나 세상은 변했다.

세상은 이제 부족한 제품과 서비스의 필요만을 원하는(Want) 대량생산 체제를 넘어 고객들이 창의적인 제안을 욕망하는(Need) 개인의 맥락적 맞춤형 시대로 바뀌었다. 인재상도 공부머리만 갖춘 소위 먹물이 아니라 다양성과 창의성을 갖춘 인재로 변화하였다. 단순히 정보와 지식을 갖추고 무엇(What)만을 잘하는 것보다, 일에 어떠한 의미(Why)와 가치를 담고 어떻게(How) 하는가가 중요해지고 있다. 따라서 변화된 시대에 적합한 일하는 방식과 일머리가 필요하며, 이에 대한 전제로서 새로운 역량을 갖추어야 할 것이다. 이러한 역량, 즉 새로운 시대의 일머리를 이 책에서는 '워커빌리티(Workability)'라고 한다.

'워커빌리티(Workability)' 요즘 일잘러의 일머리

'워커빌리티(Workability)'는 크게 세 가지 핵심 역량과 여덟 가지 실천 역량으로 구분할 수 있다. 이론과 사례의 연구 결과로 다양성(Diversity),

유연성(Flexibility), 그리고 능동성(Proactivity) 이 세 가지가 핵심 역량으로 도출되었다. 이는 기존의 산업사회의 전통적이고 포괄적인 역량인 지식(Knowledge), 기술(Skill), 태도(Attitude)를 새로운 시대에 맞게 구체적이고 실천적인 내용으로 재정의한 것이다. 워커빌리티 연구회는 이를 '다유능(다양성, 유능성, 능동성)'으로 줄여 부르는데 이는 '실제로 일을 해내는 능력'으로서 새로운 시대의 일머리라고 할 수 있다. 핵심 역량 세 가지를 일터에서 구현하기 위해서 다음과 같이 8가지 키워드로 정리했다.

- 변화: 환경에 유연하게 대응하여 위기를 기회로 바꾸는 역량
- 워커: 자기 경영을 통해 자신의 가치와 강점을 발휘하는 역량
- 책임: 자신의 행동에 책임을 지고, 결과의 주인이 되는 용기와 역량
- 협업: 다양한 사람들과 효과적으로 협업하여 시너지를 창출하는 역량
- 소통: 뜻이 잘 통하여 업무의 효율성과 정확성을 높이는 역량
- 사고: 창의적이고 비판적인 아이디어로 문제를 해결하는 역량
- 마음: 긍정적이고 강한 정신력으로 어려움을 극복하는 역량
- 문화: 다양성을 이해하고 존중하며, 역할을 수행하는 역량

일잘러로 향하는 여정, 일 문해력과 워커빌리티

산업사회에서 '문해력(Literacy)'이 중요했다면, 최근 디지털 환경에서는 '디지털 기술과 도구를 이해하고 활용할 수 있는 능력'인 '디지털 문해력(Digital Literacy)'이 중요해지고 있다. 시대 변화에 따라 요구되는 일머리를 갖추는 것이 성장형 워커의 역량이 되었다. 새로운 시대의 일머

리로서 '일의 문해력(Work Literacy)'을 높이기 위해서는 '워커빌리티(Workability)'를 갖추어야 일과 삶에서 자유로울 수 있고 사회로부터 인정받을 수 있다.

나침반이 없던 시절, 배를 타고 망망대해를 항해하는 중 갑자기 북극성이 사라지는 것을 서양에서는 재앙이라 했다. 재앙을 영어로 Disaster라고 하는데, 어원을 보면 '사라지다'라는 뜻의 'Dis'와 '별'이란 뜻의 'Aster'로 구성되어 있다. 즉, 별이 사라지는 것이 재앙이다. 이런 상황에서 사람이 가장 싫어하는 감정이 생기는데 바로 불안이다. 불안은 불확실할 때, 예측이 안 될 때 생겨난다.

이 책은 여러분의 예측 불가한 미래를 유연하게 적응하게 함으로써 재앙의 불안을 해소하고 새로운 가능성을 열어줄 것이다. 새로운 일머리를 갖추기 위해 필요한 역량인 '워커빌리티(Workability)'의 중요성을 인식하고 배우고 실천함으로써 여러분의 일과 삶이 불안에서 탈피하여 자유롭고 행복하기를 바란다.

워커빌리티 연구회

변화 속의
위기와 기회

챕터 01

디지털 기술이 발전으로 인해 일하는 방식과 조직 문화가 근본적으로 변화하고 있다. AI와 자동화는 일자리를 대체하지만 동시에 새로운 기회를 창출하며, 자율성과 책임이 조화를 이루는 새로운 근무 환경을 요구하고 있다. 이러한 변화에 적응하는 것이 개인과 조직의 경쟁력을 높이는 핵심 과제이다.

디지털 기술과 AI의 발전은 일자리와 근무 방식을 변화시키고 있으며, 우리는 이러한 변화에 적응하고 지속적인 자기 계발을 통해 개인과 조직의 성장을 추구해야 한다.

01

변화의 소용돌이 속에 있는 워커들

기술 환경의 변화

할리우드 배우와 성우 등 약 16만 명으로 구성된 미국 배우·방송인노동조합이 2023년 7월부터 약 4개월간 대규모 파업을 벌였다. 레오나르도 디카프리오, 메릴 스트리프, 제니퍼 로렌스 등 유명 배우들이 동참한 이 파업은 인공지능(AI) 기술의 남용으로부터 배우와 제작 인력의 권리를 보호하기 위한 것이었다. OTT(온라인 동영상 서비스) 콘텐츠의 증가로 제작 시즌이 짧아지고 노동 강도는 세지고 있지만, 플랫폼 특성상 재방료나 로열티에 대한 기준이 모호해진 것이 주된 이유였다. 이에 앞서 미국의 삭가노동조합도 파업을 벌인 바 있다. 이들은 전문성과 경험이 요구되는 자신들의 역할이 AI로 인해 축소되고 있다고 느낀 것이다. 이처럼 배우와 작가가 동시에 파업에 나설 정도로, AI는 우리에게 위협적인 존재가 되고 있다. 결과적으로 이 파업은 일부 개선을 이루어냈으나, AI의 빠른 발전과 도입이 계속되는 한 배우와 작가들은 대체 가능성에 대한 불안을 피할 수 없을 것이다.

이러한 반발에도 불구하고, 넷플릭스와 같은 주요 스트리밍 서비스는 오히려 AI 채용을 확대하고 있다. 디즈니는 AI와 기계 학습에 중점을 둔 일자리 공고를 내는 동시에 수천 명의 직원을 해고한 것으로 알려졌다[1]. 이는 디지털 기술의 발전이 우리의 삶과 일터를 근본적으로 바꾸고 있고 우리 일상에 깊숙이 자리 잡고 있음을 보여준다. 빅 데이터, 클라우드 컴퓨팅, 인공지능(AI) 같은 기술들은 신문 기사를 자동으로 작성하고, 고객 분석을 순식간에 처리한다. 국제통화기금(IMF) 역시 '2024 글로벌 프로젝트 관리 직무 동향 보고서'를 통해 AI가 미래 일자리를 대체할 가능성을 경고하며, 이에 대한 철저한 준비가 필요하다고 지적했다[2].

효율성 개선을 이유로 감원에 나서는 기업들이 늘어나고 있는 것도 현실이다. 물류업체 UPS는 한 달 동안 1만 2,000명의 직원을 내보냈다. 이는 1907년 창립 이래 역사상 최대 규모의 감원으로, AI와 새로운 기술 덕분에 인력 감축이 가능해졌다고 밝혔다. UPS의 사례는 단지 시작에 불과하다. 세계 주요 테크 기업들의 해고 현황을 추적하는 웹사이트에 따르면, 올해 들어 159개의 테크 기업이 4만 1,800명의 직원을 해고한 것으로 나타났다. 이러한 추세는 스웨덴 핀테크 기업 클라르나가 신규 채용을 중단하고, AI가 상황을 어떻게 바꿀지를 주시하겠다고 발표한 것에서도 잘 드러난다[3].

국내 한 자동차부품 전문기업 역시 전체 계열사에 로봇 프로세스 자동화(RPA)를 도입하기로 했다. RPA는 반복적이고 단순한 업무를 대신 처리해 주는 소프트웨어 로봇으로, 이를 통해 매년 약 1만 4천 시간, 즉 1,700일 정도의 업무 시간을 절약할 수 있을 것으로 기대한다고 밝혔다. 이 기업은 전표 처리와 공문 처리 같은 반복적인 업무를 RPA로 자동화할 계획이다[4]. 이러한 자동화 흐름은 다른 산업에서도 나타나고 있다. 예를 들어, 은행에서도 계좌 개설, 대출, 거래 내역 조회 등의 단순한 업무를 컴퓨터가 대신 처리할 수 있다.

2023 세계경제포럼의 보고서에 따르면, 2027년까지 전 세계적으로 8,300만 개의 일자리가 없어지고 6,900만 개의 새로운 일자리가 생겨날 것으로 예상된다. 사라지는 일자리의 수가 새롭게 생겨나는 일자리보다 더 많다는 것인데, 한국을 포함한 전 세계가 이 변화에 대비해야 한다는 경고의 목소리에 귀 기울여 새로운 직무로 전환할 준비가 필요하다.

일하는 방식의 변화

미국의 20대 인플루언서인 브리엘은 취업 후 처음으로 '9 to 5'라는 8시간 근무를 경험한 후, 동영상 스트리밍 플랫폼 '틱톡'을 통해 "다른 사람들은 어떻게 친구를 만나고 데이트를 할 시간이 있는지 궁금하다."라고 하소연하며 눈물을 보였다. 그녀의 동영상은 며칠 만에 13만 건 이상의 '좋아요'를 받으며 큰 화제가 되었다. 이 해프닝은 전통적인 업무 방식이 앞으로도 유효할 것인지에 대한 의문을 제기한다.

대한상공회의소가 1만 2천 명의 국민을 대상으로 실시한 '총선에서 가장 인기 있는 공약' 조사에서 1위는 주 4.5일제 근무 도입 기업에 대한 지원이었다. 이에 앞서 AI 매칭 채용콘텐츠 플랫폼인 캐치가 진행한 설문조사에서는 주 4일제를 도입할 경우 연봉이 삭감되어도 괜찮다고 응답한 취업 준비생 비율이 53%에 달했다. 이러한 결과는 근로 시간 단축과 워라밸(일과 삶의 균형)을 중요시하는 사회적 트렌드뿐만 아니라 정신적 웰빙을 중요하게 여기는 현대인의 가치관이 강하게 반영된 것으로 보인다.

디지털 기술의 도입은 우리의 근무 방식을 혁신적으로 바꾸었다. 팬데믹은 원격 근무를 가속화시켰고, 이에 따라 하이브리드 근무와 재택근무에 대한 논의가 본격화되었다. 하이브리드 근무는 직원들이 사무실 근무와 재택근무를 병행하는 근무 제도를 의미한다[5]. 팬데믹 이후 재택근무의 장점이 부각되었고, 이에 따른 단점을 보완하기 위해 이 제도가 등장했다. 국내 기업들도 직원들의 선호를 반영하여 재택근무와 대면 근무를 혼합한 근무 형태를 채택하고 있다. 네이버는 근무 장소와 형태를 선택할 수 있는 '커넥티드 워크'를 시행 중이다. 직원들은 주 3일 출근을 기반으로 하는 타입과 원격 근무 타입 중 반기에 한 번씩 자신이 속한 조직과 프로젝트 상황 등에 따라 근무 형태를 선택할 수 있다. 이는 직원들의 절반 이상이 하이브리드 근무를 원한다는 설문조사 결과에 따른 것이다. 하이브리드 근무 제도는 워커들에게 근무시간과 장소에 대한 유연성을 제공하여 워라밸을 향상시키는 동시에, 업무 만족도와 생산성을 유지하거나 오히려 증가시킬 수 있는 새로운 근무 방식으로 자리 잡고 있다[6].

그러나 하이브리드 근무는 직원 간 소통 부족이나 협업의 어려움과 같은 단점이 있을 수 있다. 실제로 미국 클렘슨대학교에서 2020년 글로벌 기업 개발자 608명을 대상으로 한 설문조사에서는 74%가 재택근무 동안 동료와의 사회적 상호작용을 놓쳤고, 51%가 동료와의 의사소통이 어려워졌다고 답했다.

많은 워커들이 새로운 근무 방식 확산을 반기고 있지만, 일부 글로벌 기업들은 다시 사무실 복귀를 권고하거나 경고성 메시지를 보내기도 했다. 한국 기업 역시 소통 부족을 이유로 재택근무를 축소하는 경우가 있다[7]. 디지털 기술의 발전과 팬데믹으로 인한 근무 방식의 변화는 일과 삶의 균형을 맞추는 새로운 방법을 제시하고 있다. 하지만 이와 함께 직원 간의 소통과 협업을 어떻게 유지할 것인가에 대한 고민도 필요하다.

조직 문화의 변화

많은 기업이 재택근무와 하이브리드 근무를 도입하면서 조직 문화에도 큰 변화가 일어나고 있다. 이러한 변화는 직원들에게 자율성과 유연성을 부여하며, 기존의 위계적이고 통제 중심의 문화에서 벗어나 협력과 창의성을 중시하는 방향으로 나아가고 있다. 전 세계 유튜브 조회수 1위 기록

(2024년 9월 기준)을 보유하고 있는 한국의 글로벌 패밀리 엔터테인먼트 기업 '더핑크퐁컴퍼니'는 자율 출퇴근 제도, 자율 휴가 제도, 원격 재택근무 등을 통해 직원들이 자신의 생활 패턴에 맞춰 일할 수 있게 하고 있다. 이러한 제도는 업무 효율성과 성과를 높이는 데 기여하지만, 동시에 더 높은 책임감을 요구한다. 이 회사는 "자율과 책임 안에서 업무 효율을 극대화하고, 동료를 배려하며 새로운 영역에 도전하는 인재를 원한다."라고 강조한다[8]. 이는 자율성과 책임이 균형을 이루는 조직문화를 보여준다.

자율 출퇴근과 자율 휴가 제도는 큰 자유를 제공하지만, 그만큼 자신의 업무를 스스로 책임져야 하는 부담도 따른다. 자율성과 책임이 균형을 이루는 조직 문화는 직원들이 주인의식을 갖게 하며, 이는 개인의 성장뿐만 아니라 조직 전체의 성과와 성장으로 이어진다.

디지털 기술의 발전은 우리 사회의 많은 부분에서 큰 변화를 불러오고 있다. AI와 자동화 기술은 일자리를 없애기도 하지만, 동시에 새로운 기회를 창출하기도 한다. 이와 더불어 클라우드와 모바일 기술 같은 디지털 혁신은 일하는 방식을 근본적으로 변화시키고 있다. 예를 들어, 클라우드 기술은 원격 근무를 가능하게 하고, 모바일 기술은 언제 어디서나 일할 수 있는 유연성을 제공한다. 이러한 변화는 일과 삶의 균형을 더 중요하게 생각하도록 우리를 이끌고 있으며, 조직 문화도 자율성과 책임을 균형 있게 유지하는 방향으로 변모하고 있다.

이러한 변화에 잘 적응하는 것이 우리의 중요한 과제이다. 디지털 기술의 발전을 받아들이면서도 인간의 가치를 잃지 않는 방향으로 나아가야 한다. 이런 변화 속에서 개인의 성장이 경쟁력의 핵심이 되고 있다. 새로운 기술과 변화에 적응하고, 계속해서 배우고 자신을 발전시키는 것은 개인과 조직 모두에게 중요하다. 개인의 성장은 곧 조직의 성장으로 이어지며, 이는 사회 전체의 경쟁력을 높이는 원동력이 된다. 따라서 우리는 끊임없이 자기 계발에 힘쓰고 변화에 능동적으로 대응하는 자세를 가져야 한다.

변화하는 기술과 환경 속에서 지속적인 학습과
자기 관리는 개인과 조직의 지속 가능한 성장을 이끄는 핵심 역량이다.

02

변화에 살아남기 위해
필요한 것은?

변화에 적응하는 인재의 중요성

 출근길에 스마트폰을 집에 두고 나온 것을 알게 되었다면 대부분의 사람은 집으로 다시 돌아가는 결정을 할 것이다. 그러지 않으면 업무와 일상이 마비될 것이 뻔하기 때문이다. 회사에 지각을 하는 것보다 하루 종일 스마트폰 없이 일해야 한다는 상황이 더욱 끔찍한 것이다. 2007년 애플이 처음 아이폰을 선보인 이후, 스마트폰 기술은 상상을 초월할 정도로 발전했다. 방송통신위원회에 따르면 2023년 기준 대한민국 국민 전체 스마트폰 보급률은 94.8%다. 이는 불과 10여 년 만에 스마트폰 없는 하루는 상상하기 어려워졌다는 것을 의미한다.

2016년 슈퍼컴퓨터 '알파고'와 이세돌 9단의 바둑 대국 이후 'AI가 인간을 대체할 수 있는가'에 대한 사회적 논의가 일어났다. 하지만 그 사건이 우리의 일상에 위협으로 다가오지는 않았다. 물론 대부분의 사람이 AI의 발전을 놀랍고 신기한 시선으로 보았다. 하지만 관련 분야를 전공하거나 종사하고 있던 사람이 아니라면 대부분은 본인과 크게 관련 없는 일이라고 생각했던 것이다. 그로부터 6년 뒤 누구나 AI와 대화를 하며 답을 찾아갈 수 있을 정도로 기술은 발전했다. 이제야 사람들은 AI가 본인들의 일과 삶에 미치는 중요성을 깨닫기 시작했다. 생성형 AI에 대한 관심이 증폭됐고, 지금은 몇 개월 단위로 진화하는 AI의 세상 속에서 살고 있다. 마이크로소프트가 링크드인과 함께 제작한 '업무동향지표 2024'에 따르면, 근로자 4명 중 3명(75%)이 AI를 업무에 활용하고 있다고 응답했다.

전체 근로자 4명 중 3명은 회사 업무에 AI를 사용 중
6개월간 AI 사용량 약 2배 증가

75%는 직장에서
이미 AI를 사용하고 있음

46%는 6개월 전부터
AI를 사용함

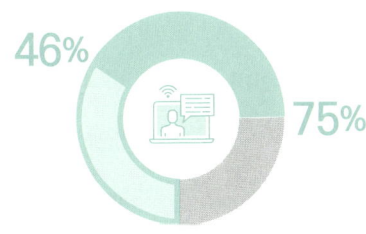

2024 Work Trend Index Annual Report
from Microsoft and LinkedIn

설문조사 질문:
업무 중 AI를 얼마나 자주 사용하시나요?
업무에 AI를 사용한 지 얼마나 되셨나요?

[그림 1-1] 직장 내 AI활용 비율(업무동향지표 2024)

이러한 기술의 빠른 발전은 다양한 산업에서 혁신을 이끌고 있다. 과거와 달리, 하루가 다르게 변화하는 기술 환경과 시장 상황 속에서 기업은 더 이상 기존에 가지고 있는 기술만으로는 성과를 내기 어렵다. 새로운 기술을 신속하게 습득하고 이를 업무에 적용할 수 있는 능력이 생존을 좌우한다. 그렇기에 기업은 지속적으로 새로운 기술을 습득하고 변화에 유연하게 대응할 수 있는 능력을 갖춘 인재를 필요로 한다. 스마트폰이 우리의 손에서 떨어질 수 없게 만든 것처럼, AI는 점점 더 많은 업무에 필수적인 도구가 되고 있다. 이러한 변화 속에서 우리는 기술을 두려워하기보다 이를 효과적으로 활용할 수 있는 능력을 길러야 한다.

지속적인 학습과 적응의 필요성

최근 직장인들 사이에서 자기 계발을 위해 여가 시간을 투자하는 경향이 증가하고 있다. 2023년도 잡코리아에서 실시한 '직장인 자기 계발 현황 조사'에 따르면, 20~30대 직장인 중 66.5%가 "요즘 공부하거나 자기 계발 하는 것이 있다."라고 응답했다. 또한 2024년 1분기 직장인 평일 저녁 카드 사용 데이터 분석 결과에 따르면, 스터디 카페 매출액이 2023년 동기 대비 59.0% 증가한 것으로 보고되었다. 이는 퇴근 후나 주말 여가 시간을 자기 계발에 투자하는 젊은 세대 직장인들이 크게 늘어난 것을 의미한다.[9] 이와 같은 경향은 끊임없이 변화하는 기술과 업무 방식에 적응해야 하는 직장인들의 현실을 반영한다.

오바마 폰으로 유명했던 블랙베리는 한때 전 세계 스마트폰 시장 점유율 1위, 미국에서는 44.5%에 달할 정도로 큰 성공을 거뒀었다. 2003년에 첫 번째 스마트폰을 출시했으며 이는 당시 시장에서 혁신적인 제품으로 평가받았는데, 뛰어난 보안성과 이메일 기능으로 기업 사용자들 사이에서 특히 인기가 많았다. 그러나 다양한 기능을 탑재한 구글과 애플의 운영체제가 큰 인기를 얻기 시작하면서 물리적 쿼티 자판과 자체 운영체제(블랙베리 OS)에 의존하며 새로운 기술 도입을 망설였던 블랙베리는 점차 경쟁력을 잃어갔다. 애플이 터치스크린과 앱 스토어로 세상을 놀라게 했을 때, 블랙베리는 이를 단순한 유행으로 치부했던 것이다. 변화하는 소비자들의 기대와 기술 트렌드를 제대로 읽지 못한 블랙베리는 안전한 항구에 머물러 있기를 고집하다가 거세게 밀려오는 변화의 파도에 휩쓸려 사라져 버렸다.

이렇게 블랙베리는 한때 스마트폰 시장에서 외면받았지만, 계속해서 배우고 적응하며 보안 소프트웨어 회사로의 변화를 꾀했다. 그 결과 지금은 자동차, 의료, 제조 등 여러 산업에서 사용되는 보안 소프트웨어와 서비스를 제공하는 기업으로 탈바꿈하게 되었다[10].

블랙베리의 성공적인 전환은 기술 기업이 변화하는 시장에 어떻게 적응하고, 새로운 기회를 찾을 수 있는지를 보여준다. 끊임없는 학습과 혁신을 통해 블랙베리는 스마트폰 제조사에서 글로벌 보안 솔루션 제공업체로 자리 잡았다. 끊임없이 배워나가는 것은 개인 및 조직의 전문성을 키우고, 변화하는 시장에 빠르게 대응할 수 있게 한다.

업스킬링과 리스킬링의 중요성

　미국 최대의 유통기업인 월마트는 한동안 아마존 등 온라인 기업들과의 경쟁에서 어려움을 겪었다. 하지만 최근 실적이 좋아지면서 다시 주목받고 있는데 그 비결은 '업스킬링'과 '리스킬링' 전략에 있다. 월마트는 가상 현실(VR) 기기를 활용한 시뮬레이션을 통해 직원들이 다양한 상황에서 고객에게 적절히 대응할 수 있도록 훈련했다. 또한, 고객과의 공감 능력을 향상시키는 집중 교육과 IT 관련 역량 강화도 체계적으로 진행하였다. 이러한 노력 덕분에 직원들은 업무에 대한 자신감을 얻었고, 이전보다 더 능숙하게 업무를 수행할 수 있게 되었다[11].

　업스킬링(Up-Skilling)은 현재 직무를 더 잘 수행하기 위해 기존 기술을 향상시키는 것을 의미한다. 예를 들어, 회계사가 새로운 회계 소프트웨어를 배우고 데이터 분석 기술을 익히면 더 정확하고 효율적으로 일을 처리할 수 있다. 이는 회사의 생산성을 높이고 개인의 전문성을 강화하는 데 도움이 된다. 또한 화상 미팅을 할 때 '줌(Zoom)'이나 '팀즈(Microsoft의 협업 도구)' 같은 온라인 회의 도구의 다양한 기능을 활용하는 것 역시 업스킬링에 해당한다.

　월마트는 개인 고객 맞춤형 쇼핑도우미인 '퍼스널 쇼퍼'라는 새로운 직무도 만들었다. 우수한 직원들을 선발해 재교육하여 이 새로운 역할에 맞게 전환시켰다. 신규 채용이 아닌 기존 직원을 다시 교육해 퍼스널 쇼퍼로 전환시킨 것은 효과적인 인력 재배치 사례다. 이 외에도 다양한 자격증 취득 프로그램도 활성화하여 직원들이 새로운 기술을 배우고, 이를 통해 오프라인과 온라인 사업을 매끄럽게 연결하는 데 성공했다[12].

 글로벌 가구 기업 이케아는 2022년 AI 챗봇 '빌리(Billie)'를 도입했다. 빌리는 고객 문의 전화의 47%를 처리할 수 있게 되었고, 이로 인해 8,500명의 콜센터 직원들은 단순한 고객 응대 대신 새로운 기술을 배워 인테리어 디자인 상담원으로 재배치될 수 있었다[13]. 이는 리스킬링의 대표적인 사례로, 직원들이 새로운 기술을 습득하고 그 기술을 통해 더 나은 직무로 전환된 것이 핵심이다.

 리스킬링(Re-Skilling)은 완전히 새로운 기술이나 지식을 습득하는 것을 의미한다. 이는 기술 발전과 자동화로 인해 감소하거나 사라지는 직무를 대체할 수 있는 중요한 전략이다. 이케아는 기술 변화에 대응하여 직원들을 새로운 직무로 전환시켜 더 많은 수익을 얻고, 숙련된 직원들을 유지하며, 직원들이 계속 배울 수 있는 환경을 만들었다.

 세계 경제 포럼의 'Future of Jobs Report 2020'에 따르면, 현재 직업의 약 50%가 새로운 기술을 필요로 한다. 급변하는 현대 사회에서 개인의 성장과 직업적 안정성을 확보하여 경쟁력을 유지하는 중요한 방법 중 하나가 바로 '업스킬링'과 '리스킬링'이다. 업스킬링을 받은 사람들은 그렇지 않은 사람들보다 고용 안정성이 30% 더 높았으며, 이를 통해 기술을 향상시킨 근로자들은 평균적으로 8~12%의 임금 상승을 경험했다. 또한 업스킬링 프로그램에 참여한 직원들은 2배 더 높은 승진 가능성을 보였다[14].

예전에는 사람들이 특정 직무에 맞추어 일을 배웠다면, 이제는 필요한 스킬을 빠르게 배우고 적용해야 하는 시대다. 개인의 경쟁력을 유지하고 시장 가치를 높이기 위해서는 지속적인 기술 습득과 지식 향상이 필수적이다. 업스킬링과 리스킬링은 이를 실현하는 중요한 방법으로, 개인이 변화하는 직업 환경에 능동적으로 대응할 수 있게 되고 다양한 기회를 활용하여 성장할 수 있도록 돕는다. 따라서 이러한 학습과 발전의 기회를 적극적으로 활용하는 것이 중요하다.

자기 관리와 정서적 안정: 지속 가능한 성장의 열쇠

직장인 A씨는 매일 새벽 5시에 일어나서 스트레칭으로 하루를 시작하고, 출근 시간보다 일찍 회사 근처에 도착해 카페에서 책도 읽고 블로그 포스팅을 한다. 점심 시간에는 '워런치(walunch=walking+lunch)'를 하고 퇴근 후 가벼운 식사를 하고 다이어리를 작성하며 하루를 마무리한다.

현대 사회의 젊은 세대는 '갓생'이라는 새로운 라이프스타일을 통해 자기 관리를 극대화하고 있다. '갓생'은 'God'과 '인생(生)'의 합성어로, 부지런하고 모범적인 삶을 의미한다. 이들은 미라클 모닝, 일기 쓰기, 책 읽기, 매일 30분 운동 등 규칙적인 루틴을 통해 건강하고 생산적인 생활을 유지하고 있다. 불과 몇 년 전까지만 해도 순간을 후회 없이 즐기는 '욜로(You Only Live Once)' 문화가 유행했지만, 이제는 장기적인 성장과 발전을 추구하는 새로운 트렌드가 확산되고 있다. '갓생'은 단순한 유행이 아닌, 더 나은 삶을 추구하는 강력한 자기 관리 방식으로 자리 잡고 있다[15].

이러한 젊은 세대의 변화는 개인의 삶뿐만 아니라 조직 문화에도 큰 변화를 가져오고 있다. 초경쟁 사회에서 우리는 더 이상 잠시의 성과에 안주할 수 없다. 경쟁의 범위는 이제 지역을 넘어 전 세계적으로 확대되었으며, 개인과 조직 모두 끊임없이 자신의 가치를 증명해야 하는 상황에 놓였다. 한 번 경쟁에서 이겼다고 해서 오랫동안 그 지위를 유지하던 시대는 지났다. 이제는 변화하지 않으면 도태된다. 이는 기업뿐만 아니라 개인에게도 해당되는 현실이다. 변화하는 환경에 맞춰 전략을 수정하고 지속적으로 자기 계발에 힘쓰지 않는다면, 어느새 경쟁에서 뒤처지기 마련이다. 이 책에서 자기 관리와 정서적 안정성을 강조하는 이유가 바로 여기에 있다.

자기 관리는 단순히 개인의 삶을 효율적으로 운영하기 위한 활동을 넘어서, 현대 사회에서 생존과 성장을 위한 필수 전략이 되었다. 자기 관리를 잘하는 사람들은 효율적으로 업무를 처리하고, 목표를 달성하는 능력이 뛰어나다. 실제로 자기 관리를 꾸준히 실천하는 직원들은 그렇지 않은 직원들보다 직무 성과가 20% 이상 높다는 연구 결과도 이를 뒷받침한다. 이는 현대 사회에서 자기 관리가 개인의 성과에 얼마나 중요한지를 잘 보여준다.

자기 관리의 중요한 요소 중 하나는 시간 관리이다. 바쁘게 흘러가는 일상에서 시간을 효과적으로 관리하는 것은 스트레스 수준을 낮추고 생산성을 높이는 데 중요한 역할을 한다. 연구에 의하면, 시간을 잘 관리하는 사람들은 스트레스 수준이 30% 낮고 생산성은 25% 높다고 한다. 이는 시간 관리가 단지 업무 성과 향상뿐만 아니라 개인의 정서적 안정에도 중요한 역할을 한다는 것을 명확히 보여준다[16].

스트레스 관리의 중요성은 허핑턴 포스트의 창립자인 아리아나 허핑턴(Arianna Huffington)의 경험을 통해서도 잘 알 수 있다. 과로로 쓰러진 경험을 통해 자신을 돌보는 법을 배우고 이를 실천한 아리아나는 이후 「더 슬립 레볼루션(The Sleep Revolution)」을 출간하며 충분한 수면과 자기 돌봄의 중요성을 강조했다. 이처럼 현대 사회에서 자기 관리와 정서적 안정은 더 이상 선택이 아닌 필수가 되었다. 개인과 조직 모두가 끊임없이 변화하고 적응해야 하는 시대에, 자기 관리는 성공과 행복을 위한 강력한 도구로 자리 잡고 있다.

2019년 세계보건기구(WHO)는 번아웃을 직업 관련 증상으로 정의하며 국제질병분류에 포함시켰다. 초경쟁사회에서는 변화와 스트레스가 일상적인 일이다. 이러한 환경에서 정서적 안정과 탄력성은 성공의 열쇠다. 정서적으로 안정된 개인은 업무 효율성과 개인의 만족도를 높이며, 지속 가능한 성장을 이룰 수 있다. 연구에 따르면, 정서적 안정과 탄력성이 높은 사람들은 그렇지 않은 사람들보다 장기적으로 건강하고 지속 가능한 성장을 이룰 확률이 40% 더 높은 것으로 나타났다.

정서적 안정은 개인의 정신 건강과 직결된다. 이는 스트레스와 불안을 효과적으로 관리하고, 긍정적인 감정을 유지하는 능력을 의미한다. 감정적으로 안정된 사람은 높은 업무 성과를 내고 직무 만족도를 유지하는 경향이 있다. 체계적인 자기 관리는 자신감을 높이고, 정서적 안정을 강화하여 초경쟁사회에서 어려움을 극복하는 데 큰 도움이 된다. 자기 관리와 정서적 안정은 상호 보완적이며, 이 두 가지를 균형 있게 발전시킨 사람들은 더 높은 삶의 만족도를 보인다[17].

초경쟁사회에서 자기 관리와 정서적 안정은 필수적인 요소이다. 자기 관리를 통해 정서적 안정을 유지하고, 이는 다시 업무 효율성과 삶의 질을 높이는 선순환을 만든다. 개인과 조직 모두가 이러한 상관관계를 이해하고 실천할 때, 초경쟁사회의 도전 과제를 효과적으로 극복할 수 있을 것이다.

변화의 시대에 살아남기 위해서는 다양성, 유연성, 능동성을 갖추어 새로운 기회를 포착하고 지속 가능한 성장을 추구해야 한다.

03

위기를 기회로 만드는 '다.유.능'

변화의 시대를 살아남는 힘, '다.유.능'

현대사회는 다양한 역할을 잘 해낼 수 있는 인재를 원한다. 이를 위해서는 변화에 신속히 적응하는 유연함과 다양한 지식과 경험을 받아들이는 능동성이 필수적이다. 티웨이항공의 성공 사례는 이 점을 잘 보여준다.

티웨이항공은 2023년부터 소셜미디어를 통해 일본, 대만, 베트남, 태국, 싱가포르, 호주 등 여러 나라에서 인스타그램과 페이스북 채널을 운영하며 현지 고객과의 소통을 강화했다. 현지어 기내 방송을 하고, 한국 드럭스토어를 추천하며, 인기 브랜드와 협업 이벤트를 열었다. 특히 'My

Seoul, 나의 서울' 시리즈가 큰 인기를 끌었는데, 이러한 현지화된 콘텐츠 덕분에 티웨이항공은 고객의 공감을 얻고 브랜드 충성도를 높였다.

또한, 이 기업은 팬데믹으로 항공산업이 전례 없는 위기를 겪던 시기를 기회로 전환한 대표적인 사례로 주목받고 있다. 대부분의 항공사가 신규 항공기 도입을 연기했지만, 티웨이항공은 저렴해진 리스 가격을 활용해 A330 중대형기를 도입했다. 더불어, 대한항공과 아시아나항공의 합병으로 반납된 노선을 빠르게 확보하여 중장거리 운항을 늘렸다. 이러한 전략적 유연성과 능동성 덕분에 티웨이항공은 2023년 매출 1조 3,499억 원을 기록하며 창사 이래 최대 실적을 달성했다[18].

티웨이항공의 사례는 불확실한 환경 속에서 개인과 조직의 적응력이 얼마나 중요한지를 잘 보여준다. 변화에 유연하게 대응하는 능력은 개인이 대체되지 않는 중요한 이유 중 하나다. 디지털화와 자동화가 가속화되는 시대에 '다.유.능'을 갖춘 개인은 변화에 민첩하게 대응하고 새로운 기회를 포착하며 대체될 가능성을 낮출 수 있다.

이 책에서는 다양성, 유연성, 능동성, 다시 말해 '다.유.능'의 중요성을 다루고자 한다. 티웨이항공의 사례는 이 세 가지 요소가 현대 사회에서 왜 중요한지, 그리고 이를 어떻게 효과적으로 적용할 수 있는지를 잘 보여준다. 다양한 지식과 경험을 받아들이는 능력, 변화에 빠르게 적응하는 유연함, 스스로 기회를 찾아 행동하는 능동적인 태도는 현대사회를 살아가는 개인에게 필수적이다.

결론적으로, 변화의 시대에 살아남기 위해서는 변화에 대한 두려움을 극복하고 능동적으로 대응하는 자세가 필요하다. 티웨이항공의 성공에서 볼 수 있듯이, 다양성, 유연성 그리고 능동성은 개인과 조직 모두에게 중요한 경쟁력이다. '다.유.능'을 통해 우리는 불확실한 미래를 준비하고, 새로운 기회를 창출하며, 보다 안정된 직업인의 삶을 살 수 있을 것이다.

조직 혁신을 이끄는 '다양성'

최근 특정 세대를 겨냥한 밈(Meme: 인터넷에서 빠르게 퍼져 유행하는 이미지나 표현으로 사람들이 이를 따라 하거나 변형해 공유하는 문화 현상)이 유행하고 있다. 이러한 밈은 단순히 유머로 치부될 수도 있지만, 오히려 세대 간의 갈등을 조장하고 심화시킬 우려도 있다. HR 기업 사람인이 2024년 실시한 '직장 내 세대 차이' 조사에 따르면, 응답자의 75.9%가 세대 차이를 느낀다고 답했다[19]. 현대 조직에는 베이비부머, X세대, 밀레니얼 세대, Z세대가 공존하고 있으며, 각 세대는 업무에 대한 관점과 태도가 다르기 때문에 갈등이 발생하는 것은 자연스러운 일이다. 베이비부머 세대는 팀에 대한 충성도가 높고, X세대는 자립을 중요시한다. 밀레니얼 세대는 워라밸을 중시하고, Z세대는 다양한 직장을 경험하는 것을 자연스럽게 여긴다[20].

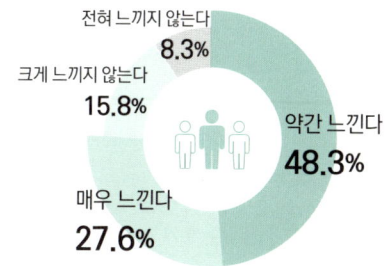

[그림 1-2]
*출처: 사람인(2024). '직장 내 세대 차이' 설문조사

하지만 이러한 갈등이 단순히 세대 간의 문제일까? 조사에 따르면, 직장 내 세대 차이를 가장 많이 느끼는 직급은 '사원'으로 나타났으며, 이어 임원급(23%), 부장급(16%), 대리급(11.5%) 순이었다. 직급별로 세대 차이를 느끼는 대상이 달랐는데, 사원급의 경우 같은 '사원급'(26.8%)에게 가장 크게 세대 차이를 느꼈다[19]. 같은 세대라도 회사에 대한 가치관, 업무 방식, 일에 대한 책임감 등이 각기 다르기 때문에 갈등이 발생하는 것이다. 과거에 비해 다양한 연령대와 배경을 가진 사람들이 함께 일하다 보니, 같은 상황을 보더라도 각자 다른 생각을 하게 되면서 갈등이 생기는 것이다. 이는 세대 간의 문제라기보다는 사회적 변화에 따른 현상이다.

최근에는 능력을 중시하는 인사 정책으로 인해 젊은 리더들이 많아지면서 새로운 형태의 갈등이 나타나고 있다. 한 설문조사에 따르면, 응답자의 45.1%가 나이 어린 상사와 일해본 경험이 있으며, 이 중 39%가 스트레스를 받았다고 답했다[21]. 김호 대표는 그의 저서 「직장인에서 직업인으로」에서 지금 시대를 '역사상 최초로 나이 든 세대가 나이 어린 세대보다 더 모를 수 있는 시대'라고 언급했다.

현대 조직에서는 다양한 세대의 직원들이 협력해야 문제를 해결할 수 있다. 미국 경영자협회는 의도적으로라도 다양한 세대가 섞인 조직을 만들고, 세대 간 차이와 강점을 인식하며 이해하는 분위기를 조성하라고 제안했다. 또한 다른 세대와 효과적으로 소통할 수 있는 교육 프로그램을 제공하는 것도 중요하다[22]. 세대 간 문제를 잘 극복하고 효율적인 조직을 만드는 것은 기업의 중요한 경쟁력이 된다.

보스턴컨설팅그룹의 '다양한 리더십이 팀의 혁신을 촉진하는 방법' 보고서에 따르면, 성별, 연령, 출신 국가, 경력 경험, 학력 등 다양한 요소를 고려한 경영진의 다양성은 신제품 및 서비스 출시의 총수익과 깊은 관계가 있다고 한다. 이 연구는 다양한 배경을 가진 경영진을 보유한 기업이 그렇지 않은 기업보다 19% 더 높은 수익을 기록한다는 사실을 밝혀냈다[23]. 이는 서로 다른 시각과 경험을 가진 사람들이 모이면 더 창의적이고 혁신적인 아이디어가 나오며, 이러한 아이디어는 조직의 성과에 직접적으로 기여한다는 것을 보여준다.

결국 일터에서 서로의 차이를 존중하고, 다양한 배경과 경험을 가진 동료들과 협력하는 것이 중요하다. 조직의 성과뿐만 아니라 개인의 성장과 발전에도 긍정적인 영향을 미친다. 다양한 팀원들과의 협업을 통해 새로운 시각을 배우고, 자신의 아이디어를 더욱 발전시킬 수 있기 때문이다. 따라서 우리는 다양성을 존중하고, 다양한 의견을 수용하는 자세를 가져야 한다. 이는 우리의 커리어와 조직 내 역할을 더욱 풍요롭게 만들어줄 것이다. 다양성은 우리가 직장에서 혁신을 이루고, 지속 가능한 성장을 추구하는 데 필수적인 요소이다.

팀이 지식을 서로 공유하고 상호 지원적인 분위기를 조성하면, 혁신적인 아이디어와 솔루션을 더 효과적으로 창출할 수 있다. 개인과 조직 모두에게 다양성을 인식하고 포용하는 노력은 앞으로 더욱 중요해질 것이다. 이는 단순히 세대 간 갈등을 해소하는 것을 넘어, 조직 전체의 창의력과 성과를 높이는 중요한 요소가 될 것이다. 다양성을 인정하고 포용하는 것은 현대사회와 직장에서 경쟁력을 갖추는 필수적인 전략인 것이다.

창의력과 회복력을 위한 '유연성'

　나온 지 100년이 넘었지만 지금도 매달 몇 편의 새로운 학술 논문에서 논의되고 있는 'Nine-dot problem'이라는 퍼즐이 있다. 3×3 격자에 배열된 아홉 개의 점을 연속된 네 개의 직선으로 모두 연결하는 과제이다[24]. 조건은 단순하지만, 해결하기는 쉽지 않다. 펜을 종이에서 떼지 않고, 왔던 길을 다시 돌아가지 않고 이 문제를 해결해 보자.

[그림 1-3] 'Nine-dot problem'

만약 아홉 개의 점 안에서만 이리저리 한붓그리기를 시도했다면, 이 퍼즐을 풀지 못했을 것이다. 이 퍼즐은 'think outside the box'라는 표현의 유래가 되었다는 주장이 있다. 점 바깥으로 선을 확장하여 그려야 문제를 해결할 수 있기 때문이다. 이는 전통적인 사고방식을 벗어나야 문제를 풀 수 있음을 보여준다. 우리는 일상에서 고정관념을 깨고 새로운 시각을 가지는 것이 얼마나 중요한지를 깨닫게 된다. 다양한 관점을 받아들이고 사고의 유연성을 기르는 것이 중요한 이유이다.

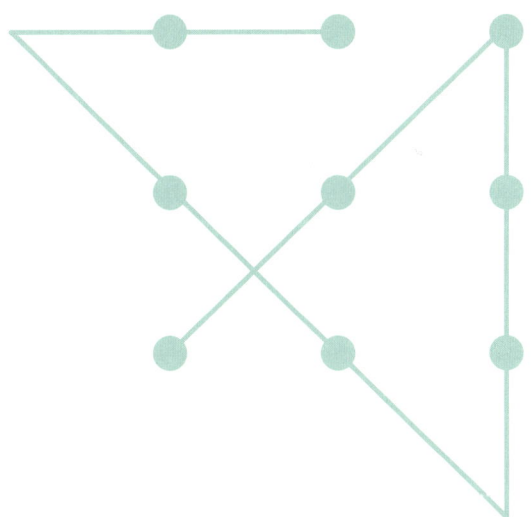

[그림 1-4] 'Nine-dot problem' 해답

"나 토스트아웃 왔어."

요즘 SNS에서 유행하는 신조어이다. 번아웃(Burn-Out)이 완전히 에너지가 고갈된 상태라면, 토스트아웃(Toast-Out)은 아직 다 타버리지는 않았지만 상당히 지쳐있는 상태를 의미한다. 토스트아웃 상태의 사람들은 여전히 맡은 일을 해내지만, 그들의 에너지는 점점 소진되고 있다. 이러한 상태가 지속되면 결국 번아웃에 도달할 위험이 크다. 기발하면서도 씁쓸한 마음이 드는 이 표현은 반복되는 스트레스가 원인이라고 한다[25].

한국인들이 자주 사용하는 외래어 중 하나가 '스트레스'일 정도로, 우리는 스트레스와 친숙하다. 실제로 직장인의 86.7%가 직장에서 스트레스를 받는다고 답했다. 가장 큰 원인은 상사나 동료와의 인간관계(25.2%)였고, 그다음은 과도한 업무량(23.7%)이었다. 회사에서 사람들과 잘 지내고 업무에 익숙해지면 스트레스가 줄어들 것 같지만, 현실은 그렇지 않다.

심리학자 라파엘 산탄드루(Rafael Santandreu)는 사람들은 인생에서 약 4만 번 정도의 불행을 겪는다고 주장했다[26]. 이는 불행을 과장하려는 것이 아니라, 이런 일을 삶의 일부로 자연스럽게 받아들이고 이를 통해 더 강해지고 성장할 수 있다는 점을 강조하려는 의도이다. 그는 긍정적인 사고방식과 심리적 유연성을 키우는 것이 중요하다는 메시지를 전달하고 있다.

직장에서는 언제나 예상치 못한 일이 발생한다. 갑작스러운 프로젝트 변경이나 상사와의 갈등, 새로운 업무, 인사이동 등 변수의 연속이다. 연구에 따르면 심리적 유연성이 높은 사람들은 불확실한 상황에서도 걱정을 덜 하고 스트레스를 잘 관리하며 더 나은 성과를 낸다고 한다. 심리적 유연성은 상황이 변해도 스트레스를 덜 받고 새로운 상황에 잘 적응하는 능력이다[27]. 이는 개인의 성장과 밀접하게 연결된다. 결국 창의적 사고와 심리적 유연성은 현대를 살아가는 우리에게 필수적인 덕목이다. 'Nine-dot problem'에서 얻을 수 있는 것은 단순한 퍼즐 해결 방법이 아니라, 사고의 틀을 깨고 새로운 시각을 받아들이는 능력이다. 이를 통해 우리는 반복되는 스트레스 속에서도 성장할 수 있다.

성공을 이끄는 '능동성'

2024년 초에 열린 AFC 아시안컵 준결승에서 대한민국 대표팀은 카타르에게 0:2로 패배했다. 많은 축구 팬들은 실망감을 감추지 못했다. 대회가 끝난 직후, 대한민국 축구협회는 외국인 감독을 전격 경질하는 결정을 내렸다. 계약 해지로 발생하는 위약금보다 그가 계속 감독직을 수행하는 것이 축구대표팀과 협회에 더 큰 손해라고 판단한 것이다. 그는 독일과 미국 등 여러 나라의 국가대표팀을 지도한 경력을 자랑했지만, 그의 이력서 뒤에는 늘 잡음이 따라다녔다. 대한민국 국가대표팀으로 영입된 후에도 상황은 변하지 않았다. 그는 1년 중 절반 이상을 자택이 있는 미국에서 보내거나 개인 사정으로 해외를 돌아다녔다. 대표팀과는 비대면으로 소통하며 언론 인터뷰에서는 원격 근무가 세계적 흐름이라며 변명했다. 파주 트레이닝 센터가 북한과 가까워서 싫다고 말하기도 했다. 대한축구협회는 공식 발표에서 "경기 운용, 선수 관리, 근무 태도 등에서 대표팀 감독으로서의 기대를 충족시키지 못했다."라고 밝혔다. 이 감독의 경질 이유는 실력이나 성과 때문이 아니었다. 문제는 그의 비능동적인 태도였다.

과거에는 회사가 직원들의 근태를 엄격하게 관리하는 방식이 일반적이었다. 업무 성과와 근무 시간이 밀접하게 연결되어 있었고, 근무 중에 자리를 비우는 것은 있을 수 없는 일이었다. 그러나 기술 발전과 코로나19의 영향으로 원격 근무, 하이브리드 근무, 유연 근무가 확산되기 시작했다. 자율적인 근무 환경은 구성원 간의 신뢰를 기반으로 한다. 직원들이 스스로 업무를 관리하고 책임감을 가지고 일할 때, 조직은 더 큰 성과를 기대할 수 있다. 직원 개개인이 자신의 역할에 충실하고 주도적으로 업무를 수행할 때 이는 곧 조직 전체의 생산성과 혁신성으로 이어진다.

능동적으로 일하는 사람들로 구성된 자율적 근무 환경은 개인의 성장과 만족도, 그리고 조직의 지속 가능한 발전을 동시에 이루는 길이다. 능동적으로 일하는 사람은 신뢰를 받고 더 큰 자율성을 부여받아 조직의 발전에 기여할 수 있다. 반면, 비능동적인 태도는 개인과 조직 모두에게 부정적인 영향을 미친다. 축구 감독의 경질은 단순한 해프닝이 아니라, 우리 모두가 업무를 대하는 태도에 대해 다시 생각해 보게 하는 중요한 사건이다. 축구장에서뿐만 아니라 우리의 일상에서도 능동적이고 책임감 있게 일하는 태도가 필요하다. 이는 성공을 위한 전략일 뿐만 아니라, 신뢰를 쌓고 긍정적인 조직 문화를 형성하는 데 중요한 요소다.

기술의 발전과 인간의 공존 속에서, 위기를 기회로 바꾸기 위해
우리는 다양성, 유연성, 능동성을 갖춘 준비된 인재로 성장해야 한다.

04

변화의 시대, 대체 불가능한
인재로 성장하기

AI와 인간의 공존: 기회와 도전

기술의 급격한 발전은 현대인들에게 깊은 불안과 두려움의 원인이 되기도 한다. 하버드 비즈니스 리뷰가 발표한 연구에 따르면 조직의 일상적인 업무가 AI로 자동화된 직후 직원들은 슬픔과 고립감을 느끼는 것으로 나타났다[28]. 이러한 감정은 단순한 적응 문제를 넘어, 인간의 역할과 존재 가치에 대한 근본적인 의문을 불러일으킨다. 최근 ChatGPT를 개발한 오픈AI와 알파고를 만든 구글 딥마인드의 전·현직 직원 13명이 공동 성명을 발표했다. 이들은 "직원들이 보복을 두려워하지 않고 AI의 위험성을 경고할 권리를 보장하라."라고 촉구했다[29]. 이들은 AI 기술이 인류에 전례

없는 혜택을 제공할 수 있는 잠재력을 가지고 있지만, 동시에 초래할 수 있는 심각한 위험도 있다고 경고하고 있다. 이는 단순한 우려가 아니라, 실제로 많은 전문가들이 AI의 위험성에 대해 심각하게 고민하고 경고하고 있는 부분이다.

이러한 상황에서 우리는 AI가 제공하는 혜택을 최대한 누리면서도, 그로 인한 부작용을 최소화하기 위한 균형 잡힌 접근이 필요하다. 기술의 발전은 인류에게 새로운 가능성을 열어주는 동시에, 새로운 도전에 직면하게 한다. 이러한 변화 속에서 우리는 단순한 기술의 수용자가 아닌, 그 변화를 주도적으로 이끌어나가는 주체로서의 역할을 고민해야 할 것이다. AI와 공존하는 미래를 준비하는 과정에서, 인간의 존엄성과 사회적 가치가 훼손되지 않도록 끊임없는 논의와 제도적 장치가 마련되어야 한다. 기술이 진정으로 인류의 번영을 위한 도구로 자리매김하기 위해서는, 그 사용과 발전에 있어 책임감 있는 자세가 필요하다.

AI의 급속한 발전은 우리에게 엄청난 변화를 예고하고 있으며, 이는 직업 불안과 함께 새로운 경각심을 불러일으키고 있다. 새로운 기술 변화 앞에서의 공포와 경각심은 단순한 감정이 아닌, 우리가 직면한 현실 그 자체이다. 그러나 이러한 불안과 두려움 속에서도 우리는 AI가 가져올 긍정적인 측면을 놓쳐서는 안 된다. AI는 단순한 반복 작업을 자동화하여 인간이 더 창의적이고 전략적인 업무에 집중할 수 있도록 도와줄 수 있다. 또한, AI의 발전은 새로운 직업과 산업을 창출하며, 경제적 성장을 촉진할 가능성도 있다.

결국 중요한 것은 AI와 인간이 어떻게 협력할 수 있는지를 모색하는 것이다. 우리는 단순히 기술의 발전을 두려워하는 것에 그치지 않고, AI를 어떻게 긍정적으로 활용할 수 있을지를 고민해야 한다. 리스킬링과 업스킬링을 통해 새로운 기술에 적응하고, 이를 효율적으로 활용할 수 있는 방법을 찾는 것이 필요하다. 이는 기술의 발전으로 인한 부정적인 영향을 최소화하고, 긍정적인 변화를 극대화하는 데 중요한 역할을 할 것이다. 우리는 변화의 시대에 살아가고 있다. AI의 도입이 가져올 변화는 피할 수 없는 현실이며, 이에 적응하는 것은 우리의 몫이다. 두려움과 경각심을 가지고 AI의 발전을 주시하되, 그 속에서 새로운 기회를 찾아내는 지혜가 필요하다. AI와 함께하는 미래는 우리가 어떻게 준비하고 대응하느냐에 따라 달라질 것이다.

위기 속에서 피어나는 기회: 변화와 도전의 시대

위기 속에 기회가 있다는 말이 있다. 위기는 '위태할 위(危)'와 '틀 기(機)'로 이루어져 있는데, 이는 각각 '위험(危險)'과 '기회(機會)'에도 쓰이는 한자들이다. 위기가 닥치면 우리는 위험을 인지하고 경계하면서도, 새로운 시각에서 기회를 찾을 수 있을 것이다.

2020년 전 세계를 강타한 코로나19 팬데믹은 전 인류를 공포와 우울에 빠뜨렸지만, 일부 기업들은 이를 기회로 삼아 성장했다. 예를 들어, 아마존, 넷플릭스, 줌 같은 기업들은 인공지능, 온라인 서비스, 첨단 기술을 활용하여 팬데믹 동안 큰 성과를 거두었다. 이들은 빠르게 변화하는 환경에 적응하며 새로운 기회를 포착했다.

위기를 기회로 바꾸는 데 중요한 것은 시대의 변화와 패러다임의 전환을 이해하고, 이에 맞춰 발전하려는 자세다. 기본을 지키면서도 변화에 빠르게 대응할 수 있는 능력이야말로 위기를 기회로 만드는 준비된 자의 태도다. 팬데믹 동안 성공을 거둔 기업들은 기존의 강점을 유지하면서도 변화하는 환경에 맞춰 빠르게 대응했다. 이는 우리에게 중요한 교훈을 준다. 결국, 위기는 위험이자 기회다. 시대의 변화에 발맞춰 유연하게 대처하고, 기본을 충실히 지키는 것이 위기를 기회로 만드는 열쇠다. 이러한 능력은 개인뿐만 아니라 기업과 사회 전체에도 필요한 덕목이다.

위기는 피할 수 없는 현실이다. 그러나 이를 어떻게 대응하느냐에 따라 결과는 천양지차(天壤之差)가 된다. 변화의 흐름을 읽고 능동적으로 대응하는 자세가 필요하다. 불확실성 속에서도 기회를 찾는 것은 결국 준비된 사람의 몫이다. 이러한 교훈은 팬데믹을 통해 다시 한번 확인되었으며, 앞으로의 불확실한 시대에 계속해서 유효할 것이다. 우리는 위기를 단순히 두려워할 것이 아니라 성장의 발판으로 삼을 필요가 있다. 이를 위해서는 끊임없는 자기 혁신과 변화에 대한 민첩한 대응이 필수적이다.

다유능 인재: 변화의 시대를 주도하는 힘

위기를 기회로 만드는 것은 결국 준비된 사람의 몫이다. 변화의 소용돌이 속에서 대체 불가능한 인재로 성장하기 위해서는 앞에서 언급한

'다.유.능'한 인재가 되어야 한다. 이러한 인재는 첫 번째, 다양한 경험과 지식을 받아들여 새로운 아이디어와 혁신을 창출하는 능력을 갖추고 있다. 다양성은 소통과 협업을 통해 발휘되며, 다양한 의견과 경험을 받아들이고 더 나은 해결책을 찾는 능력을 의미한다. 이를 통해 변화의 시대에 새로운 기회를 잡을 수 있는 것이다.

두 번째, 유연성은 변화하는 환경에 빠르게 적응하고, 새로운 상황에 맞춰 전략을 조정하는 능력이다. 유연성은 창의적인 사고와 열린 마음에서 비롯된다. 고정관념을 벗어나 변화에 대응할 수 있는 자세를 유지하는 것이 중요하다. 변화는 언제나 예고 없이 찾아오기 마련이다. 따라서 우리는 변화에 민첩하게 대응하고, 상황에 맞게 전략을 수정하는 능력을 통해 살아남아야 한다.

세 번째 중요한 능력은 능동성이다. 능동성은 스스로 기회를 찾아 행동하고, 변화를 주도하는 태도이다. 책 「AI 2024」에서는 "인간이 AI에 추월당하지 않으려면 AI봇처럼 행동하는 것을 멈춰야 한다."라고 강조한다[30]. 인공지능 시대에는 '지시를 받는' 일은 AI가 맡고, '지시하는' 사람들은 일자리를 유지할 것이다. 지시를 기다리는 자세로는 경쟁력을 유지할 수 없다. 우리는 AI가 할 수 없는 창의적이고 주도적인 역할을 맡아야 한다.

기술 혁신은 계속될 것이며, AI와 같은 기술이 우리의 일자리를 위협할 수 있다. 하지만 우리는 AI와 경쟁하기보다는 AI를 활용해 우리의 강점을 키워야 한다. 변화의 파도를 두려워하지 않고, 그 파도를 타고 나아가는 자세를 갖춘다면 어떤 변화에도 적응하고 성장할 수 있을 것이다. 과거에도 변화는 새로운 기회를 만들어왔다. 자동차의 등장으로 마부들은 사라졌지만, 자동차 제조, 수리, 판매 등 많은 새로운 일자리가 생겨났다. 컴퓨터와 스마트폰의 혁신도 마찬가지다. 초기에는 많은 사람들이 일자리를 잃을 것이라 두려워했지만, 새로운 산업과 직업이 탄생했다.

이제 우리는 변화의 파도를 뛰어넘을 준비를 해야 한다. 다양성, 유연성, 능동성이라는 세 가지 핵심 역량을 바탕으로 우리는 직업 만족도를 높이고, 자아실현과 성장을 이룰 수 있다. 이를 위해, 지속적인 학습과 자기계발에 힘써야 한다. 변화의 시대에서 쉽게 대체될 수 없는 인재로 성장하기 위해 끊임없는 노력이 필요하다. 변화의 물결을 두려워하지 말고, 그 속에서 기회를 찾아내어 더 나은 미래를 만들어가길 바란다.

자기경영자,
VAST 워커

챕터 02

'VAST 워커'는 자신의 일에서 의미를 찾고, 강점을 살려 시간을 전략적으로 관리하는 사람이다. 이들은 변화하는 환경 속에서 명확한 목표를 세우고 효율적으로 성과를 낸다.

01

새로운 시대의 리더십과 팔로워십을 재정의하고
성장을 주도하는 VAST 워커

자기경영자, VAST 워커

리더가 사라진 시대

"잘 몰라서 그려. 이 아빠도 태어날 때부터 아빠가 아니잖아.
아빠도 아빠가 처음이니까. 긍께 우리 딸이 좀 봐줘."

〈응답하라 1988〉 드라마에서 혜리의 아빠 역할로 나오는 성동일이 딸인 혜리에게 한 말이다. 누구나 처음은 존재한다. 처음부터 모든 것을 능숙하게 잘하는 사람은 없다. 처음이니 모든 게 낯설고 서툰 건 당연하다. 스마트폰이 출시되었을 때도 그랬고 코로나19의 긴 터널 속에서도 큰 혼란을 겪었다. 또한 AI의 놀라운 진화도 여전히 낯설게 느껴진다. 10년이면

강산이 변한다는 말이 있다. 이제는 10년이 아닌 5년, 누군가는 수개월마다 세상이 변한다고 한다. 일하는 방식 또한 많이 바뀌었다. 우리는 그러한 변화에 빠르게 대처하지 못하면 뒤처질 수밖에 없다.

이렇게 빠르게 변화하는 시대의 불확실성과 모호성에서 사전에 정답을 알고 대처하는 사람은 없다. 한 조직의 리더라고 과연 정답을 알고 있을까? 과거에는 조직의 리더가 구성원에게 길을 제시하고 이끌어나갔지만 지금은 상황이 다르다. 리더가 앞서가며 부하(후배)가 갈 길을 안내하는 시대가 아니라 빠르게 몰아치는 변화 속에서 동반자들과 함께 길을 찾아야 생존할 수 있는 시대다.

이런 과정 속에서, 리더와 팔로워의 경계는 희미해지고 있다. 과거의 조직은 피라미드 형태로, 상명하복(上命下服)의 수직적 구조였다. 하지만 계층의 사다리가 치워지고 수평적인 네트워크 조직으로 변하고 있다. 이러한 조직의 변화와 함께 리더의 역할 또한 변하고 있다.

과거에는 모든 프로젝트의 권한과 책임을 팀장이 전적으로 맡고 있었다. 해당 분야의 전문성보다는 연륜과 직책에 의해 일이 진행되었던 것이다. 하지만 업무가 좋은 성과로 이어지기 위해서는 그 업무를 잘할 수 있는 사람이 리더가 되어야 한다. 직급과 직책을 떠나 해당 프로젝트의 이해도가 높고 경험이 풍부한 사람이 권한과 책임을 갖는 게 조직과 개인 모두에게 이로운 결과를 안겨준다. 조직이 수직 구조에서 수평적인 관계로 재편성되었다는 변화가 갖는 긍정적 의미다.

조직의 실무를 이끄는 Z세대는 '공정'을 중요한 가치로 여긴다[1]. 리더 선발에서 나이나 연차를 기준으로 하는 것은 그들에게 불공정하게 느껴진다. 대신, 프로젝트에 대한 관심과 경험을 가진 사람이 리더가 되어야 한다는 것이 이들의 생각이다. 또한, '리더는 모든 영역에서 리더십을 발휘해야 한다'는 문화도 불공정하게 여겨진다. 각 업무의 특성에 따라 고참 직원 또는 관리자가 아닌 해당 실무자가 더 높은 이해도를 가질 수 있기 때문에, 직급이나 직책이 아닌 업무 중심의 리더십이 공정한 방식이라고 생각한다.

리더 역시 이런 변화를 받아들여야 한다. 특정 업무 및 상황에서는 자신의 '팔로워'가 '리더십'을 발휘하도록 본인이 '팔로워십'을 가져야 한다. 이제는 능력이 있다면 누구나 리더십을 발휘할 수 있는 시대가 되었다. 역량이 뛰어나면 제대로 평가받고, 상황에 맞게 리더십과 팔로워십을 유연하게 발휘할 수 있는 시대가 온 것이다.

이러한 변화를 성공적으로 수용하기 위해서는 학습민첩성(Learning Agility)이 필요하다. 학습민첩성이란 새로운 상황과 환경에 빠르게 적응하고, 과거의 경험을 바탕으로 새로운 지식과 기술을 효율적으로 습득하는 것이다. 또한 이를 통해 지속적으로 성과를 창출할 수 있는 능력을 의미한다[2]. 이는 다양한 경험을 통해 얻은 교훈을 활용하고, 기존의 방식을 넘어서 창의적으로 문제를 해결하는 것이다. 또한 변화하는 환경 속에서 유연하게 대응할 수 있는 능력을 포함한다. 학습민첩성은 특히 빠르게 변화하는 현대사회에서 개인의 성장에 중요한 요소이다. 학습민첩성은 스스로 새로운 환경에 호기심을 가지고 지금 당면한 과제를 해결하려는 능동성(Proactivity)이 선행되어야 한다. 이제 능동성을 기반으로 학습민첩성을 발휘하는 워커가 되는 방법을 알아보자.

VAST 워커(VAST Worker)의 등장

 새로운 시대에는 새로운 리더십과 일하는 방식이 필요하다. 이 챕터에서는 'VAST 워커(VAST Worker)'라는 개념을 소개한다. VAST는 'Valuable'과 'Strength'의 앞 글자인 VA와 ST를 합친 말이다. 또한, VAST는 '방대함'이라는 사전적 의미도 가지고 있다. VAST 워커(VAST Worker)는 자신의 일에 가치를 부여하는 'VA 워커(Valuable Worker)'와 자신의 강점을 잘 아는 'ST 워커(Strengths Worker)'로 나눌 수 있다. 즉 방대한 정보 속에서 자신의 가치와 강점을 알고, 효율적으로 시간을 활용해 자신을 성장시키는 사람을 의미한다.

 당신은 아침에 일어나서 무엇을 하는가? 많은 사람들의 루틴은 화장실에 가고, 물을 마시고, 스마트폰을 확인하는 것일 것이다. 당신은 스마트폰을 여는 순간 수많은 정보에 노출된다. 당신이 곤히 잠든 사이에 전 세계에서는 많은 일이 일어난다. 자극적인 뉴스들은 나의 관심을 끌려고 노력한다. 어제 쇼핑몰에서 검색하다가 잠든 물건들은 오늘은 꼭 나의 장바구니에 들어가겠다는 결심이라도 한 듯 나에게 달려드는 것 같다. 여기저기 사이트, 어플에서 '띠링', '띵동' 하며 알림이 울려댄다. 단체 채팅방에서의 없어지지 않는 숫자들은 지금 꼭 읽어야 할 공지들처럼 우리를 괴롭힌다.

과연 나에게 정말 필요한 정보들인 걸까? 가짜 뉴스들이 넘쳐나고, 딥페이크가 존재하는 현실 속에서 무엇이 진짜고, 가짜인지 알기도 어려운 시대다. 딥페이크(Deepfake)란 '딥러닝(Deep Learning)'과 '페이크(Fake)'의 합성어로, 인공지능(AI) 기술을 사용하여 기존의 이미지, 동영상, 또는 음성 등을 조작해 실제와 매우 유사하게 만든 가짜 콘텐츠를 말한다. 우리는 이러한 불필요한 정보들을 읽느라 소중한 시간을 낭비하고 있다. 오히려 너무 많은 정보는 득이 아닌 독이 될 수 있다. 방대한 정보 속에서 우리는 시간을 아끼기 위해 가짜 뉴스를 구분하고, 정보를 효과적으로 활용할 수 있어야 한다.

싸이월드, 아이러브스쿨처럼 나의 사진을 올리고, 일기를 쓰며 소통하던 시절이 있었다. 이러한 소통들이 점차 발전되어 지금은 전 세계 사람들이 온라인에서 연결되고, 친구가 되는 시대가 되었다. SNS는 이제 단순한 기록의 수단이 아니라, 자신을 알리고 홍보하는 중요한 채널로 자리 잡았다. 예전에는 오늘의 일상이나 먹은 음식을 올리는 것이 '관종'이라 불리기도 했지만, 오늘날 그것은 하나의 문화가 되었다.

요즘 카페나 레스토랑에는 SNS에 업로드하기 위한 포토존이 마련되어 있다. 카페에서는 바리스타가 SNS에 어울리는 특별한 커피 메뉴를 추가하거나 라떼 아트 같은 퍼포먼스를 선보인다. 레스토랑에서도 불꽃 쇼를 곁들인 스테이크처럼 SNS를 의식한 메뉴를 제공하고, 아이스크림을 불에 구워 내는 신메뉴까지 등장했다. 사람들은 이런 장면들을 사진이나 동영상으로 기록해 자신의 SNS에 공유하며 일상을 기록한다. 이런 행동이 '관종'이라 비난받는 시대는 지났고, 오히려 남들은 다 올리는데 나만 올리지 않으면 뒤처지는 느낌을 받기도 한다.

SNS가 문화가 되어버린 시대에 '좋아요'를 많이 받은 사람은 '인플루언서'가 되고, 그들의 영향력은 실로 크다. 겸손이 미덕이었던 한국 사회에서 더 이상 겸손은 미덕이 아니다. 이제는 나를 알리고 홍보하는 것이 능력이 되는 사회가 되었다. 과거에 비해 나를 알리고 홍보할 수 있는 채널이 폭발적으로 늘어났고, 이제는 한 가지 채널만으로는 마케팅 효과를 보기 어려운 시대가 되었다. 이로 인해 시간이 점점 더 부족하게 느껴진다. 시간을 전략적으로 써야 하는 시대에서 출처 모르는 방대한 정보를 확인하는 데 소중한 시간을 낭비할 수 없다.

세상은 빠른 속도로 변하고, 홍수처럼 방대한 정보가 쏟아지는 시대다. 어느 정보가 진짜인지, 가짜인지 구분하기 어렵고 리더도 처음 살아본 시대에서 정답을 제시하기란 어렵다. 리더가 방향을 제시하기보다는 스스로 자신의 길을 개척해야 하는 요즘, 스스로 능동성을 발휘하지 않으면 생존하기 어렵다. 토스의 창업자 이승건 대표는 능동적인 VAST 워커(VAST Worker)이다. 금융서비스 간소화 일에 가치를 부여하고, 자신의 강점인 기술적 통찰력과 문제 해결 능력으로 금융 산업을 변화시킨 대표적인 핀테크 리더로 성장했다.

우리는 누구나 VAST 워커(VAST Worker)가 될 수 있다. 그러기 위해서는 당면한 문제에 학습민첩성을 가지고 스스로 일의 의미를 찾고 자신의 강점을 가지고 업무를 추진하는 능력이 필요하다. 또한 주어진 시간은 한정적이므로 시간을 전략적으로 쓰는 것도 중요하다. 이러한 능력이야말로 현대사회에서 성공하기 위한 핵심이다.

자신의 일에 깊이 있는 가치를 부여하는
비전 크리에이터(Vision Creator) 시대이다.

02

가치를 아는
자기경영자 VA 워커

능동적으로 일하는 VA 워커(Valuable Worker) 되기

새로운 프로젝트를 맡아 이끌게 되었다고 상상해 보자. 한쪽에는 "이걸 요?", "제가요?", "왜요?"라며 이유를 묻는 사람이 있고, 다른 쪽에는 시키지 않아도 스스로 일을 처리하고 어려운 상황이 와도 문제를 해결하려고 노력하는 사람이 있다. 당신은 누구와 함께 일하고 싶겠는가? 당연히 후자일 것이다.

오늘날 우리는 누가 시키지 않아도 스스로 일을 해야 하는 시대에 살고 있다. 코로나19 이후 재택근무와 거점 오피스 근무가 늘어나면서 혼자 일해야 하는 상황이 많아졌다. 어떤 사람들은 자신이 해야 할 일을 스스로 잘 처리하는 반면, 어떤 사람들은 어떻게 해야 할지 몰라 여기저기 연락하며 시간을 보내기도 한다. 이제 단순히 오래 앉아있거나 사내 정치에 능한 사람이 인정받는 시대는 지났다. 대신, 스스로 문제를 해결하고 주도적으로 일하는 사람이 핵심 인재로 자리 잡고 있다.

이 책에서는 이런 사람들을 'VA 워커'라고 부른다. 여기서 VA는 'Valuable'의 약자로, '가치 있는'을 의미한다. 'VA 워커'는 단순히 주어진 일을 처리하는 데 그치지 않고, 자신의 일에 가치를 부여하며 능동적으로 일하는 사람이다.

만약 자신의 일을 그저 '돈을 벌기 위한 수단'으로만 생각한다면, 그 일에서 의미를 찾고 자부심을 느끼기 어려울 것이다. "회사에 출근하는 것이 소가 도살장에 끌려가는 것 같아요", "출근하자마자 퇴근하고 싶어요", "오늘도 버티는 하루를 살고 있어요", "은퇴할 날만 기다려요"라고 말하는 사람들이 있다. 이런 말을 들으면 듣는 사람마저 지치고 기운이 빠진다. 직장인은 하루 24시간 중 잠을 제외한 대부분의 시간을 직장에서 보내는데, 그 일이 지겹고 버텨야만 하는 일이라면 아침에 눈 뜨는 것조차 힘들 것이다. 실제로 이런 사람들은 직업 만족도가 낮고, 수입도 적으며, 심한 경우 우울증에 시달리기도 한다[3].

직업은 경제적인 보상만을 위해서 존재하는 것이 아니다. 직장 생활을 하면서 보상만을 목표로 삼는다면, 직업의 의미를 충분히 느끼기 어렵다.

그러나 직업에 일의 가치를 더하는 VA 워커가 된다면, 그 경험은 전혀 달라질 것이다. VA 워커는 자신의 일에 의미와 가치를 부여하고, 이를 통해 성취감과 만족을 얻는 사람이기 때문이다.

자신의 일에 의미 발견하는 사람들 이야기

우리는 종종 자신의 일에 가치를 느끼고, 진정으로 즐겁게 일하는 VA 워커들을 만난다. 우리 주변에 있는 VA 워커 이야기를 들어보자.

'화살표 청년'

한 청년은 버스정거장에서 버스를 기다리며 버스가 어느 방향으로 가는지 헷갈려하는 많은 사람들을 보게 되었다. 실제로 버스를 잘못 타는 사람들도 있고, 일일이 버스 기사에게 어디 방향으로 가는지 물어보는 사람들도 많았다. 버스노선표에 해당 버스가 광화문으로 가는지, 강남으로 가는지 화살표 스티커만 붙여주면 이 문제가 해결될 것 같았다. 취업 준비생인 그는 공부를 하기에도 시간이 부족했지만 시민들의 불편을 해결하고 싶은 마음이 들었다. 그는 시간을 내서 자전거를 타고 서울시의 버스정류장 버스노선표에 화살표 스티커를 붙이기 시작했다. 시민들은 그의 봉사 덕분에 더 이상 방향을 헷갈리지 않고 버스를 탈 수 있었다. 시민들이 버스기사에게 방향을 물어보는 시간을 절약한 덕분에 교통체증도 해소할 수 있는 1석2조의 효과가 있었다. 청년은 이 일을 통해 자신이 이웃의 불편을 해소하는 데 기쁨을 느끼며, 지역 사회에 공헌하는 것에 큰 의미와 가치를 두었다. 청년은 상을 받으려고 한 일은 아니었지만 서울시로부터 표창장도 받게 되었다.

이처럼 남이 시키지 않아도 스스로 시간을 투자해 주변 사람들의 삶을 더 편리하게 만드는 사람들은 VA 워커(Valuable Worker)의 대표적인 예다. 이들은 단순히 개인의 성과나 이익을 추구하기보다는, 지역사회와 이웃을 위한 봉사를 통해 자신의 삶에 더 큰 가치를 부여하는 삶을 살아간다.

'모 회사의 박 주임'

박 주임은 신입사원 시절, 사회생활에 적응하는 데 어려움을 겪었다. 이를 알아챈 최 팀장은 매주 박 주임과 함께 식사하며 그가 회사 생활에 잘 적응할 수 있도록 도왔다. 박 주임은 매번 얻어먹기만 하는 것이 불편해 식사 후 커피라도 사겠다고 했지만 최 팀장은 그때마다 거절했고, 그들은 종종 식당에서 서로 카드를 내밀며 실랑이를 벌이기도 했다.

어느 날, 미안해하는 박 주임에게 최 팀장은 이렇게 말했다. "박 주임, 팀장 수당은 나 혼자 쓰라고 있는 게 아니야. 팀원들이 잘 적응하도록 돕기 위해 쓰는 거라고 생각해. 그러니 미안해하지 않아도 돼." 최 팀장은 단순히 수당을 자신을 위해 사용하는 것이 아니라, 팀원들을 돕기 위해 적극적으로 사용하고 있었다. 이 사건은 박 주임의 인생 전환점이 되었다. 자신의 이익이나 단순히 주어진 임무를 수행하는 것에 머무는 사람이 아니라, 스스로 일에 가치를 부여하고 자신의 역할을 확장해 나가는 사람이 되어야겠다는 깊은 깨달음을 얻었다.

이후 박 주임은 자발적으로 신입사원 교육(OJT)을 맡았다. 회사에서 지시하지 않은 일이었지만, 그는 이 일을 자신의 성장과 팀의 발전을 위한 중요한 기회로 여겼다. 시간이 지나 다른 회사로 이직한 후에도 박 주임은 여전히 신입사원들이 회사에 잘 적응할 수 있도록 돕는 일을 자발적으로 해오고 있다. 이제 그는 단순히 '일을 처리하는 사람'이 아니라, '자신의 일에 가치를 부여하는 사람'으로 성장했다. 그리고 후배들에게도 능동적으로 일하는 방법을 전하고 있다.

조직 생활을 하면서 스스로 일을 주도적으로 하고, 가치를 부여하는 VA 워커를 만나본 적이 있는가? 그런 사람들과 함께 일하게 되면, 자연스럽게 그들의 영향을 받아 비슷한 방식으로 일하게 될 가능성이 크다. 물론 누구나 일을 하다 보면 스트레스를 받을 때가 있지만, 자부심을 느끼는 순간도 있다. 자신의 일이 쓸모없거나 가치 없다고 느끼고 싶은 사람은 없을 것이다. 대부분의 사람들은 자신의 일이 가치 있다고 인정받고 싶어 한다. 이를 위해서는 먼저 내가 내 일의 의미를 발견하고 가치를 찾아야 한다. 누구나 주도적이고 의미 있는 방식으로 일하는 VA 워커가 될 수 있다. 이제 그 방법 세 가지를 소개하겠다.

VA 워커(Valuable Worker)가 되는 방법

VA 워커가 되는 방법을 OJT로 정리해 보려 한다. 자신이 속한 조직(Organization)에서 나의 존재 이유와 미션을 인식하고, 내가 맡은 직무(Job)에서 가치에 맞는 목표를 설정하고 성과를 내며, 전략적으로 시간(Time)을 관리하는 것을 의미한다.

1. Organization(조직)에서 나의 존재 이유와 미션 인식하기

당근과 채찍, 즉 보상과 처벌 등의 외재동기에 의해서 일을 하던 시대가 있었다. 이를 동기 2.0 시대라고 한다. 그러나 오늘날 우리는 스스로 일의 의미를 찾고, 성장하며, 성과를 만들어내는 동기 3.0 시대에 살고 있다. 능동적으로 자신이 하는 일에 의미를 부여하고, 지속적으로 성장하여 성과를 만들어내는 시대가 된 것이다[4].

돈을 최우선으로 생각하는 사람과 돈 외의 다른 가치를 중요하게 생각하는 사람 중 누가 돈을 더 많이 벌었을 것 같은가? 한국재무심리센터는 자산관리사(FP) 150명을 대상으로 재무심리와 소득 간의 관계를 분석한 자료를 발표하였다. 특이할 만한 점은 돈을 중요하게 생각하는 유형의 자산관리사보다 가치와 사람을 중요시하는 자산관리사의 소득이 더 높았다는 사실이다. 일반적으로 성과에 따라 보상이 이루어지는 직업 특성상 돈과 성과를 추구하는 FP가 소득이 높을 것이라 예상했으나, 실제 결과는 소득이 높을수록 고객과 가치를 소중하게 여기는 것으로 나타났다. 사람을 만나 설득하고 무형의 가치를 전달하는 업무의 성격상, 자기 소득을 얻는 데 집중하는 사람보다 고객 관계와 소통, 가치에 집중하는 사람이 더 큰 신뢰를 얻고, 장기적으로 더 높은 소득을 올리는 것이다. 이러한 진정성이 있는 자산관리사는 더 많은 고객을 소개받고, 돈을 목표로 하지 않았음에도 불구하고, 결과적으로 더 큰 재정적 성공을 거두는 선순환이 이루어졌다. 이 연구는 돈을 우선시하기보다 사람의 가치를 중시하는 것이 오히려 더 큰 경제적 성공을 가져올 수 있음을 보여준다[5].

당신이 속한 조직에서 당신의 미션은 무엇인가? 많은 사람들이 월급 외의 다른 가치들을 중요하게 여기는 추세지만, 여전히 돈을 더 중시하는 사람들이 있다. 만약 당신이 '돈'만을 우선시한다면, 인생에서 느낄 수 있는 다양한 기쁨, 만족, 자부심 같은 중요한 가치를 놓칠 수 있다. 우리가 살고 있는 시대는 더 이상 돈만을 위해 일하는 시대가 아니다. 스스로 일에 가치를 부여하고 책임감을 가지고 일하다 보면, 돈은 자연스럽게 따라오는 시대이다. 그래서 단순히 돈을 많이 주는 일을 선택하기보다는, 내가 중요하게 생각하는 가치를 먼저 생각해 봐야 한다. 그리고 내가 속한 조직에서 나의 미션이 무엇인지 진지하게 고민해야 한다. 앞으로 내가 어떠한 미션을 가지고 나아갈지 생각하는 진정한 'VA 워커'의 시대가 온 것이다.

2. Job(직무)가치에 맞는 목표를 설정하고 성과내기

'나 신입의 이야기'

나 신입은 신입사원 교육에서 조직에서 닮고 싶은 롤모델을 찾으라는 이야기를 들었다. 부서에 배치된 후 함께 일하는 선배들 중에서 닮고 싶은 롤모델을 찾으려고 노력했지만 좀처럼 찾기 어려웠다. 그 이유는 부서 선배들은 대부분 팀장님이 시키는 일만 꾸역꾸역하고 있기 때문이다. 회사에 들어와서 자신의 목표도 찾고, 꿈도 실현하고 싶었던 나 신입은 하기 싫은 일을 마지못해 하는 선배들을 보면서 실망하였다. 그리고 나 신입조차도 열심히 일할 의욕이 생기지 않았다. 그러던 중 회사 경력직으로 이 과장이 입사를 하였다. 이 과장은 업계에서 평판이 좋은 사람이었다. 이 과장은 언제나 일에 정확한 목표를 설정하고 달성하기 위해 동료들과 협력하는 데 뛰어난 능력을 가진 사람이다. 이 과장과 함께 일하게 된 나 신입은 자연스럽게 이 과장을 따라 업무에 목표를 설정하고 성과를 내는 일이 많아졌다. 그 후 나 신입은 이 과장과 일을 하지 않는 프로젝트에도 목표를 설정하고 성과를 내는 일이 많아졌다. 그러다 보니 자연스럽게 1년, 5년, 10년 목표를 세우게 되었고 지금은 어엿한 선배가 되어 후배들을 양성하고 있다.

당신은 이 과장이나 나 신입처럼 업무에 목표를 세운 적이 있는가? 아니면 상사의 지시에 따라 주어진 일만 처리해 왔는가? 만약 후자라면, 내년에 연봉이 오를 것이라는 기대는 하지 않는 게 좋다. 우리는 모두 더 나은 보상을 원하지만, 회사는 단순히 일을 처리하는 사람보다는 목표를 세우고 성과를 내는 사람에게 더 큰 가치를 부여한다. 3년 후, 5년 후, 10년 후의 당신은 어떤 모습일까? 만약 그에 대한 뚜렷한 비전이 없다면 지금부터라도 다시 생각해 볼 필요가 있다.

이런 문제는 회사뿐만 아니라 개인의 삶에도 영향을 미칠 수 있다. 회사에서 목표를 세우지 않는 사람은 개인적인 삶에서도 목표 설정이 부족할 수 있다. 당신은 미래에 어떤 목표를 가지고 있는가? 그 목표를 이룰 가능성은 얼마나 될까? 목표를 이루기 위해서는 구체적인 계획이 필요하다.

먼저 목표를 단기, 중기, 장기로 세우고 내가 달성하고 싶은 미래상을 그려보는 것이 중요하다. 한 조직에서 내가 하는 직무의 비전을 그려보는 일은 타인에 의해서 억지로 만들어지는 것이 아니라 스스로 만들어가야 한다. 그러한 목표도 없이 시키는 일만 하게 된다면 일에 의욕이 생기지 않을 뿐만 아니라 흥미와 재미도 없을 것이다. 구체적인 목표는 구체적인 결과를 가지고 오지만 막연한 목표는 아무런 결과도 가지고오지 않는다.

하워드 가드너(Howard Gardner)의 '10-10-10' 이론에 따르면, 10년 정도 한 분야에 종사하면 그 사람은 그 분야의 전문가가 된다. 그다음 10년은 해당 분야에서 다른 사람들에게 긍정적인 영향을 미치는 사람이 된다. 그 후 10년인 30년째에는 해당 직무에서 다른 직무까지 확산되어 내가 가진 노하우를 전수하는 사람이 된다. 하지만 어떤 사람은 한 분야에서 10년을 일해도 전문가가 되기 어렵다. 그 이유는 명확한 목표 없이 그저 주어진 대로 일해왔기 때문이다[6].

목표가 없는 대부분의 사람들은 자신이 무엇을 원하는지 모른 채 남들을 따라 하며 산다. 남들이 대학을 가야 한다고 하니 성적에 맞춰 어디라도 입학한다. 내가 어떤 일을 잘하는지 모른 채 여기저기 이력서를 넣고 합격한 곳을 일단 다닌다. 시간을 떼우며 일하다 보니 어느덧 10년이 훌쩍 지나가 버렸지만, 이제 와서 내가 원하는 일에 도전하기에는 너무 늦어 버린 것 같다. 당신이 진정으로 원하는 것은 무엇인가? 10년 후 당신의 목표는 무엇인가?

우리는 의지를 가지고 내가 원하는 목표에 대해서 진지하게 생각해 봐야 한다. 남들이 하니까 무작정 따라 하는 삶에서 벗어나 진정으로 내가 원하는 삶과 목표, 미래상을 그려야 하는 것이다. 결국, 현재 챗바퀴 돌 듯 무의미한 반복된 삶에서 벗어나 뚜렷한 목표의식과 목표를 달성하고자

하는 의지를 가지고 유의미한 성과를 내는 VA 워커가 되어야 한다. 살아지는 대로 사는 인생이 아닌 살고 싶은 인생을 사는 VA 워커가 되어보자.

3. Time(시간) 전략적으로 시간 관리하기

현대 사회는 방대한 정보의 홍수 속에서 살아가고 있다. 해야 할 일은 산더미처럼 많고, 하루 24시간이 부족하게 느껴지는 것이 현실이다. 이러한 시대에 시간 관리의 중요성은 아무리 강조해도 지나치지 않다. 시간에도 부익부 빈익빈이 있다. 시간이 항상 부족한 사람이 있는가 하면, 시간을 여유롭게 사용하는 사람도 있다.

'시성비'라는 개념을 들어본 적 있는가? 시성비는 '시간 성능 대비'의 줄임말로, 주어진 시간을 활용하여 최대한의 가치를 얻는 것을 의미한다[7]. 이는 단순히 시간을 잘 쓰는 것을 넘어, 전략적으로 시간을 쓰는 것이다. 예를 들어, 24시간이라는 시간 동안 내가 하고 싶은 일, 나에게 유익한 일, 나에게 도움이 되는 일을 하는 것이다. 시간을 전략적으로 쓴다면 원하는 미션과 비전에 한 걸음 더 나아갈 수 있을 것이다.

1) 목표 설정: '왜'에서 시작하라

시간 관리는 결국 나의 미션과 비전을 달성하기 위한 도구이다. 그렇기 때문에 가장 먼저 해야 할 일은 '왜'라는 질문에 답하는 것이다. 사이먼 사이넥(Simon Sinek)의 「Start with why」에서 그가 강조한 것처럼 모든 일은 '왜'에서부터 시작해야 한다[8]. 내가 이 일을 하는 이유는 무엇인가? 내가 추구하는 궁극적인 목표는 무엇인가? 이 질문에 대한 명확한 답을 찾으면, 그 답이 여러분의 시간 사용에 대한 지침이 될 것이다.

2) 우선순위 정하기: '무엇'이 중요한가?

목표를 설정했다면 이제는 우선순위를 정해야 한다. 해야 할 일들이 많을 때, 모든 일을 동시에 할 수는 없다. 중요한 일을 먼저 하고, 덜 중요한 일은 나중으로 미루는 전략이 필요하다. 여기서 중요한 것은, 나의 미션과 비전 달성에 직접적으로 기여하는 일들이 무엇인지를 구분하는 것이다. 스티븐 코비(Stephen Covey)의 「성공하는 사람들의 7가지 습관」에서 강조하는 것처럼, 중요한 일과 급한 일을 구분하고 중요한 일에 집중하는 것이 핵심이다[9].

3) 시간 블로킹: 전략적으로 시간을 나누어라

시간 블로킹은 효율적인 시간 관리를 위한 강력한 도구이다. 하루를 일정한 시간 단위로 나누고, 각 블록마다 특정한 작업을 할당하는 방식이다. 예를 들어, 오전 9시부터 11시까지는 중요한 프로젝트에 집중하고, 11시부터 12시까지는 이메일을 확인하는 식이다. 이렇게 하면 시간 낭비를 줄이고, 중요한 일에 집중할 수 있다[10].

4) 디지털 디톡스: 방해 요소를 제거하라

현대 사회에서 가장 큰 시간 낭비 요소 중 하나는 디지털 기기이다. 스마트폰, 소셜미디어, 이메일 등이 우리의 집중력을 끊임없이 방해한다. 따라서 생산성을 높이기 위해서는 디지털 디톡스가 필요하다. 일정 시간 동안은 모든 알림을 꺼두고, 오직 중요한 일에만 집중하는 시간을 갖자. 칼 뉴포트(Cal Newport)의 「딥 워크」에서 제안하는 깊은 집중 상태에 들어가는 것이 목표이다.[11] 깊은 집중 상태란 외부의 방해 요소를 철저히 차단하고, 한 가지 중요한 과업에 몰입하여 깊이 있는 사고를 할 수 있는 상태를 말한다. 이 상태에서는 우리의 뇌가 온전히 하나의 작업에만 집중할 수 있게 되며, 그 결과로 창의적이고 의미 있는 성과를 도출할 수 있다.

5) 성찰: 시간을 되돌아보고 개선하라

효율적인 시간 관리를 하기 위해서는 지속적인 개선을 필요로 한다. 하루가 끝난 후, 내가 어떻게 시간을 사용했는지 되돌아보고, 무엇을 잘했고 무엇을 개선할 수 있는지 평가해 보자. 이를 통해 점점 더 효율적인 시간 관리 방법을 찾을 수 있다. 일주일 단위로 목표와 성과를 검토하고, 필요하면 계획을 수정하는 것도 좋은 방법이다.[12]

시간 관리는 단순히 일정을 짜는 것이 아니다. 시간은 나의 미션과 비전을 달성하기 위한 전략적 도구이다. '왜'에서 시작해 '무엇'이 중요한지를 파악하고 내가 가치 있다고 생각하는 일에 시간을 써야 한다. 이 모든 것이 어우러질 때, 우리는 비로소 '시성비' 높은 삶을 살 수 있다.

VA 워커(Valuable Worker)가 되기로 결심한 당신에게

우리는 이제 VA 워커(Valuable Worker)의 개념과 그 중요성에 대해 깊이 이해하게 되었다. VA 워커는 단순히 주어진 업무를 수행하는 것이 아니라, 자신의 일에 가치를 부여하고 주도적으로 일하는 사람이다. 현대사회에서는 이런 능동적이고 자발적인 인재가 더 큰 성과를 내고, 조직의 성장에 기여하며, 개인적으로도 더 큰 만족과 성취를 느낄 수 있다.

VA 워커가 되기 위해서는 자신의 일과 직업에 대해 명확한 가치와 비전을 가지고 있어야 한다. 조직에서 자신의 미션을 찾고, 직무에서 비전을 세우며, 시간을 전략적으로 사용하는 것이 중요하다. 이를 통해 우리는 단순히 생계를 위한 일을 넘어서, 삶의 의미를 찾고, 지속적인 성장을 이룰 수 있다. VA 워커가 되는 것은 어려운 일이 아니다. 자신이 속한 조직과 직무에 대한 깊은 이해와 진정성을 바탕으로, 매일의 업무에 가치를 부여하고, 스스로 동기를 부여하는 습관을 기르면 된다. 이러한 노력을 통해 우리는 더욱 의미 있는 조직 생활을 할 수 있으며, 나아가 사회에 긍정적인 영향을 미칠 수 있다.

그러나 VA 워커로서의 성장 여정은 여기서 끝나지 않는다. 자신의 일에 가치를 부여하고 주도적으로 일하는 것뿐만 아니라, ST 워커(Strengths Worker)로서 자신의 강점을 인식하고 이를 활용하는 능력도 함께 개발해야 한다. VA 워커가 자신의 미션과 비전을 설정했다면, ST 워커는 그 미션을 실현하기 위해 자신의 고유한 강점을 활용하여 더 높은 성과를 이끌어낸다. 이제 강점을 발휘하는 ST 워커로서의 여정을 시작해 보겠다. 강점의 힘을 통해 진정한 ST 워커가 되어보자.

자신의 강점을 발견하고 활용하는 것은
인생을 풍요롭게 만드는 트리거(Trigger)이다.

03

강점을 발휘하는
자기경영자 ST 워커

메타인지를 통해 ST 워커(Strengths Worker) 되기

어렵게 들어간 첫 직장을 퇴사하는 이유는 무엇일까? 잡코리아는 2022년에 경력 10년 미만의 직장인 715명을 대상으로 첫 직장 유지와 퇴사 이유를 조사하였다. 그 결과 첫 직장에서 계속 근무하는 이유 1위는 '적성에 맞는 직무'였으며, 첫 직장을 떠나는 이유 1위는 '적성에 맞지 않는 직무'였다[13]. 설문조사 결과는 직장을 계속 다니는 이유도 퇴사를 하는 이유도 모두 직무임을 보여준다. 이는 직장인들이 자신과 직무의 적합성을 얼마나 중시하는지를 잘 보여준다.

직장인 첫 직장 유지·퇴사 이유
1위는 모두 '직무 적성'

자료: 잡코리아(경력 10년 미만의 직장인 715명 조사)

첫 직장에 계속 근무하는 이유 Top 6
- 적성에 맞는 직무　28.9%
- 적당한 업무량　27.7%
- 일하며 배울 점이 많아서　24.0%
- 적당한 출퇴근 소요 시간　23.4%
- 상사, 동료와 우호적 관계　23.1%
- 조직문화　13.4%

[복수선택 전체 응답률 172.6%]

첫 직장을 떠나는 이유 Top 6
- 적성에 맞지 않는 직무　26.3%
- 낮은 연봉　14.8%
- 회사의 낮은 비전　14.5%
- 새로운 일을 위해　13.7%
- 복지제도 불만　11.5%
- 상사동료 관계　11.0%

[복수선택 전체 응답률 156.2%]

2022년 잡코리아의 '첫 회사 퇴사 이유'와 관련된 설문조사 결과(출처: 잡코리아)

[그림 2-1] 직장인 첫 직장 · 퇴사 이유

매일 아침, 많은 사람들이 출근길에 오른다. 그 이유는 다양하지만, 대부분은 생계를 위해 돈을 벌어야 하기 때문이다. '돈을 벌기 위해 일한다'는 말은 너무나도 당연한 말이다. 이런 돈을 벌기 위한 일이 우리가 좋아하는 일과 자아실현의 기회를 제공해준다면 얼마나 좋을까? 메타인지(Metacognition)라는 말을 들어본 적이 있는가? 메타인지는 자신이 무엇을 잘하고 무엇을 좋아하는지 인식하는 능력이다[14]. 이 능력을 통해 자신에게 맞는 일을 선택할 수 있다면, 단순히 생계를 넘어 진정으로 만족감을 주는 직무를 찾을 수 있게 된다.

1960년부터 20년간 미국 브루클린 연구소는 아이비리그 예비 졸업생 1,500명을 대상으로 '직업 선택 동기와 부의 축적'에 관한 조사를 실시했다. 이 연구는 사람들이 직업을 선택할 때 어떤 신념이 부의 축적에 영향을 미치는지를 알아보는 것이 목적이었다. 조사 결과, 1,500명 중 1,245명 (83%)은 '돈을 많이 벌 수 있는 직업'을, 255명(17%)은 '자신이 좋아하는 일'을 선택했다. 20년 후, 백만장자가 된 사람은 총 101명이었는데, 그중 100명은 '자신이 좋아하는 일'을 선택한 사람들이었고, '돈을 많이 버는 직업'을 선택한 사람 중에서는 단 1명만이 백만장자가 되었다[15]. 이 연구는 직업 선택 시, 단순히 돈을 목표로 하는 것보다 자신의 열정을 따르는 것이 장기적으로 더 큰 성공과 만족을 가져다줄 수 있다는 중요한 교훈을 제공한다.

아이비리그 연구에서 알 수 있듯이, 자신의 적성에 맞는 직무를 선택하면 돈도 자연스럽게 따라온다. 따라서 적성에 맞지 않는 직무를 하고 있다면, 돈도 벌 수 없을 가능성이 크다. 그렇기 때문에 우리는 나에게 맞는 직무를 찾기 위해 치열하게 고민해야 한다. 그렇다면 자신에게 맞는 직무를 찾기 위해 어떤 노력이 필요할까?

여기서 메타인지라는 개념이 중요하다. 메타인지는 학습이론에서 많이 쓰이는 말이다. 이 능력은 학업뿐만 아니라 직업 선택에서도 매우 중요하다. 메타인지를 통해 자신의 강점과 약점을 인식한다면, 적성에 맞는 직무를 찾는 과정이 더 수월해질 것이다. 그리고 적성에 맞지 않아 일을 그만두고 다른 직업을 찾아 헤매는 시간도 줄일 수 있다.

많은 사람들은 자신의 일이 지겹다고 말한다. '목구멍이 포도청이라서', '할 줄 아는 것이 이것밖에 없어서' 어쩔 수 없이 일한다고 말하는 사람들도 있다. 그러나 어떤 사람들은 자신의 일이 천직이라며 즐겁게 일한다. 당신은 어떤 일을 할 때 가장 즐겁고 보람을 느끼는가? 이 질문의 답을 찾는다면 강점을 활용하고 적성에 맞는 직무를 찾을 가능성이 커진다. 나의 천직을 찾는다면 직장 생활이 훨씬 더 즐겁고 의미 있게 느껴질 것이다.

자신의 일을 즐겁게 하는 사람들 이야기

세상에는 자신의 일을 즐겁게 하는 사람들도 있다. 자신의 적성에 맞는 일을 하면서 하루하루 일에 보람을 느끼는 사람들의 이야기를 들어보자. 그들의 경험을 통해 우리가 배울 수 있는 점들을 함께 살펴보자.

화장품 회사 나 사원

화장품 회사에 다니는 나 사원은 어릴 때부터 화장품에 관심이 많았다. 학창 시절 자신의 얼굴뿐만 아니라 친구들의 얼굴도 화장해 주며 꾸며주는 것을 좋아했다. 그녀는 자신이 좋아하는 일을 찾다 보니 자연스럽게 화장품 회사에 입사하게 되었다. 좋아하는 일을 하니 마냥 즐겁기만 할 줄 알았던 나 사원은, 생각지도 못한 업무에 시달리며 1년 만에 번아웃을 경험했다. 그녀는 큰 혼란에 빠졌다. 어릴 때부터 화장품에 열정을 가지고 살아왔고, 그 열정 덕분에 화장품 회사에 입사했지만, 막상 회사 생활은 그녀가 상상했던 것과는 달랐다. 반복되는 업무와 예상치 못한 스트레스, 그리고 높은 기대치는 그녀를 점점 지치게 했다. 그토록 좋아하던 일이었음에도 불구하고, 어느 순간 화장품을 만드는 일이 즐겁게 느껴지지 않았다. 번아웃을 극복하는 과정은 단순하지 않았다. 처음에는 일을 그만둘 생각도 했고, 다른 분야로 이직을 고민하기도 했다. 그러나 깊은 고민 끝에, 그녀는 스스로에게 중요한 질문을 던지기 시작했다. '정말 내가 원하는 것이 무엇일까?' 화장품을 만드는 일은 여전히 그녀가 가장 열정을 느끼는 분야였다. 일을 그만둔다고 해서 이 문제를 근본적으로 해결할 수 없다는 것을 깨닫게 되었다. 결국, 그녀는 자신의 직업에 대한 시각을 바꾸기로 결심했다. 우선, 그녀는 원인이 무엇인지 분석했다. 단순히 업무가 많아서가 아니라, 자신의 기준과 기대치가 너무 높았고, 모든 일을 완벽하게 해내려는 압박감 때문이라는 것을 깨달았다. 나 사원은 자신의 강점에 집중하기 시작했다. 그녀는 화장품에 대한 열정과 전문 지식을 다시 한번 마음속에 되새기며, 신제품 개발과 개선 작업에서 창의성을 발휘하는 데 힘을 쏟았다. 일을 할 때마다 그녀는 자신만의 독창적인 아이디어를 실험해 보고, 그것이 제품에 반영되는 과정을 보며 보람을 느꼈다. 그녀는 이제 단순히 업무를 완수하는 것에 그치지 않고, 일을 통해 새로운 성취감을 찾았다. 이 과정에서 작은 성공들이 쌓이면서 자신감을 되찾았고, 일에 대한 즐거움도 점점 커져갔다. 이러한 경험은 그녀에게 더 큰 자신감을 주었고, 앞으로의 도전에 대해 더욱 강해진 마음으로 임하게 되었다.

이러한 나 사원의 이야기는 적성에 맞는 일을 선택하는 것이 직업 만족도와 성취감에 큰 영향을 미친다는 것을 보여준다. 좋아하는 일을 하더라도 번아웃은 누구에게나 올 수 있으며, 이를 극복하는 과정이 중요하다.

IT기업 기획자 김 대리

김 대리는 IT기업에서 개발자로 근무하고 있었다. 그러나 시간이 지남에 따라 개발 업무가 점점 부담스럽고 힘들게 느껴졌다. 지금 하고 있는 직무가 자신에게 맞지 않았으나 다른 분야로 도전하기에는 용기가 부족했다. 그러던 어느 날 회사에서 기획자를 추가로 채용한다는 소식을 들었다. 김 대리는 창의적인 아이디어를 내고 새로운 것을 연구하는 기획자 업무가 자신에게 더 잘 맞을지도 모른다는 생각이 들었다. 그러나 도전하려는 마음을 먹으니 두려움이 앞섰다. 하지만 김 대리는 용기를 내어 회사에 본인의 의사를 밝혔고, 결국 개발자에서 기획자로 직무를 변경하게 되었다.

처음에는 모든 것이 낯설었다. 하지만 어렵게 얻은 기회를 놓치고 쉽지 않았다. 김 대리는 후회 없이 노력하고 싶은 마음에 출퇴근 시간을 활용해 스마폰으로 기획업무에 관한 공부도 했다. 그 결과 자신이 기획한 제품이 시장에서 좋은 반응을 얻었고, 기획 분야에서 인정을 받기 시작했다. 김 대리는 자신에게 맞는 일을 찾았다는 확신과 함께 자신감도 생겼다. 이번 성공 경험을 통해 자신에게 맞는 일을 찾는 것이 얼마나 중요한지, 일이 주는 보람과 성취감이 얼마나 큰지 깨달았다.

김 대리가 직무를 변경한 후, 그의 삶은 완전히 변했다. 자신에게 맞지 않는 직무를 하는 삶과 잘 맞는 직무를 하는 삶의 질은 너무나도 달랐다. 용기를 내서 직무를 바꾸지 않았다면 경험하지 못할 삶의 만족을 경험한 것이다.

자신이 잘하는 강점으로 일을 하는 사람에게 일은 더 이상 지겨운 업무가 아니다. 메타인지를 통해 적성에 맞는 일을 찾는다면, 보람을 느끼고 즐거움까지 얻을 수 있다. 누구에게나 강점이 있다. 하지만 자신의 강점을 발견하고 직무에 적용하는 사람과 그렇지 않은 사람이 존재할 뿐이다. 자신의 강점이 무엇인지 진지하게 고민하고 생각하길 바란다. 그렇다면 강점이란 정확하게 무엇일까? 지금부터 강점의 정의와 개념에 대해서 알아보도록 하자.

ST 워커(Strengths Worker)가 되는 방법

강점의 사전적 정의는 '남보다 우세하거나 더 뛰어난 점'이다. 세상에는 노래 잘하는 사람들이 정말 많다. 오디션 프로그램을 보고 있으면 '이렇게나 노래 잘하는 사람들이 많다고?'라는 생각이 든다. 남보다 우세하거나 더 뛰어난 점을 강점의 정의로 본다면, 노래에 강점이 있는 사람은 누구인가? 남보다 더 뛰어나야 한다는 정의에서 강점을 바라본다면, 그 강점을 가진 사람은 단 한 명뿐일 것이다.

많은 사람들은 남과 비교하는 관점으로 강점을 바라본다. 그래서 "나는 잘하는 게 없어요", "강점이요? 에이 그런 거는 특별한 사람에게 있는 거지, 저처럼 평범한 사람은 강점이 없어요."라고 하지 않나 싶다. 이제는 남과 비교하는 것이 아닌, 내가 잘하고, 하면 할수록 힘이 나고, 계속해도 싫증 나지 않는 나만의 강점을 찾아보자.

우리는 회사에 입사할 때 적성검사를 받는다. 검사를 받는 많은 사람들은 자신이 잘하는 항목에 집중하기보다는 못하는 항목에 집중한다. "어, 나는 이게 부족하네.", "어, 나는 이걸 못하네." 등의 반응을 한다. 왜 우리는 잘하는 것보다 못하는 것에 관심이 쏠리는 것일까? 그 이유는 부정편향성(Negativity Bias) 때문이다. 부정편향성은 사람들의 사고와 행동에 있어서 부정적인 정보나 경험이 긍정적인 것보다 더 강한 영향을 미치는 심리적 현상을 말한다[16].

이런 부정편향성 때문에 우리는 종종 강점보다 약점을 개발하기 위해 많은 시간을 사용하곤 한다. 학창 시절을 떠올려보자. 못하는 과목을 잘하고자 많은 시간을 쏟아부었던 경험들이 있을 것이다. 하지만 갤럽의 조사에 따르면, 성공하고 행복한 사람들은 시간의 80%는 강점을 개발하는 데 사용하고 20%는 약점을 보완하는 데 사용한다고 한다. 못하는 분야를 잘하기 위해 노력하는 것도 중요하지만 자신이 잘하는 분야를 개발하는 데 더 많은 시간과 노력을 쏟아붓는 게 더 효율적인 것이다. 예를 들어, 국어를 잘한다면 책을 보거나, 자신만의 글을 쓰거나 혹은 영화를 보는 데에 시간을 사용하는 것이다. 어쩌면 세계적인 작가나 감독이 될 수도 있을 것이다.

다음은 강점을 사용하는 사람들의 특징이다. 몇 가지나 해당하는지 체크해 보자.

☐ 더 행복합니다.	☐ 회복탄력성이 좋습니다.
☐ 자신감이 있습니다.	☐ 목표를 달성할 가능성이 큽니다.
☐ 자기 효능감이 높습니다.	☐ 더 나은 성과를 창출합니다.
☐ 에너지가 있고 생기 넘칩니다.	☐ 업무에 몰입합니다.
☐ 스트레스를 덜 받습니다.	☐ 개인의 성장과 발전을 효과적으로 이루어냅니다.

[표 2-1] 강점을 사용하는 사람들의 특징[17]

 강점을 사용하는 사람들은 약점을 사용하는 사람들보다 더 행복하다. 그 이유는 자신이 잘하고 좋아하는 일을 하기 때문이다. 그리고 본인 스스로 유능하다고 느끼는 자기 효능감도 높다. 그렇기 때문에 자신감이 있고, 에너지가 넘친다. 또한 스트레스를 받는 상황에서도 극복하는 회복탄력성이 좋다. 그러면서 목표를 달성하고 좋은 성과를 창출한다. 그러한 과정에서 업무에 몰입하며 성장과 발전을 효과적으로 이룬다. 그렇다면 이렇게 좋은 강점을 찾는 방법은 무엇이 있을까? 강점을 찾을 수 있는 방법을 소개하겠다.

ST 워커(Strengths Worker)가 되기로 결심한 당신에게

 강점을 진단하는 많은 도구가 있지만 가장 공신력 있는 2가지 방법을 소개하겠다. 첫 번째 방법은 갤럽에서 나온 「위대한 나의 발견, 강점 혁명」이라는 책에 있다. 이 책에는 강점을 진단할 수 있는 쿠폰이 있다. 그 쿠폰을 사용하면 갤럽에서 개발한 강점을 진단할 수 있다. 두 번째 방법은 VIA연구소(https://www.viacharacter.org)에서 무료로 자신의 강점을 찾는 것이다. 물론, 강점 진단을 한 번 한다고 해서 정확한 진단이 나오는 것은 아니다. 그래서 2~3번 진단해 보고, 6개월, 1년 후에도 진단해 보는 것을 추천한다.

진단을 통해 나의 강점을 찾았다면 어떻게 해야 할까? 마틴 셀리그만은 자신의 강점을 발견하고 이를 활용하는 것이 삶에서 가장 깊은 만족감과 성취감을 준다고 말한다. 그의 연구에 따르면, 자신의 강점을 발견했지만 활용하지 않은 사람들은 강점을 발견한 순간에는 행복도가 일시적으로 상승하고 우울감이 감소했으나, 시간이 지나면서 행복도가 다시 감소하고 우울감이 다시 증가하는 경향을 보였다. 반면, 강점을 발견하고 이를 적극적으로 활용한 사람들은 시간이 지남에 따라 행복도가 지속적으로 상승하고 우울감도 꾸준히 감소했다. 결국, 자신의 강점을 발견하고도 활용하지 않는다면, 강점을 발견하지 않은 것과 다를 바 없다는 결론을 얻을 수 있다. 그렇다면 나의 강점을 삶과 업무에 어떻게 활용할 수 있을까? 강점 워커십 전략(Strength Workership Strategy)을 통해 그 방법을 소개하겠다.

강점 워커십 전략(Strength Workership Strategy)

강점 워커십 전략이란 나의 강점을 업무에 활용하여 일하는 방식과 관계 속에서 강점 시너지 효과를 내는 방법론이다.

업무	대표강점	강점 적용 계획
고객사 미팅	사교성, 친절	사교성이라는 강점으로 고객사와 친해지고, 친절이라는 강점으로 핵심고객을 만든다.
교육체계수립	계획, 논리성	계획성이라는 강점을 활용하여 1년 교육 체계를 수립하고, 교육의 필요성과 타당성을 논리적으로 전개한다.
과정개발, 교안	글쓰기, 심미안	글쓰기라는 강점으로 명확하고, 간결한 문장을 구상한다. 심미안의 강점으로 매력적인 교안을 만든다.
교육운영	계획, 사교성	계획성을 활용하여 체계적인 교육운영 체크리스트를 만든다. 사교성을 강점으로 편안하고 학습동기가 유발되는 환경을 조성한다.
결과보고서 작성	글쓰기, 논리성	글쓰기라는 강점으로 명확한 표현, 일관성 있는 글을 쓰고, 논리성으로 체계적인 구조와 도표, 그래프 등을 사용하여 시각화시킨다.

[표 2-2] 강점 워커십 전략

먼저 자신이 해야 할 업무를 적는다. 그 후, 해당 업무에 사용할 수 있는 나의 강점을 하나 이상 적는다. 그다음, 업무에 나의 강점을 어떻게 활용할지 계획을 세워본다. 처음에는 구체적이지 않을 수 있지만, 나의 강점을 떠올리고 업무에 적용하려는 생각만으로도 우리의 강점을 활용할 가능성이 커진다. 누구나 자신 있는 업무와 자신 없는 업무가 있다. 자신 없는 업무를 할 때 강점을 적용해 보려고 노력해 보자. 처음에는 잘 적용되지 않 겠지만, 강점으로 업무를 해나가려고 노력한다면 그 안에서 소소한 성공을 경험할 것이고, 그렇다면 자신감이 생겨 어려운 업무도 도전해 보고 싶은 마음이 생길 것이다.

강점은 관계 속에서 더욱 빛난다. 팀원과 함께 업무를 계획할 때, 팀원들의 강점을 파악하고 각자의 강점을 조화롭게 살려 업무를 수행한다면 시너지 효과를 볼 수 있을 것이다.

홍 과장은 추진력이라는 강점을 가지고 있다. 그는 평소에 결정이 느린 사람들을 보면 답답하게 생각한다. 오늘도 심 대리는 신중하게 일을 처리하고 있다. 심 대리가 여러 방면에서 조사를 하고 있는 모습을 보면 홍 과장은 속이 터질 것 같다. 홍 과장은 심 대리에게 한마디한다. "어제 말한 거래처 변경 건 어떻게 됐어요? 어디로 변경하기로 했어요?" 홍 과장의 말에 심 대리는 "홍 과장님 말씀하신 A업체는 평판이 안 좋고, B업체는 신생업체여서 아직 좋은 결과물이 별로 없어 더 알아보는 중입니다."라고 대답했다. 이에 홍 과장은 "도대체 언제까지 결정을 미룰 겁니까? 빨리 결정을 해야지 다음을 추진하죠."라고 답했다. 그러자 심 대리는 이렇게 말한다. "홍 과장님, 어제 말씀하셨어요. 그리고 오늘 더 조사하고 있는 건데, 어떻게 하루 만에 결정을 합니까? 좀 더 신중하게 검토해 보고 결정하는 것이 좋다고 생각합니다." 평소 일을 처리하는 방식이 다른 둘은 어떤 일을 결정하고 추진함에 있어서 자주 부딪친다.

내가 추진력이라는 강점이 있다고 해서 신중한 사람에게 "당신은 느려요! 당신은 답답해요!"라고 이야기한다면 내가 가지고 있는 추진력 강점을 인정해 줄 사람은 없을 것이다. 내가 신중하기 때문에 어떤 결정을 빨리 내리는 사람을 보고 "저 사람은 매사 급해.", "생각이 짧아." 비난한다면 나의 신중함이라는 강점을 인정해 줄 사람 또한 없을 것이다. 혼자서 할 수 있는 일은 거의 없다. 특히 조직에서는 더욱 그렇다. 강점은 팀과의 협력 속에서 더 큰 빛을 발할 수 있다는 점을 기억하자. 이를 인식하고 활용하는 사람이 진정한 ST 워커로 성장할 수 있다.

워커들은 서로에게 내비게이터(Navigator)가 되어 끈끈한 연결성을 갖는다.

04

VAST 워커의 영향력

당신은 몇 인분을 하고 있나요?

'1인분만 하자는 사람들. 과연 1인분은 할까?'

최근 '1인분만 하자'는 말이 많은 직장에서 화두에 오르고 있다. 이는 현대사회의 과도한 업무 스트레스와 균형 잡힌 삶을 추구하려는 트렌드 속에서 많은 이들에게 매력적으로 다가올 수 있다. 겉으로는 균형 잡힌 삶을 추구하는 듯 보이지만, 과연 이 생각이 긍정적인 결과를 가져다줄까? 이런 생각을 하는 사람이라면 자신의 일에 책임감이 없지 않을까? 남에게 피해를 주지 않는 선에서 본인이 할 수 있는 최소한의 노력만 하자는 태도이기 때문이다. 그들은 근로계약서에 적힌 시간에서 1분이라도 오버하는 것에 불공평하다는 생각이 들기도 한다. 팀에 많은 일이 할당되어도 그건 나와 상관없는 일로 여기고 싶다. 팀장이 알아서 하든지 회사에서 사람을 빨리 채용해 주길 바란다. 만약 그 일이 나에게 넘어온다면 참을 수 없다. 팀에 이런 사람들이 많아지면 전체의 사기를 떨어뜨리고, 조직의 효율성을 저하시킬 수 있다.

대부분의 사람들은 자신이 다른 사람들보다 일을 많이 하고 있다고 생각한다. '나는 1인분 이상 하고 있다. 그래서 지금 내가 받고 있는 연봉은 너무 적다. 억울하다.'라고 생각한다. 하지만 실제로 '1인분만 하자'는 생각으로 업무에 임하는 사람은 1인분조차 제대로 하지 못하게 된다. 인간은 스스로 설정한 기대치에 맞추어 행동하고 설정한 목표를 100% 달성하기 어렵기 때문이다[18]. 게다가 낮은 목표를 설정하면 그에 따른 성과도 낮을 수밖에 없다. '1인분만 하자'는 마음가짐인 사람은 1인분도 못하는 성과동냥자가 될 위험이 크다.

성과동냥자란 무엇인가? 자신의 1인분 업무를 다 하지 못하고 다른 사람에게 성과를 동냥하는 사람을 말한다. 성과를 동냥하는 사람이 있다면 기부를 하는 사람도 존재하기 마련이다. 성과기부자란 자신의 업무 1인분을 다 하고 다른 사람의 업무까지 대신해 주는 사람을 말한다. '성과기부자'는 남이 시켜서 일하는 사람이 아니다. 일을 더욱 잘하기 위해 무엇을 할까 고민하고 더 좋은 성과를 창출하기 위해서 노력한다. 이런 사람들은 자신의 일에 책임감을 가지고 있으며 꾸준히 성장하는 모습을 보여준다.

능동적인 태도는 팀 내 긍정적인 분위기를 조성하고 동료들에게도 좋은 영향을 준다[19].

당신은 성과동냥자인가, 성과기부자인가? 우리 팀에 성과동냥자가 많다면, 팀 성과에 어떤 영향을 미칠까? 당신이 팀을 이끄는 리더라면 당연히 성과기부자와 함께 일하고 싶을 것이다. 인생을 길게 본다면 지금 당장 일을 조금 덜하는 성과동냥자보다는 성과기부자가 되는 선택이 더 좋을 수 있다. 왜냐하면, 사회생활을 함에 있어서 타인들로부터의 평판은 중요하기 때문이다.

VAST 워커십의 필요성

앞에서 우리는 자신의 일에 가치를 부여하고 주도적으로 일하는 VA 워커의 중요성에 대해 이야기하였다. 이러한 워커들은 일에서 개인적인 만족과 성취를 느끼며, 자신이 속한 조직 내에서 긍정적인 영향력을 미친다. 자신의 직무에서 목표와 비전을 설정하며, 전략적으로 시간을 관리하고, 이를 통해 개인의 성장뿐만 아니라 조직의 성공에도 크게 기여한다.

ST 워커는 자기 인식을 통해 자신의 강점을 발견하고 이를 일과 삶에 적용하는 사람을 의미한다. 이들은 더 큰 만족과 성과를 거두며, 스트레스가 적고 회복탄력성이 높아져 원하는 목표에 더욱 쉽게 도달할 수 있다.

VAST 워커는 위의 VA 워커십과 ST 워커십을 함께 사용하는 사람이다.

VAST 워커는 방대한 정보와 빠르게 변화하는 환경 속에서도 자신의 가치와 강점을 알고 효율적으로 시간을 활용하여 성과를 창출하는 사람이다. 이러한 워커는 조직 내에서 혁신을 주도하며, 변화에 능동적으로 대응한다. 각자의 역할에서 최선을 다하는 VAST 워커는 조직의 성공을 위해 필수적인 요소이다.

이 책에서 제시된 개념과 방법론들은 현대 직장 생활뿐만 아니라 개인의 성장과 발전에도 중요한 시사점을 제공한다. 자신의 역할과 직무를 더 효과적으로 수행하고, 자기 계발의 경로를 명확히 설정하는 데 도움이 될 수 있다.

"행동이 변해야 인생이 변한다."

스티브 잡스(Steve Jobs)의 명언이다. 더 나은 내일을 원한다면 VAST 워커의 내용 중 하나라도 실천해 보자. 모든 변화와 개선은 자기 자신을 이해하고 받아들이는 것에서 시작된다. 자신의 강점을 인식하고 이를 적극적으로 활용한다면 일상과 일터에서 보다 큰 만족과 성과를 얻을 수 있을 것이다. 또한, 새로운 시대의 요구에 맞춰 계속해서 배우고 성장하는 자세는 당신을 더욱 가치 있는 인재로 만들 것이다.

챕터 03

능동적 워커가
가져야 할 책임

책임의식은 책임의 무게를 알고 그 마음을 행동으로 옮기는 것을 말한다. 점점 더 중요해지는 책임을 경력 단계별로 실천하는 방법을 알아보고 책임의 무게를 마주하는 용기를 장착해 보자. 중요한 선택의 순간 빛나는 유능성의 힘으로 발휘될 것이다.

책임이라는 단어의 무게를 감당할 수 있는
책임감 있는 직원이 필요하다.

01

'책임감 있는
직원을 뽑습니다.'

'책임'이라는 단어의 무게

하나의 공동체가 질서 있게 유지되려면 구성원들은 서로가 합의한 규칙을 지켜야 한다. 영국 옥스퍼드대 인지 진화인류학연구소가 전 세계 60개 공동체를 연구한 결과, 인류가 사라지지 않고 지금까지 유지된 데는 규칙의 역할이 큰 것으로 나타났다. 전 세계에서 공통으로 지켜진 7가지 보편적인 규칙에는 다음과 같은 것들이 있다. '가족은 서로 도와야 한다', '소속된 집단에 충성해야 한다', '호의를 받았으면 갚아야 한다', '불의에는 용감하게 맞서야 한다', '윗사람을 잘 따라야 한다', '가진 자원은 서로 공평하게 나누어야 한다', '다른 사람이 가진 것은 존중해야 한다' 등이 있다. 이 규칙들은 모두 윤리와 도덕에 관한 것이다.

그렇다면 조직이 유지되기 위해 구성원이 지켜야 할 규칙은 무엇일까? 아래 3가지 사례를 통해 알아보자.

사례 1)

퇴사할 때 업무용 파일 4,000여 개를 삭제한 직원이 벌금형에 처한 사건이 있었다. 물론 이 사건의 이면에는 기업과 직원 간의 갈등이 있었지만, 기업은 복구되지 않은 자료로 인해 막대한 피해를 보았다[1].

사례 2)

인사 담당자들이 가입한 카페에 "1월에 입사한 직원이 5월 말부터 연락이 두절돼 무단으로 장기간 결근하고 있습니다. 언제까지 기다려야 하나요?"라는 고민 글이 게시됐다. 당신이 인사 담당자라면 연락조차 안 되는 직원을 어떻게 할 것인가?

사례 3)

법제처 홈페이지에는 "몸이 아파 일주일 동안 출근하지 않았는데, 무단결근으로 해고하는 것이 과연 정당한가?"라며, 무단결근과 징계해고의 기준을 묻는 글이 올라왔다.

이 3가지 사례를 종합해 보면, 직장인으로서 마땅히 지켜야 할 보편적인 규칙은 바로 '책임감 있는 업무 태도'라고 할 수 있다. 자신이 한 행동이 회사에 줄 피해를 모르지 않았을 것이다. 그런데도 감정에 휘둘려 행동한다거나 연락도 없이 오랜 기간 출근하지 않았을 때 함께 일하는 동료와 팀에 미치는 영향은 생각보다 크다. 이처럼 직장에서 책임감 있게 일하는 것은 개인의 신뢰도뿐만 아니라 조직의 이미지에까지 영향을 미치게 된다.

책임의 의미

나 차장은 얼마 전, 종합소득세 신고를 위해 여러 카드사로부터 필요한 서류를 발급받아야 했다. 그런데 한 카드사가 계속 서류를 보내주지 않았다. 조급한 마음에 여러 번 전화를 걸었지만, 상담사는 바로 처리해 주겠다는 답변만 해줄 뿐 아무리 기다려도 서류가 오지 않았다. 참다못한 나 차장은 신경이 곤두선 상태로 또다시 전화를 걸었다. 그런데 그때, 전화를 받은 상담사의 대답이 나 차장을 감동하게 했다. 해당 상담사가 "고객님께서 다시 전화하시는 일이 없도록 제가 책임지고 처리해 드리겠습니다."라고 말한 것이다. 이 말을 들은 나 차장은 다짜고짜 화를 낸 자신의 태도에 민망함을 느낀 동시에, 이번에는 틀림없이 처리될 것 같다는 믿음이 생겼다. 전화를 받은 모든 상담사가 친절했지만, 자신이 책임지고 처리하겠다고 말한 상담사에게 특히 신뢰가 갔다. 이번 일을 계기로 나 차장은 '책임'이라는 단어의 의미를 다시 한번 생각해 보게 되었다.

일상생활 또는 직장에서 '책임'은 어떤 의미로 사용될까? 평소에 어떨 때 '책임'이라는 말을 사용하는지 한번 떠올려 보자.

"책임질 수 있습니까?", "책임감 있는 일 처리 부탁합니다", "꼭 책임지고 처리해 주세요", "책임감을 가지고 일하겠습니다", "책임감이 강한 사람입니다", "제일 같이 일하기 싫은 상사는 바로 책임감 없는 상사!" 등의 말을 한 번쯤 들어보거나 해본 적이 있을 것이다. 이처럼 우리는 중요한 일을 처리할 때 주로 '책임'을 언급하는 경향이 있다.

최근 발표된 대한상공회의소의 100대 기업이 원하는 인재상에는 눈에 띄는 변화가 있었다. 2018년까지만 해도 5위에 머물렀던 인재상인 책임의식이 1위를 차지한 것이다. 국내 채용 플랫폼 사람인이 500개 기업을 대상으로 설문조사를 실시한 결과에서도 42.9%의 기업이 인재상에 변화가 있다고 답했는데 과거와 비교해 더 중요한 키워드로 52.8%의 기업이 책임감을 꼽았다[2].

왜 이렇게 책임이라는 단어가 다시 중요해진 것일까? 그 이유를 정리해 보면 다음과 같다.

첫째, 채용 방식의 변화에서 찾을 수 있다. 직무 중심 채용과 수시 채용이 확산하면서 과거에 중요하게 생각했던 전문성은 이미 일정 수준을 갖추고 있다고 보는 것이다. 전문성이 디폴트가 되다 보니, 이제는 책임감 있는 인재를 채용하는 것이 중요한 기준이 되었다.

둘째, 근무환경의 변화이다. 다양한 환경에서 근무하는 시간이 늘어나면서 주도적인 업무 수행 능력이 필요해졌을 뿐만 아니라 근무태도와 업무 성과에 대한 책임감이 더욱 중요해졌다.

셋째, 세대 변화이다. 보상의 공정성과 자아실현을 중요하게 생각하는 요즘 세대에게 그에 상응하는 조직과 업무에 대한 책임 의식이 요구되고 있다. 기업은 수평적 조직, 공정한 보상, 불합리한 관행을 제거하기 위해 노력하고 있다. 따라서 자유와 권리를 주장하는 만큼 자기 주관과 책임감 있는 자세로 일을 수행하는 역량을 기대하게 되는 것은 당연한 일이다.

넷째, 급격한 사회 변화이다. 기술의 발전, 경기침체, 매년 달라지는 소비 트렌드 등과 같은 변화 속에서 기업들은 경쟁력을 유지하기 위해 끊임없이 혁신을 고민해야 한다. 이러한 변화에 적응하기 위해서는 직장인들 역시 스스로 생각하고 판단하며 책임감 있게 행동해야 한다.

책임감은 100세 시대를 살아갈 중요한 키워드로 언급되기도 했다. 런던 비즈니스 스쿨 교수이자 인재론과 조직론의 세계적인 권위자인 린다 그래튼(Lynda Gratton) 교수는 자신의 책 「100세 인생」에서 인생 100년 시대를 사는 데 있어 자신의 의지로 일할 곳을 정하고 보다 나은 커리어를 구축해 가고자 하는 노력, 즉 책임감이 필요함을 강조했다[3].

이렇듯 책임감은 100세 시대를 살아가는 우리에게 직장뿐만 아니라 인생에서도 중요한 키워드이다.

조용한 채용의 수혜자가 되려면

'조용한 퇴사(Quiet Quitting)'라는 말이 있다. 직장을 그만두지는 않지만, 정해진 시간과 업무 범위 내에서만 일하고 초과근무를 거부하는 노동 방식을 뜻하는 신조어이다. 그런데 요즘에는 기업들이 '조용한 채용(Quiet Hiring)'을 한다고 한다. 조용한 채용은 정규직원을 새로 고용하지 않고 필요한 포지션을 충원하거나, 기존 직원의 역량을 활용해 새로운 기술을 습득하게 하는 채용 방식을 일컫는 말이다.

글로벌 시장조사기관 가트너(Gartner)는 조용한 채용을 3가지 유형으로 정리했다. 아래 유형을 보고 공통으로 필요한 조용한 채용의 조건이 무엇인지 한번 생각해 보자.

① 기업이 필요에 따라 기존 구성원에게 추가 업무를 배정하거나 필요한 역할로 빠르게 재배치
② 업스킬링을 통해 직무 범위를 확장하여 필요한 스킬을 얻고 개인은 커리어 성장에 도움을 받음
③ <u>외부의 긱 워커(Gig Worker)를 활용하는</u> 방식

위의 3가지 유형에서 공통으로 강조하는 것은 바로 '그 일을 해낼 수 있는 역량이 있는가?'와 '책임감을 가지고 일을 해왔는가?'일 것이다. e-나라지표의 발표에 따르면, 우리나라 사람들의 평균 근속연수는 최근 급격하게 낮아져 6.6년밖에 되지 않는다고 한다. 원하든 원하지 않든, 우리는 하나의 직장 혹은 하나의 직업으로 살아남기 어려운 시대를 살아가고 있

다. 이런 시대에 조용한 채용의 수혜자가 되려면 무엇보다 챕터 2에서 다룬 성장하는 VAST 워커로서의 역량과 이를 뒷받침할 수 있는 책임감을 키우는 것이 중요하다.

'요즘 직장인은 책임감이 없어요.'

"당신은 책임감이 강한 사람입니까?"라는 질문에 "아니요. 저는 책임감이 없습니다."라고 당당하게 말하는 직장인은 없을 것이다. 하지만 기업 10곳 중 4곳은 요즘 직장인에게 가장 부족한 자질로 책임감을 꼽았다[4].

채용포털사이트 잡코리아와 알바몬에서 직장인 2,928명을 대상으로 설문조사한 결과를 보면 퇴사를 결심한 직원 중에 번복한 직원의 이유가 눈에 띈다. 퇴사를 번복한 이유가 '일에 대한 책임감 때문'이라고 응답한 비율이 29.9%나 됐다.

기업에서는 요즘 직장인에게 가장 부족한 자질로 책임감을 뽑았는데, 일에 대한 책임감 때문에 퇴사를 번복한다? 이 아이러니를 이해하기 위해서는 책임과 관련된 단어를 먼저 정리할 필요가 있다.

책임(責任, Responsibility)은 맡아서 해야 할 임무나 의무, 어떤 일과 관련되어 그 결과에 대하여 지는 의무나 부담 또는 그 결과로 받는 제재(制裁)를 말한다. 법적 책임, 도의적 책임이 이에 해당된다. 책임감(責任感, Sense of responsibility)은 맡아서 해야 할 임무나 의무를 중히 여기는 마음을, 책임의식은 자신이 한 것에 대해 책임감을 가지고 행동하는 것을 의미한다.

[그림 3-1] 책임, 책임감, 책임의식

정리하면, 책임은 맡은 일에 대한 무게를 느끼는 것, 책임감은 그 무게의 중요성을 아는 것, 책임의식은 책임의 무게를 알고 그 마음을 행동으로 옮기는 것이라고 할 수 있다.

일터에서 말하는 책임감의 의미

결국, 회사가 직장인에게 바라는 것은 책임감이 있는 것만이 아니라 '책임을 완수하는 것'을 말한다. 예를 들어, 맡은 일을 마무리하려면 야근이 필요한 상황에서 워라밸을 지키기 위해 정시에 퇴근하는 것은 책임을 다하지 못한 것이다. 그러니 책임감이 있다고 해서 반드시 회사에서 말하는 책임감 있는 직원이라고 보기 어렵다.

 책임을 완수하기 위한 단계별 방법을 이 책에서는 '책임자원'이라고 하겠다. 책임자원에 대해 살펴보자.

책임감 있게 일하는 직원의 수가 기업 가치를 결정하는 시대.
경력 단계별 책임자원을 장착해 보자.

02

경력 단계별 직장인의
책임자원

책임은 예로부터 중요한 가치 중 하나

"사람이 된다는 것은 바로 책임을 안다는 것이다."

어린 왕자의 저자인 프랑스 소설가 앙투안 드 생텍쥐페리가 남긴 말이다. 세상에 존재하는 사람이라면 응당 그에 맡은 책임을 알아야 한다는 말이 가슴에 와닿는다. 이렇게 책임의 중요성을 다룬 명언들은 많다.

· 책임을 받아들이는 것만이 삶을 가로막고 있는 조건들을 바꾸는 유일한 길이다.
– 닉 부이치치

- 승자는 책임을 지는 태도로 살지만, 패자는 약속을 남발하며 삶을 허비한다.
  - 탈무드
- 말이 쉬운 것은 결국 그 말에 대한 책임을 생각하지 않기 때문이다. - 맹자
- 자기 책임을 저버리지 않으며, 남에게 책임을 전가하지 않는 것이 고귀한 일이다. - 프리드리히 니체
- 책임을 지고 일하는 사람은 반드시 두각을 나타내며, 일의 크고 작음에 상관없이 책임을 다하면 꼭 성공한다. - 데일 카네기
- 위대함의 대가는 책임감이다. - 윈스턴 처칠

다음 이야기를 통해 책임의 중요성에 대해 생각해 보자. 어느 집의 정원을 관리하는 청년이 있었다. 그는 날마다 '어떻게 하면 이 정원을 더 아름답게 만들 수 있을까?' 고민하며 나뭇가지를 다듬고 화분을 꾸미며 정성을 다해 정원을 가꿨다. 하루는 마을에서 제일가는 부자가 그 집을 찾아왔다가 아름답게 꾸며 놓은 정원과 조각품을 보고 감탄했다. 부자는 청년에게 "정원을 무척 잘 가꾸었구나! 이런다고 월급을 더 주는 것도 아닌데 왜 이렇게 열심히 일을 하느냐?"라고 물었다. 이에 청년은 "정원을 가꾸는 일은 제가 맡은 일입니다. 그러니 정원을 아름답게 꾸미는 것 역시 당연히 제 책임입니다."라고 말했다.

이 말을 들은 부자는 청년의 말에 크게 감동해 청년이 미술 공부를 할 수 있도록 후원했다. 그 후 이 청년은 '천지창조'라는 작품을 그리는 세계적인 작가로 이름을 남긴다. 바로 이탈리아 천재 예술가 미켈란젤로의 이야기다. 정원을 가꾸는 일은 화가와 전혀 상관없었지만, 미켈란젤로는 맡

은 일을 책임감 있게 해냈고, 결국 자신이 꿈꾸던 미술 공부를 할 수 있는 기회를 얻게 된 것이다.

미켈란젤로의 일화를 통해 우리는 책임감의 중요성을 다시 한번 생각해 보게 된다. 여러 명언에서 강조되었듯이 책임을 다하는 것은 사회인으로서의 중요한 덕목이다. 주어진 업무를 완수하는 책임감을 가진다면 결국 자신의 성장과 더 큰 기회를 만들어낼 수 있다. 책임을 다하는 태도가 결국 나를 더 나은 사람으로, 더 높은 곳으로 이끄는 지름길인 셈이다.

인적자본 공시 '직원이 투자의 기준이 되다.'

최근 선진국에서는 기업의 가치를 결정하는 요인 중 무형자산의 가치가 커지고 있다. 형태가 없는 무형자산은 대부분 사람과 관련된 것으로, 이제 이를 투자의 대상으로 고려해야 한다는 인식이 확산되고 있다. 인적자본 공시는 기업이 직원들의 능력, 경험, 교육, 복지 등과 관련된 정보를 외부에 공개하는 것을 의미한다. 다시 말해, 능력 있고 책임감 있게 일하는 직원의 수가 기업 가치를 결정하는 중요한 요인이 된다는 것이다. 책임을 완수하는 직원이 많은 기업일수록 지속적인 성장이 가능하다는 의미로도 해석할 수 있다. 직장인의 책임이 기업에 미치는 영향이 큰 만큼, 각 경력 단계에서 적절한 책임감을 발휘하는 것이 중요하다.

그렇다면 경력 단계별로 직장인이 가져야 할 책임은 무엇일까? 직장생활에서 경력 단계를 나누는 기준은 여러 가지가 있지만, 이 책에서는 '초기', '중기', '후기'로 나누고 있다. 입사 후 3년까지를 초기, 중간관리자로서의 기간을 중기, 리더로서의 기간을 후기로 구분했다.

책임을 완수하기 위한 단계별 방법을 '조직 차원의 책임'과 개인이 조직의 일원으로 성장하기 위해 갖추어야 할 '책임자원'으로 정리했다.

초기(입사~3년) 직장인의 책임자원

치열한 경쟁을 뚫고 들어온 신입사원, 이제 더 이상 취준생도 학생도 아닌 어엿한 사회인으로 모든 결과에 대해 스스로 책임지는 자세를 가져야 한다. 챕터 2에서 언급한 것처럼, 인정받는 워커로 성장하기 위해서는 자신만의 강점을 갖추고 전문가로 인정받기 위해 노력해야 한다.

여기에 더해, '기브 앤 테이크(Give and Take)'라는 말을 기억해야 한다. 이는 말 그대로 주고받는 거래 관계를 뜻한다. 기업과 직원도 조직과 개인 간의 거래 관계에 있다고 볼 수 있다. 거래 조건이 맞아야 채용도 하고, 고용 관계도 유지되기 때문이다. 기업은 최선을 다해 면접을 보고 들어온 직원에게 명확한 비전을 제시하고 건강한 조직문화를 만들어야 하며, 보상과 성장의 기회를 제공해야 한다. 반면 직원은 기업이 요구하는 역량을 개발하고, 성과 및 목표 달성에 기여할 수 있어야만 거래 관계가 성립된다.

이를 위해 개인은 사회인으로서 조직에 적응하기 위해 노력할 뿐 아니라 자신의 흥미와 가치관, 능력 등을 깊이 있게 탐구하고, 이를 바탕으로 역량을 채워야 한다. 또한, 다양한 시도를 통해 경험을 쌓으며 자신의 강점과 약점을 파악하고, 부족한 점은 개선해야 한다.

조직은 이런 개인이 올바르게 성장할 수 있도록 다양한 경험과 적성을 발견할 기회를 제공해야 하며, 구체적인 경력 목표를 수립할 수 있도록 지원해야 한다.

이를 정리하면 다음과 같다.

조직의 책임	· 다양한 경험을 제공하고 적성을 파악할 기회를 제공하기 · 경력 목표를 수립할 수 있도록 지원하기
초기 직장인의 책임자원	· 자신의 흥미, 가치관, 능력 등을 깊이 있게 탐색하고 이를 바탕으로 개발해야 할 역량 찾기 · 다양한 경험과 시도를 통해 자신의 강점과 약점을 파악하기 · 조직의 비전과 핵심 가치를 익히고 내재화하기 · 조직문화 수용 및 조직 적응을 위한 노력 · 기본 업무 수행 및 핵심 가치에 적합한 행동 · 업무 숙련도 및 전문성 개발 · 상사와의 긍정적 관계 형성을 통한 팀워크 및 의사소통 능력 향상

[표 3-1] 초기 직장인의 책임자원

중기(중간관리자) 직장인의 책임자원

'프로', '매니저', '책임', '님'의 공통점은 무엇일까? 이들은 모두 중간관리자를 부르는 호칭이다. 중기 직장인은 대부분 중간관리자의 위치에 있다. 이 책에서는 중기 직장인의 단계를 중간관리자라고 하겠다. 수평적인 조직문화가 확산함에 따라 '중간'의 범위가 확장됐다.

중간관리자는 리더와 구성원의 중간에 위치하고 본인만의 전문적인 업무가 있으며, 리더의 의사결정이나 업무를 보좌하고 촉진하는 동시에 후배들의 업무를 지도하고 지원하는 역할까지 담당한다. 실무자로서 조직에서 성과를 달성하고 인정받은 위치이다 보니, 주변에서 도움을 요청하는 경우가 많고 무조건 해내야 한다는 상사의 압박도 받는다. 이처럼 중간관리자로 근무하는 기간은 감당할 책임이 점점 늘어나는 중요한 시기이다.

중간관리자가 조직에서 가장 많이 듣는 단어를 꼽자면 바로 '조직의 허리'라는 말이다. 그만큼 급진적인 변화를 추진할 때 성공을 위한 핵심적인 역할을 하기 때문이다. '조직의 허리'라는 단어를 더 자세히 들여다보면, 상사와 후배 사이를 잘 연결하고 조직 내에서 영향력을 점점 강화해야 한다는 뜻도 포함돼 있다.

하버드비즈니스리뷰(HBR) 'in Praise of Middle Managers'에는 중간관리자의 역할과 중요성을 4가지로 소개하고 있다. 이를 중간관리자의 역할과 책임으로 재해석해 정리해 보면 다음과 같다[5].

1. 기업가(Entrepreneur)

상급관리자보다 최일선에 있기 때문에 현장의 문제점을 잘 알고 동시에 전체 그림을 볼 수 있는 위치이며, 조직의 목표 달성에 필요한 자원이나 기준을 설정하는 역할 수행

2. 커뮤니케이터(Communicator)

상사와 후배 사이에서 네트워크를 효율적으로 형성할 수 있는 위치이며 상사의 아이디어를 실무자와 연결 지을 수 있고 직원 교육, 역량 개발, 동기부여를 하는 역할 수행

3. 치료자(Therapist)

상사와 후배의 목소리에 귀 기울일 수밖에 없는 위치이며 급격한 변화로 인한 불안의 증가, 의욕 저하를 케어하는 역할 수행

4. 줄타기 곡예사(Tightrope Artist)

일상적인 업무와 변화를 촉진하는 역할을 동시에 수행하여 조직의 균형감을 유지하는 역할 및 낯선 변화를 균형감 있게 잘 받아들이도록 돕는 역할 수행

"배움에 굶주려라. 새로운 기술을 배우고 자신을 더욱 가치 있게 만들어라. 현재 일에서 더 이상 가치를 올릴 수 없다면 업종을 바꿔라."

-브라이언 트레이시

이 말은 성과를 높이기 위해 지속적으로 학습하고 자기 계발을 소홀히 하지 않아야 하며, 경력 목표 달성을 위한 구체적인 계획도 수립해야 하는 중간관리자의 개인적 책임을 시사한다.

이를 실현하려면, 기업은 직원의 역량 개발을 위한 다방면의 지원과 승진의 기회를 제공함으로써 직원들이 더욱 의욕적으로 일할 수 있는 환경을 조성해야 한다. 의욕은 누군가 나의 시도와 노력을 알아봐 줄 때 샘솟는 법이다. 보상, 승진과 같이 직원에게 동기를 부여할 수 있는 다양하고 합리적인 제도를 마련하는 등 직무 만족도를 높이기 위한 방안을 모색해야 한다.

이를 조직의 책임, 중간관리자의 책임자원으로 정리하면 다음과 같다.

조직의 책임	· 직원들의 역량 개발 지원하기 · 승진의 기회 제공하기 · 성장을 위한 제도 마련하기
중기 직장인의 책임자원	· 전문성 향상하기, 리더로 성장하기 위한 준비 · 업무 성과를 높이기 위해 지속적으로 학습하고 자기 계발에 주력하기 · 경력 목표 달성을 위한 구체적인 계획 수립하기 · 직무 전문성 함양 및 프로젝트 리딩 · 팀원 지도 및 멘토링 진행 · 업무 개선 및 혁신 사항 제안 · 의사결정 및 문제 해결 · 적극적인 피드백 요청 및 수용

[표 3-2] 중기 직장인의 책임자원

후기(리더) 직장인의 책임자원

사람인이 성인남녀 1,165명을 대상으로 설문조사를 실시한 결과, 리더의 가장 중요한 자질은 '책임감'인 것으로 나타났다. 이 연구 결과는 일반적으로 직장인들이 '책임감 없는 상사'를 최악의 상사로 지목하는 것과 일맥상통한다고 볼 수 있다.

영국이 가장 존경하는 정치가 윈스턴 처칠은 '위대함의 대가는 책임감(The price of greatness is responsibility)'이라며, 리더의 책임감을 강조했다.

직장인이라면 누구나 책임감이 중요하지만, 리더의 책임감은 특히 중요하다. 리더는 책임감을 느끼는 것 외에도, 구성원들에게 책임을 분배하고 책임 수행 여부를 점검하는 역할을 하기 때문이다.

리더는 개인 차원에서 변화하는 환경에 적응하고 새로운 기술을 습득해 경쟁력을 확보해야 하는 것은 물론, 자신의 강점을 꾸준히 개발하고 약점을 보완하기 위해 노력해야 한다. 조직은 리더가 책임감을 잘 발휘할 수 있는 제도를 마련하고, 책임 분배를 위한 소통 채널을 강화하는 등의 지원을 아끼지 않아야 한다.

이를 조직의 책임, 후기 직장인의 책임자원으로 정리하면 다음과 같다.

조직의 책임	· 직원의 동기부여와 직무 만족도를 높이기 위한 제도 마련하기 · 리더의 마음 관리 지원하기 · 소통 채널 강화하기
후기 직장인의 책임자원	· 변화하는 환경에 적응하고 새로운 기술을 습득함으로써 경쟁력 유지하기 · 자신의 강점을 지속적으로 개발하고 약점을 보완하기 · 리더십 발휘 및 인재 육성, 업계 및 트렌드 분석 · 리더로서의 일에 대한 책임감(목표 달성 및 성과 창출), 구성원의 성장에 대한 책임 · 조직의 의사결정 및 방향, 가치의 공유 · 팀원과 함께 나눈 의사결정 결과를 겸허하게 수용

[표 3-3] 후기 직장인의 책임자원

리더라면 책임의 역설을 주의하라!

리더가 구성원에게 책임을 분배하고, 책임 수행 여부를 확인하는 과정에서 한 가지 주의할 점이 있다. 「How Did That Happen?」이라는 책에서는 많은 리더가 책임의 역설로 겪는 어려움 3가지를 소개했다[6].

첫째는 '성공의 역설'이다. 이는 자신을 성공의 길로 이끈 업무 수행 방식이 직원들에게 책임을 분배하는 과정에서 오히려 방해 요인으로 작용하는 상황을 말한다. 다시 말해, 리더는 성공을 위한 자신만의 방법이 최선은 아니라는 점을 인식해야 한다.

둘째, '위험의 역설'이다. 위험의 역설은 직원들에게 책임을 분배할 때 이득에 대한 설명 없이 위험만 제시해 두려움을 유발하는 상황을 의미하는데, 실패해서 처벌을 받을 바에야 아예 책임을 지지 않는 게 낫겠다는 생각을 심어줄 수 있어 주의해야 한다.

셋째, '공동책임의 역설'이다. 공동책임의 역설이란 목표 달성에 대한 책임을 특정 개인에게 귀속시켜 다른 구성원들은 책임 의식을 느끼지 못하는 상황을 말한다. 이 공동책임의 역설로 인해 구성원들은 어차피 자신이 책임질 일이 아니니, 굳이 나설 필요가 없다는 생각을 가질 수 있다.

이와 같이, 책임의 역설 3가지는 실제로 구성원들의 태도와 책임에 큰 영향을 미치기 때문에 책임을 분배하고 확인하는 과정에서 반드시 주의해야 한다.

인간이 발달 단계에 따라 수행해야 하는 과업이 있는 것처럼, 직장인도 경력 단계별로 수행해야 할 과업이 있다. 지금까지 이를 '책임자원'이라는 것을 통해 단계별로 살펴봤다.

경력 단계별로 갖추어야 할 책임자원으로 인정받는 워커로 성장하는 방법을 알았다면 다·유·능을 갖추기 위해 필요한 또 하나의 무기인 '개인적 책임의식'에 대해 알아보자.

높은 책임감을 가진 사람은 무한한 자유가 있는 상황 속에서도
스스로 책임이 있음을 인식하는 사람이다.

03

인정받는 워커로 성장하는
개인적 책임의식

선택의 순간 고민하는 이유

살다 보면 누구나 선택의 갈림길에 서게 된다. 선택의 순간에 다른 사람에게 선택을 미뤄본 적이 있는가? 내가 원하는 것이 분명히 있지만, 다른 사람의 선택에 따르겠다고 한 적이 한 번쯤은 있을 것이다. 지나영 정신과 교수는 그 이유에 대해 사람들은 무언가를 결정할 때 하나가 정답이면 다른 하나는 오답이라고 생각하는 경향이 있기 때문이라고 설명했다[7]. 아마도 다른 선택을 했을 때 발생할지도 모르는 부정적인 결과에 대해 책임지고 싶지 않다는 생각이 밑바탕에 깔려있기 때문일 것이다.

웰빙대리(웰빙+대리)라는 말이 유행이다. 승진을 거부하고 균형 있는 삶을 위해 영원히 대리로 머무른다는 뜻으로 승진을 통해 성취감을 느낀다는 기성세대와 달리 요즘세대의 마음을 나타낸 말이다. 이는 통계에서도 드러난다. 국내 채용 플랫폼 잡코리아가 MZ세대 직장인 1,114명을 대상으로 회사 생활 목표 관련 설문조사를 실시한 결과, '회사 생활을 하며 임원까지 승진하고 싶은가?'라는 질문에 '임원까지 승진할 생각이 없다'고 응답한 비율은 54.8%에 달했다. 이는 무려 절반이 넘는 수치다. 그 이유는 책임과 관련이 있는데, 이 중 43.6%는 임원 직급은 막중한 책임을 져야 하는 위치라 부담스럽다고 답했다[8].

이처럼 책임이라는 단어는 직장 생활의 목표를 수립할 때도 영향을 미치는 만큼, 그 무게가 결코 가볍지 않다.

누구나 가고 싶어 하는 꿈의 직장, 구글에는…

구글은 직장인이라면 누구나 선망하는 일터이다. 자유로운 분위기, 최고의 급여를 보장하는 것은 물론이거니와, 원하는 대로 재택근무를 사용하고, 사무실 밖을 벗어나 어디서든 일을 할 수 있다. 또한 심리상담실, 안마 시설, 헬스장, 건강한 식재료로 음식을 만드는 식당까지 갖췄다. 게다가 특별한 승진 제도가 있다. 바로 '셀프 승진 지원 제도'인데, 본인이 승진할 준비가 되면 언제든지 승진 신청이 가능하다.

이렇게만 보면 구글은 정말 이상적인 꿈의 직장이다. 하지만 그 이면에는 본인이 낸 성과에 대해 냉정하리만큼 철저한 책임이 따른다는 사실을 기억해야 한다. 자유가 주어지는 만큼, 구글 직원들은 책임을 다하지 못하면 가혹한 평가를 받고 짐을 챙겨 회사를 떠날 수밖에 없다.

앞서 우리는 경력 단계별로 직장인이라면 가져야 할 책임자원에 대해 살펴봤다. 이와 더불어, 개인적으로 갖추고 개발해야 할 책임도 있다. 개인적 책임은 책임에 대한 인식에서부터 시작되는데, 이것이 바로 '개인적 책임의식'이다. 개인적 책임의식이란 무한한 자유가 주어진 상황 속에서 압박감을 받더라도 스스로에게 책임이 있음을 인식하는 것이다. 구글에서도 진정한 자유로움을 느끼려면 개인적 책임의식이 반드시 뒤따라야 한다.

직원 리스크와 개인적 책임의식

학생과 직장인의 차이가 무엇이라고 생각하는가? 여러 가지 차이가 있겠지만 학생은 하기 싫으면 안 하면 된다. 스스로 그 결과나 대가를 온전히 감당하기만 하면 문제없다. 하지만 직장인은 단순히 하기 싫다는 이유로 일을 하지 않았을 때 발생하는 피해를 본인뿐만 아니라 모든 구성원이 떠안아야 한다. 개인의 일탈 행동도 마찬가지다. 단순히 개인의 일탈로 끝나지 않고 회사의 이미지에 타격을 입힐 수 있다.

'직원 리스크(Employee Risk)'라는 경영학 용어가 있다. 이 용어는 회사가 개인 부정, 비위행위에 대해 단호한 조치를 취했음에도 불구하고 기업의 명성에 타격을 입는 경우를 뜻한다. 주로 회사 구성원의 잘못이 회사

이미지와 매출에 직접적인 피해를 줄 때 주로 사용된다.

또는 회사 구성원 신분으로 벌인 각종 비위행위나 실수가 회사와 직접적인 관계가 없더라도 기업에 악영향을 미치는 상황을 의미하기도 한다. 예전에는 비리를 저지르거나 갑질 등 논란으로 회사 이미지를 훼손한 사람이 CEO인 경우가 많았지만, 최근에는 직원 개개인의 횡령이나 성추행도 SNS를 타고 순식간에 퍼져 논란이 인다. 직원들의 잘못으로 인해 회사의 이미지가 추락하는 것은 한순간이다. 회사에서 단호하게 조치한다고 해도 주가나 실적에 문제가 생기고, 직원들 간 개인적인 일이라고 하더라도 대중은 회사 전체가 잘못됐다고 반응하기 때문에 회사가 받는 타격은 생각보다 크다.

우리가 짚어봐야 할 직원 리스크에는 구체적으로 어떤 유형이 있는지 살펴보자. 그 내용을 정리하면 [표 3-4]와 같다[9].

직원 리스크 유형	
유형	사례
횡령	○○ 근무자 A 씨가 관리하는 조합 공동계좌와 고객 계좌에서 19억 7,800만 원 상당 횡령
미공개 정보 이용	○○ 기업 일부 직원이 ○○ 기업 인수 정보 입수해 해당 주식 매입 후 시세차액 거둬
성추행	○○ 기업 인재개발원 소속 차장 B 씨가 술자리 후 같은 부서 여성 과장 강제 추행
규정 미준수	○○ 식품 직원이 바닥에 떨어진 빵을 주워 그 빵으로 음식 조리

[표 3-4] 직원 리스크 유형

이처럼 현대사회에서는 SNS상의 개인이 공인인 동시에 회사를 대표하는 인물이 될 수 있다. 개인 한 명의 행동이 더 이상 개인이 아니라 몸담은 조직의 이미지에 영향을 준다는 사실을 꼭 기억해야 한다.

높은 책임감을 가진 사람들의 특징

높은 책임감을 가진 사람은 크게 4가지 공통된 특징을 가지고 있다.

첫 번째, 성장하겠다는 강한 의지가 있어 본인이 맡은 임무를 끝까지 완수해 낸다. 회사는 직장인이 책임감을 느끼는 것 외에도 '책임을 완수하는 것'을 기대한다. 중요한 프로젝트의 마무리가 다가오는 시점에 개인적인 이유로 휴가를 내거나 일을 끝내지 않고 퇴근하는 것은 책임을 다하지 않는 행동이라 할 수 있다.

두 번째, 스스로 목표를 달성하기 위해 필요한 업무를 수행한다. 전문성을 키우려면 현역에서 실무경험과 기회를 잘 잡는 것이 가장 중요하다. 경력을 쌓고 성과를 창출하려면 성과가 나는 과제를 할당받아야 한다. 이를 위해서는 필요한 일이 무엇인지 파악할 수 있어야 하며, 그 일에 합당한 업무를 찾아 수행하는 자세가 필요하다.

세 번째, 탁월함을 추구한다. 탁월함을 추구하려면 어떻게 해야 하는지 한번 생각해 보자.

중학교 1학년만 3번 다닌 A는 몇 학년일까? 1학년이다. 3번을 다녔으니 1학년 내용은 누구보다 잘 알겠지만 그렇다고 3학년이라고 할 수는 없다. 익숙하고 쉬운 수준에 머무르면 편할 수는 있지만 성장은 이루어지지 않는다. 탁월함을 추구하려면 한 단계 더 높은 목표를 추구하며 도전해야 한다. 그 과정에서 새로운 창의성과 몰입을 통한 성장이 이루어지게 된다.

네 번째, 엄격한 개인적 책임의식을 가지고 행동한다. 출근하는 순간부터 개인이 아닌 조직의 일원임을 인식해야 한다. 조직 심리학에서는 외부인 관점에서 직원과 회사를 동일시하는 경향이 있다고 주장한다. 개인의 사소한 행동 및 SNS 활동도 주의가 필요한 이유가 바로 여기에 있다. 개인적 책임의식을 가지고 행동해야 하는 상황과 개인적 책임의식에는 어떤 것들이 있는지 살펴보자.

개인적 책임의식의 중요성

당신은 지금부터 시간만 충분하면 누구나 다 풀 수 있는 문제를 풀 것이다. 하지만 모든 문제를 완벽하게 풀 수 있는 만큼의 시간은 주어지지 않는다. 짧은 시간 안에 최대한 많은 문제를 풀어야 한다. 시간이 종료되면 스스로 정답을 확인한 후 맞힌 문제 수만큼 돈을 받는다. 하지만 정말 말한 만큼 맞혔는지는 확인하지 않고 문제지를 바로 파쇄기에 넣어버린다. 당신은 몇 문제를 맞혔다고 말할 것인가?

위 내용은 [EBS 다큐 영화제 '우리는 왜 거짓말을 하는가?']에 소개된

매트릭스 실험 장면이다[10].

1. 실험에서 문제를 맞힌 개수당 달러를 지급하기로 한다.
2. 감독관이 문제지를 확인하지 않고 실험자가 보는 앞에서 파쇄기에 문제지를 넣는다.
3. 사람들은 자기의 정답지가 확인되지 않는다는 것을 확인했다.
4. 사람들은 어떻게 할 것 같은가?

이 실험에는 총 4만 명의 사람이 참여했고 결과는 놀라웠다. 실험 참가자의 근 70%가 거짓말을 한 것이다. 대부분 4개를 맞혔지만 6개를 맞혔다고 답했다. 더 놀라운 사실은 큰 거짓말을 한 사람들(정답 3개를 맞히고 10개를 맞혔다고 한 경우)이 가져간 금액은 400달러(한화로 약 55만 원)에 불과했지만, 작은 거짓말을 한 사람들(정답 4개를 맞히고 6개를 맞혔다고 한 경우)이 가져간 금액은 5만 달러(한화로 약 6,900만 원)에 달했다는 것이다.

한 대학교 기숙사 냉장고에 한쪽 칸에는 6달러짜리 콜라 한 팩을, 다른 칸에는 지폐 6장을 넣어두고 학생들이 어떻게 행동하는지 지켜봤다. 그 결과, 냉장고에 있던 콜라는 3일 만에 다 없어졌지만, 현금은 아무도 손대지 않았다. 듀크 대학교 댄 애리얼리(Dan Ariely) 교수는 이 실험 결과를 통해 학생들 사이에서 돈을 가져가는 것은 도둑질이지만 남의 콜라를 마시는 것은 가능하다는 인식이 널리 퍼져있으며, 이에 따라 학생들이 다른 학생의 콜라를 마시는 작은 부정행위를 저질렀다고 해석했다.

압박을 받는 상황 속에서도 자신에게 주어진 책임이 있다는 사실을 인식하는 것, 다시 말해 선택의 순간에 직면했을 때 스스로에게 비록 큰 이익이 되지 않거나, 심지어는 불이익이 된다고 하더라도 올바른 결정을 하는 것이 직장인이 가져야 할 개인적 책임의식이다.

개인적 책임의식에는 크게 윤리적 책임과 퇴사에 대한 책임이 있다. 하나씩 살펴보자.

개인적 책임의식은 바로 윤리적 책임

개인적 책임의식의 첫 번째는 바로 윤리적 책임이다. 윤리적 책임을 가지고 행동한다는 것은 직장에서의 모든 행동이 윤리적 기준에 부합해야 한다는 것을 의미한다. 이는 동료와의 관계, 업무 처리 방식, 회사의 비품 사용에 이르기까지 모든 면에서 정직하고 공정하게 행동하는 것을 포함한다.

'소확횡'이라는 말을 들어본 적 있는가? 소확횡은 '소확행(소소하지만 확실한 행복)'을 변형한 용어로, '소소하지만 확실한 횡령'이라는 말이다.

아래 사진들은 직원들이 회사 비품을 슬쩍 가져와 자랑한 인증사진이다[11].

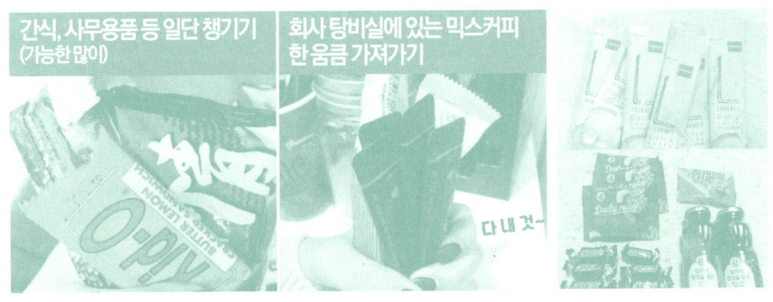

[그림 3-2] SNS에 올라온 직장인의 인증사진. 인스타그램 캡쳐

직원들은 간혹 회사 물건을 소소하게 사적으로 소비하며 만족감을 얻는다. 이런 소확횡 놀이는 직장인들이 회사에서 받은 스트레스를 해소하기 위한 일종의 보상 심리에서 비롯된 일탈 행동이라고 한다. 실제로 [개

인적, 조직적 및 환경적 요인이 직원 절도에 미치는 영향 연구] 논문에 따르면, 직원 절도에는 욕구 불만과 스트레스 정도(개인적 요인), 직원 절도에 대한 처벌 가능성, 직무 불만족, 갈등 정도(조직적 원인), 조직 분위기와 경제적 어려움(환경적 요인)이 영향을 미쳤지만, 도덕적 해이(위험이나 책임이 다른 사람에게 전가될 때 개인이나 조직이 더 무책임하게 위험한 행동을 하는 현상, 손해를 보지 않으니 마음대로 행동하는 것을 뜻한다.) 정도가 미친 영향은 미미한 수준이었다[12].

간식이나 비품 외에 시간도 소확횡의 대상이 될 수 있다. 예를 들어, 개인적인 통화를 근무시간에 길게 한다거나, 화장실은 반드시 업무시간에만 가고, 양치질은 점심시간이 끝난 뒤에 하는 것이다. 소확횡의 유행은 직장인들이 회사에서의 불만족을 소소하게 해소하기 위한 나름의 방법으로부터 비롯된 것이기에, 절도 자체는 범죄지만 직원 절도를 개인의 탓으로 돌리기 이전에 조직의 분위기와 운영방식을 먼저 돌아볼 필요가 있다고 주장하는 사람도 있다. 하지만 이런 행동들은 개인에게는 사소할 수 있지만, 여럿이서 하면 결국 피해가 커질 수밖에 없다는 사실을 기억해야 한다.

아름다운 경력 관리를 위한 퇴사 책임

개인적 책임의식의 두 번째는 바로 퇴사 책임이다. 우리는 퇴사도 경력이 되는 시대를 살아가고 있다. 퇴사 날짜가 결정되면 당신은 이제 무엇을 할 것인가? 인터넷에 '퇴사 전 체크리스트'라고 검색하면 퇴사를 앞두고 무엇을 챙겨야 하고 무슨 요일에 퇴사하면 더 유리한지, 심지어 퇴사 전 놓치면 안 되는 숨은 돈 찾는 방법까지 다양한 정보가 쏟아져 나온다.

퇴사 전 주요 체크리스트를 정리하면 다음과 같다.

〈퇴사 전 체크리스트〉

1. 연차, 퇴직금 확인하기
2. 퇴직 관련 서류 챙기기
3. 포트폴리오 만들기

여기에 매우 중요한 한 가지가 빠져있다. 바로 깔끔한 뒷정리와 아름다운 이별을 위한 작별 인사다. 사람인에서 기업 2,246곳을 조사한 결과 최악의 퇴사 매너 1위는 갑작스러운 퇴사 통보였다. 직원이 예고도 없이 갑자기 퇴사하면 회사는 생각보다 큰 손해를 감수해야 한다. 팀 업무 진행에 차질이 발생하고 팀원이나 조직의 사기가 저하됨은 물론, 외부 기관과 프로젝트를 수행하고 있는 경우라면 기업의 이미지가 실추되기도 한다. 끝내지 못한 일이 있다면 최선을 다해 그 일을 잘 마무리해야 한다. 내가 떠난 후 남은 자료들은 나의 얼굴이 되기 때문이다. 퇴사는 또 다른 시작을 위한 과정이기에, 내가 머물렀던 자리는 아름다워야 한다.

만약 경력 관리를 위해 이직을 고민 중이라면 본인이 거쳐간 자리가 어떤 이야기들로 채워지기를 원하는지 곰곰이 생각해 보기 바란다. 책임감 있는 직장인이라면 퇴사도 경력 관리의 하나로 여기고 마지막 순간까지 동료들에게 아름다운 모습으로 기억될 수 있도록 행동해야 한다. 퇴사할 때도 회사와의 관계를 원만하게 유지하고 후임자에게 업무를 성실하게 인계하는 등 책임을 다해야 한다. 그래야 이직할 회사를 향한 새로운 발걸음이 더욱 당당해질 것이다.

책임의 무게를 마주할 때.
선택의 순간 유능성의 힘이 발휘된다.

04

책임의 무게를
마주하는 용기

책임평판 조회의 시대

직원이 1만 명이 넘는 모 기업에서 1분기 동안 퇴사자가 900명이나 발생하자 AI 분석을 통해 다음 분기에 이직 가능성이 높은 고위험군 직원 리스트를 뽑았다. 실제로 해당 분기 퇴사자 932명 중 약 80%인 746명이 이 리스트에 속했다. 이뿐만 아니라 한 기업에서 업무 협업 툴, 이메일 등의 데이터에 대해 AI 분석을 통해 직원들의 고과를 예측한 결과, 팀장의 평가와 94% 일치한 것으로 나타났다[13]. 이는 절대 가상의 이야기가 아니다.

'평판 조회'라는 말을 들어봤을 것이다. 기업의 60%는 직원 채용 시 평판을 조회하고, 채용이 거의 결정된 상태에서 평판 조회 결과가 좋지 않아 지원자를 탈락시킨 경험이 있다고 답한 인사 담당자의 비율도 61.3%에 달했다는 연구 결과가 있다[14]. 예전과 달라진 점은 이전에는 과장급 이상 혹은 임원을 영입할 때 주로 평판 조회를 했지만, 최근에는 저연차 경력직을 채용할 때도 평판 조회를 적극적으로 도입하고 있다는 것이다.

회사마다 조금씩 차이는 있지만, 공통적으로 확인하는 평판 조회 내용은 다음과 같다.

- 이력서상 경력 및 포트폴리오의 진위
- 업무 역량 및 성과
- 업무 성향 및 장단점
- 후보자의 퇴직 사유
- 근태 및 성실성
- 팀워크, 동료 및 상사와의 관계, 커뮤니케이션 등 소프트 스킬(Soft Skill)

이 모든 것을 포괄하는 키워드가 바로 '책임감 있게 임하는 태도'이다. 경력과 성과는 하루아침에 만들어지지 않는다.

평판도 마찬가지다. 평소에 본인의 업무에 책임을 다하고, 직장 내에서 원만한 인간관계를 유지하며 매 순간 최선을 다하는 태도가 쌓이고 쌓여 결국 평판을 만든다. 이것이 책임평판이다.

책임을 완수	• 초기(입사 후 3년) 직장인의 책임자원	윤리적 책임	
하기 위한	• 중기(중간관리자로서의 기간) 직장인의	퇴사 책임	성장하는
경력 단계별 방법	책임자원		워커
	• 후기(리더로의 기간) 책임자원		

| 책임자원 | 경력 단계별 책임자원 | 개인적 책임의식 |

[그림 3-3] 책임자원으로 성장하는 워커의 로드맵

책임평판이 만드는 유능성의 힘

유명한 드라마에서 3분 남짓의 장면을 연기한 연기자가 있었다. 그는 일만 하다가 죽음을 맞이하는 의사의 짧은 장면을 맡았는데, 이 역할을 제대로 표현하기 위해 며칠 동안 씻지도 않고 최소한의 식사만 하며 그 모습을 완벽히 구현하려고 노력했다. 그는 '고작 3분밖에 안 되는 장면인데 이렇게까지 준비할 필요가 있을까?'라는 의구심도 있었다고 한다. 그런데 걱정과는 달리 이 장면은 연기자의 발뒤꿈치 각질까지 표현되면서 많은 시청자의 공감을 불러일으켰고 이를 계기로 그는 차기작 주인공으로 캐스팅되는 영광까지 얻게 되었다. 이 배우가 한 말이 인상적이다. "최선을 다한 어떤 일은 언젠가 반드시 빛나는 순간으로 찾아온다."

직장생활에서도 단계별 책임자원과 개인적 책임의식은 중요한 선택의 순간에 빛나는 유능성의 힘으로 발휘된다는 사실을 기억하자.

책임이라는 단어가 무겁게 느껴질 때

　책임을 진다는 것은 때로는 그 무게로 인해 두렵고 감당하기 어렵다고 느껴질 수 있다. 「내 마음이 왜 이래」의 저자 크리스토프 앙드레(Christophe Andre)는 책임지는 것을 두려워하는 사람들에게 2가지 방법을 제시한다. 첫 번째는 완벽해야 한다는 생각을 버려야 한다. 완벽해야 한다고 생각하는 것은 책임을 회피하는 것이자 자신이 불완전하다는 것을 숨기는 것이기 때문이다. 선택의 순간 결정을 내렸다면 그로 인해 유발된 부정적인 결과를 마주하는 용기도 필요하다. 두 번째는 책임을 감당할 수 없다는 사실에만 매달리지 말고 무엇을 감당할 수 없는지 구체적으로 스스로에게 질문함으로써 두려움에 맞서야 한다[15].

　즉, 책임에는 때로는 용기가 필요하다. 책임의 무게를 마주하는 용기 있는 직장인으로 성장하기 위한 5가지 실천 항목을 제안한다.

1. **일**을 통해 성장하는 직장인은
2. '**이**렇게 작은 역할이 **무슨** 도움이 될까?'라고 고민하지 않고,
3. **삼**백육십오일 스스로에게 책임이 있다는 것을 인지하고,
4. **사**리사욕으로 인해 순간적인 유혹에 넘어가지 않고,
5. **오**직 '나 자신에게 부끄럽지 않은 선택을 할 수 있는 용기 있는 사람'임을 기억하자.

　성장하는 워커가 갖춰야 할 경력 단계별 책임자원과 개인적 책임의식을 장착했다면, 이제부터는 워커라면 누구나 고민하는 함께 일하는 방법

에 대해 알아보자.

함께 일하는 방법
다시 배우기

챕터 04

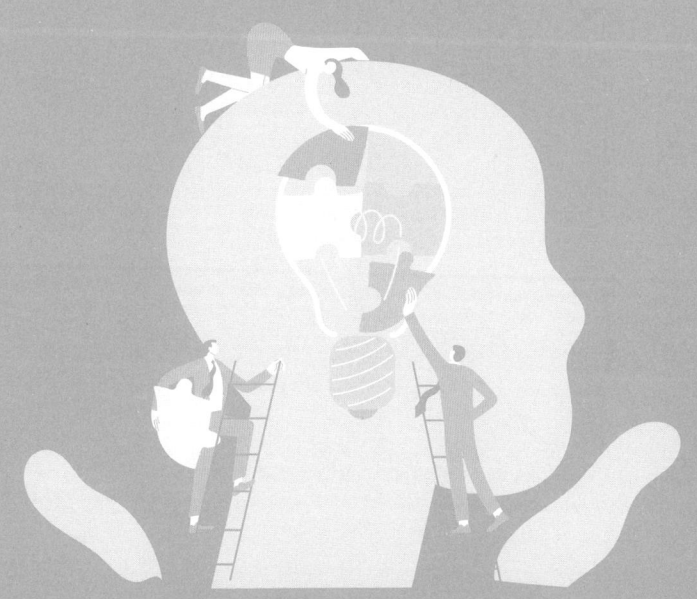

우리는 시간과 장소의 경계 없이 모두가 쉽게 연결되는 세상 속에서 살고 있다. 그만큼 다양한 지식과 경험을 가진 개인들이 만나 협업이 가능해졌지만, 서로 다른 배경을 가진 이들과의 협업 방식은 여전히 낯설다. 이제는 동료들의 다양성을 존중하며 조화를 이루는 '같이' 잘하는 협업 방식을 배울 시점이다.

평평해진 세계 속 초개인의 시대,
개인의 영향력으로 잠자고 있는 협업 DNA을 깨워야 할 때이다.

01

따로
또 같이

평평해진 세계 속 개인

"최근 온 가족이 모여 TV를 시청한 적이 있는가?"

우리는 시간과 장소의 경계 없이 손바닥만 한 스마트폰 하나로 원하는 정보에 즉시 연결되는 평평해진 세계에 살고 있다. 지리적, 정치적, 경제적 장벽이 낮아지거나 사라지면서, 더 많은 사람이 동등하게 정보나 자원에 쉽게 접근 가능해졌음을 의미한다. 이는 다양한 나라와 사람들이 경쟁하는 동시에 협업할 기회도 많아졌음을 보여준다.

실제로 우리나라 전체 국민의 94.8%가 스마트폰을 사용하고, 70%는 스마트폰을 일상생활의 필수품으로 인식하고 있다[1]. 어디에 살든 비슷한 미디어를 보고, 동일한 제품을 사며, 유사한 서비스를 누리면서 우리는 항상 'ON' 상태로 연결되어 있다. 소셜미디어를 통해 맛집 정보부터 여행 팁, 심지어 혼자 즐길 수 있는 콘텐츠까지 다양하다. 또한 다른 시간, 다른 장소에 살고 있는 사람들의 일상도 쉽게 들여다볼 수 있다.

이러한 변화는 디지털 시대의 초개인화로 이어졌다. 빅데이터 전문가 송길영은 그의 저서 「시대예보」에서 자기 삶에 대해 주도적인 결정을 내리는 '핵개인'의 등장을 알렸다. 평평해진 세계 속에서 우리는 쉽게 연결이 가능해졌지만, 동시에 개인의 고유성과 영향력을 드러낼 기회도 늘어났다. 이는 연결과 개인화가 공존함으로써, 협업하면서도 개인의 고유한 가치가 확대되었음을 의미한다.

혼합형 조직의 등장

다양한 배경과 특성을 가진 개인들이 모여 일하는 우리의 일터는 과거와 확연히 다르다. 그 중심에는 '혼합형 조직'의 등장을 꼽을 수 있다. 혼합형 조직이란 변화하는 환경과 고객의 요구에 따라 빠르고 유연하게 대응하기 위해 만들어진 구조의 조직이다. 때로는 제품 중심으로 팀이 구성되기도 하고, 각자의 전문성을 살려 독립적으로 일하는 기능 중심의 조직으로 운영되기도 하는 형태를 말한다[2].

최근 일터를 들여다보면 다채로운 모습이 펼쳐지고 있다. 연령, 성별, 문화적 배경이 다른 사람들이 한데 어우러져 일하는 것은 이제 당연한 일이 되었다. 코로나19 이후로는 시간과 공간의 경계마저 허물어져 전 세계 각지에서 원격으로 연결된 워커들이 협업하는 모습도 흔해졌다. 더 나아가 기획, 개발, 디자인 등 특화된 기능을 가진 전문가들이 프로젝트에 따라 모였다 흩어지는 유동적인 조직 구조도 늘어나고 있다.

이러한 혼합형 조직에는 크게 세 가지 특징을 꼽을 수 있다. 첫 번째 특징은 '셀 구조'를 띠고 있다는 것이다. 2024년 조직 개편을 단행한 네이버가 대표적이다. 네이버는 기존의 5개 사내 독립기업을 12개의 전문조직으로 세분화하여 핵심 사업의 전문성을 강화하였다. 엔터테인먼트 업계의 레이블 체제도 비슷한 맥락이다. 이는 각 셀의 음반 제작에 대한 독립성과 개성을 보장하면서도 빠르게 변화하는 시장에 민첩하게 대응하기 위한 전략이다.

두 번째 특징은 '관리 중심에서 일 중심으로의 전환'이다. 챕터 2에서도 다뤘듯이 과거의 피라미드형 구조가 권위와 통제에 중점을 뒀다면, 현재는 각 구성원의 역할과 성과에 초점을 맞추고 있다. 이러한 변화는 다양한 전문가들이 조직의 문제를 빠르게 파악하고 해결할 수 있게 한다. 또한, 업무의 기획부터 완료까지 독립성을 부여함으로써, 불확실한 시대에 조직의 생존력을 높이는 전략이 되고 있다.

세 번째 특징은 '직급의 소멸'이다. 이는 두 번째 특징과 연계해서 이해할 대목이다. 많은 일터에서 임원직급을 없애거나, 단일직급제를 도입하고 있다. 이는 다양한 배경의 초개인들이 자신의 전문성과 창의성을 최대한 발휘할 수 있는 환경을 만들기 위함이다.

이러한 변화 속에서, 개개인의 고유한 역량이 발휘되고 효과적인 협업을 이뤄내기 위해, 일터에서는 더욱 진화된 하이브리드 업무 환경을 구축하고 있다. 인구 통계학적 차이뿐만 아니라, 프리랜서나 초단기로 계약을 맺고 일회성의 일을 맡는 긱 워커(Gig Worker)와 같은 다양한 고용 형태도 흔해졌다. 그 어느 때보다 각자의 지식과 경험에서 비롯된 다양한 사고방식을 아우르는 새로운 협업 방식의 학습이 필요한 시점이다. 이제 조직의 성공은 이러한 다양성을 어떻게 조화롭게 관리하고 활용하느냐에 달려 있다.

잠자고 있는 협업 DNA

인간은 배고픔을 느끼면 음식을 찾고 피곤하면 잠자리를 찾듯이, 협업 또한 본능적으로 갈망한다. 우리는 항상 'ON' 상태로 연결된 평평해진 세계에 살고 있다. 하지만 막상 도움이 필요할 때 도움을 청할 사람이 없다고 느낀다면, 고립감과 함께 사회적 교류에 대한 갈증이 커지게 된다. 인간은 본디 사회적 동물로, 본능적으로 공동체 의식을 느끼며 어딘가에 소속되기를 원하기 때문이다. 과거 농경 사회의 품앗이처럼 협업은 우리의 역사와 문화 속에 깊이 뿌리내려 있다.

마이크로소프트가 실시한 워크트렌드인덱스 조사에 따르면, '동료들과의 사회적 교류'가 사무실로 복귀하려는 가장 큰 이유로 나타났다. 요즘처럼 한 치 앞도 알 수 없고, 업무와 조직 구조가 유연한 시대에는 협업과 누군가의 도움이 절실히 필요하다는 것을 보여준다.

옥스퍼드 사전은 협업을 '무언가를 생산하거나 창조하기 위해서 누군가와 협력하는 행위'로 정의하고 있다. 이제 기업들은 연예인 대신 인플루언서와의 협업을 통해 혁신적인 상품과 마케팅을 선보이며 소비자의 관심을 사로잡고 있다. 반대로 연예인이 인플루언서가 되어 다른 크리에이터와 협력해 더 큰 시너지를 창출하기도 한다. 이처럼 협업은 개인의 영향력을 극대화하고, 새로운 영역으로 확장하는 중요한 기회가 되고 있다.

일터에서도 직급의 경계가 허물어지면서 다양한 워커와 협업할 기회가 확대되고 있다. 개인의 전문성과 탁월성이 모여 빛을 발하는 협업의 대표적인 사례로, '침대 없는 광고'로 유명한 시몬스 침대를 들 수 있다. 침대가 등장하지 않아도 '흔들리지 않는 편안함'이라는 강력한 메시지를 전달하는 아이디어가 단연 돋보인다. 이는 시몬스 크리에이터 그룹인 '시몬스 디자인 스튜디오'의 공이 크다. 고정된 인원 없이, 상황에 따라서 셀 형태로 뭉치고 흩어지기를 반복하며, 때에 따라 외부 전문가와도 협업을 진행한다.

디자인으로 황금기를 이끌었던 애플 역시 스티브 잡스(Steve Jobs) 개인의 역량만으로 성과를 이룬 것은 아니었다. 숨은 공신인 최고 디자인책임자(CDO)였던 조너선 아이브(Jonathan Ive)와 디자인 철학을 공유하며 협업했기에 가능했다. 이처럼 우리는 대부분의 시간을 공존하며 살아왔고, 놀라운 성과의 대부분은 협업의 결실이다.

과거에는 통했던 문제 해결 방식이 오늘날에는 통하지 않는 경우가 많다. 시대가 복잡해진 만큼 혼자서 문제를 해결하기 어려워졌고, 협업이 그 대안으로 주목받고 있다. 협업을 통해 다양한 개인의 역량이 모여 성장의 기회로 다른 사람의 지식과 경험을 배우고 나눌 수 있기 때문이다. 또한, 2014년 스탠포드에서 실시한 연구에 따르면 함께 아이디어를 생각해 내는 것만으로도 동기부여가 가능한 것으로 나타났다. 일터에서의 협업은 업무의 지속성을 높이고, 조직에 대한 소속감도 가질 수 있게 한다[3].

그럼에도 불구하고 협업이 늘 순조로운 것은 아니다. 우리에게 협업 DNA가 있음에도, 때때로 협업을 꺼리게 되는 이유는 무엇일까? 그리고 이 잠재된 협업 DNA를 어떻게 깨울 수 있을까?

높아지는 협업 장벽

초개인화와 혼합형 조직의 등장은 우리의 일하는 방식을 뒤흔들고, 고립감을 깊게 하고 있다. 이제는 기존의 협업 방식으로는 개인의 탁월함을 발휘하여 시너지 효과를 내기 어려운 상황이다. 게다가 많은 이들은 협업을 제대로 배운 적이 없어 주저하게 된다. 이러한 협업의 심리적 장벽은 크게 4가지로 설명할 수 있다.

첫째, '신뢰의 결핍'이다. 처음 함께 일하는 동료들과 정보를 공유하는 것, 그리고 자신의 일과 조직에 대한 낮은 신뢰가 불안감을 갖게 하고 협업을 망설이게 한다. 신뢰 부족은 누구에게 도움을 요청해야 할지 모르는 막막함으로 이어진다.

둘째, '갈등 회피 성향'이다. 동료나 팀, 조직에 대한 신뢰도가 낮을 때 나타난다. 이 성향은 경쟁에 대한 두려움으로 이어지며, 갈등을 피하고 평화를 유지하려는 수동적인 태도를 만들게 된다. 특히 활발한 협업이 필요한 상황에서 문제가 된다. 갈등을 피하기 위해 타협하는 데 급급해질 수 있다. 결과적으로 집단사고에 빠지게 되고 생산적인 사고가 어려워진다.

셋째, '과잉 협업'의 함정이다. 불필요한 일들로 시간과 에너지가 소진되면, 정작 중요한 협업에 쓸 에너지가 고갈된다. 비생산적인 활동에 시간을 낭비하면서 협업의 효율성은 점점 떨어질 수밖에 없다.

넷째, '정보격차'의 문제다. 정보의 홍수 속에서 각자 다른 경험을 하며 정보 습득과 지식 활용에 격차가 발생한다. 각자 정보를 다루는 속도 차이로 인해 협업의 장벽은 더욱 높아지게 된다.

우리는 날마다 새롭고 다양한 환경을 맞이하고 있다. 그렇기에 우리는 다양성을 인정하고 함께 일하는 협업 방식을 다시 배워야 한다. 개인의 책임과 능동성이 강조되는 시대이지만, 제대로 된 협업 없이는 개인의 뛰어난 역량도 빛을 발휘하기 어렵기 때문이다.

협업은 그 단어의 의미처럼 함께할 때 진정한 힘을 발휘한다. 우리를 함정에 빠뜨리는 심리적 고립감과 협업의 장벽에서 빠져나와, 함께 협업할 수 있어야 한다. 이 챕터를 통해 진정한 협업의 중요성과 혼자 잘하는 것이 아닌, '같이' 잘할 수 있는 방법을 배워보자.

심리적 협업 장벽을 허무는 첫걸음은,
다양성을 인정하고 상호 존중하는 협업 태도에서 시작된다.

02

심리적 협업장벽 허물기:
신뢰로 여는 협업의 길

일터에서의 암묵적 금지어

"아직 멀었냐", "돈 아깝다", "물이 제일 맛있다", "이게 다냐" 등 가족여행 금지어가 있다. 부모님을 모시고 떠나는 해외여행에서 부모님이 하지 않도록 권유하는 말들로, 이러한 말들은 여행을 떠나기 전부터 갈등을 유발하는 셈이다.

일터에서도 이와 유사한 현상이 나타나고 있다. 한 회사의 벽보에는 '"어?" 금지', '손가락으로 모니터를 가리키며 웅성웅성하기 금지' 등의 문구가 적혀있어 많은 직장인의 공감을 얻었다. 이는 작은 말이나 행동 하나가 큰 문제로 오해받을 수 있는 일터문화의 단면을 보여준다.

각기 다른 전문성을 가진 개인들이 모인 일터에서는 같은 상황도 다르게 해석될 수 있다. 누군가에게는 큰 문제가 다른 이에게는 사소한 일로 여겨질 수 있다. 이러한 인식 차이는 협업 과정에서도 서로 문제를 다르게 해석하고 정의 내리게 되어 갈등의 씨앗이 된다.

빈번한 입장 차이는 동료와 팀을 향한 신뢰를 약하게 만든다. 시장조사 전문기업 엠브레인 트렌드모니터가 실시한 조사에 따르면, 직장인 10명 중 4명만이 동료를 신뢰한다고 응답했다. 일터 내 신뢰 관계 위기를 짐작할 수 있다.

또한 일터와 미래에 대한 경쟁의식은 실패에 대한 두려움과 미래에 대한 불안감을 키운다.[4] 이로 인해 구성원들은 자신의 의지와 상관없이 발언 금지상태의 암묵적인 분위기에 놓이게 된다. '상대의 기분을 상하게 하진 않을까?', '괜한 오해를 사진 않을까?', '내 의견 때문에 분위기를 망치지 않을까?' 하는 걱정에, 해야 할 말도 하지 못하게 되는 '금지'된 상태에 놓이는 것이다. 결국 우리는 갈등을 피하고 평화를 유지하기 위해 '침묵'을 선택하게 된다.

협업 스위치 '존중 ON'

협업을 가로막는 심리적 장벽을 허물기 위해서는 '다름을 인정'하는 상호존중의 태도가 필요하다. 상호존중의 협업 태도는 신뢰를 바탕으로 동료나 상사에게 자유롭게 발언하고 함께 일하도록 만들어준다.

실제로 '말을 자르거나 의견을 무시'하고, '자신의 상태를 함부로 판단하고 단정 짓는 태도'를 우리는 무례한 태도로 받아들인다[5]. 이러한 태도는 업무 몰입을 방해하고 고의로 일하지 않게 하며, 다른 사람에게 또 다른 무례한 태도를 전염시킨다. 존중의 태도가 없다면 개인의 집중력은 떨어져 성과에 기여하기 어려워진다[6]. 반면, 정중한 태도를 보인 사람들은 주변으로부터 원활한 지원을 받을 수 있다. 결국 존중의 태도는 동료와 상사, 조직을 향한 강한 신뢰를 갖게 한다. 이는 일에 대한 즐거움을 느끼게 하고, 협업을 수월하게 만든다.

다수의 일터에서는 상호존중의 태도가 조직문화로 정착되도록 '상호존중의 날'을 시행하고 있다. 서로 동등하게 존중하고 배려한다는 의미의 11일, 또는 둘이 함께 존중하고 배려하자는 의미의 22일을 선정하고 있다. 협업적 관계로 발전하기 위해서는 '상호존중'이라는 스위치가 필요하다. 이 스위치를 켜는 구체적인 방법을 제시한다.

심판자의 길 OFF, 학습자의 길 ON

나와 다른 의견을 제시하는 동료를 마주했을 때, 문제상황을 맞닥트렸을 때, 당신은 동료와의 문제상황을 어떤 태도로 받아들이고 있는가? 각 문항별로 A, B 중 나에게 해당되는 것을 체크해 보자.

문항	A	B
1	☐ 뭐가 잘못됐지?	☐ 어떻게 해야 잘될 수 있지?
2	☐ 누구 탓이지?	☐ 내가 함께 책임져야 할 일은 무엇일까?
3	☐ 왜 자꾸 나를 귀찮게 하지?	☐ 어떤 일이 가능할까?
4	☐ 내 말이 맞을 텐데?	☐ 내가 놓친 것은 무엇일까?
5	☐ 저러니까 안되는 거야	☐ 상대방도 잘해보고 싶어서 그런 거야

[표 4-1] 심판자와 학습자의 길

위 문항은 심판자(A)와 학습자(B)의 생각과 언어적 특징으로, 미국 컬럼비아대학 마릴리 애덤스(Marilee Adams) 교수가 제시한 문제를 대하는 심판자와 학습자의 두 갈래 길이다[7].

심판자는 상황과 상대를 쉽게 판단하고 따지며, 책임을 추궁하는 방식으로 대응한다. 자신의 기준으로 모든 것을 판단하고 평가하며, 때로는 남을 공격하는 것에 능숙하다. 반면, 학습자는 판단을 유보하고 배우는 태도로 상황과 상대방을 바라본다. 관찰자의 입장에서 타인의 상황과 의견을 고려하며, 상대방을 이해하려 노력한다. 또한 배움에 이르는 생산적인 질문을 통해 문제 해결에 적극적으로 참여한다.

학습자의 태도로 협업하라는 것이 객관적인 분석이나 필요한 비판을 회피하라는 의미는 아니다. 자신만이 옳고 최고라는 심판의 망치질을 멈추고, 문제발견자가 아닌 문제해결자로서 적극적으로 참여하고 해법을 찾는 것을 의미한다. 서로의 차이를 인정하고 존중하는 태도로 문제 해결에 적극 참여한다면, 함께 일하는 동료와의 신뢰 관계는 더욱 견고해질 것이다.

심판자의 길은 갈등과 불신을 낳지만, 학습자의 길은 이해와 신뢰를 만들어낸다. 당신은 어떤 길을 선택할 것인가? 심판자의 망치를 내려놓고 학습자의 태도로 동료를 마주할 때, 협업의 길을 만나게 될 것이다.

피드백의 두려움 OFF

최근에 경험한 피드백 시간을 떠올리며 아래 내용 중 몇 가지에 해당하는지 체크해 보자.

- ☐ 피드백 시간만 다가오면 손발에 땀이 난다.
- ☐ 동료나 상사에게 들었던 피드백이 괴로워 쉽게 잠들지 못했다.
- ☐ 부정적 피드백을 받으면 나를 공격한 것 같아 괴롭다.

위의 내용 중 단 한 가지라도 해당한다면 당신은 피드백에 대한 두려움이 존재한다는 신호다.

우리는 협업과정에서 끊임없이 정보를 주고받으며 피드백하게 된다. 하지만 개선해야 할 것, 필요한 것을 이야기할 때 '나는 최선을 다하고 있다'는 믿음 때문에 크든 작든 피드백을 받아들이는 것이 어렵기만 하다. 피드백을 주는 것 역시 쉽지 않다. 상대에게 상처가 될까 봐, 관계가 나빠질까 봐, 내 의견이 틀렸을까 봐 두려움에 쉽게 말을 꺼내지 못하고 멈칫거리게 된다. 표면적으로는 평화로운 상태를 유지하기 때문에 큰 문제가 없어 보이지만, 이는 집단사고로 이어지기 쉽다.

마이크로소프트사에서도 피드백을 '관점(Perspective)'이라는 용어로 대체할 정도로 피드백이 주는 부담감은 무겁다. 피드백이라는 단어가 평가와 관련된 것 같은 부정적 인식을 주기 때문이다. 평가방식이었던 기존 피드백에서 벗어나 서로의 생각을 공유하는 대화를 통해, 구성원의 성장과 협업을 돕는 코칭으로 인식하도록 했다.

복잡한 과제를 함께 해결하고 새로운 방식을 시도하기 위해서는, 피드백을 두려움의 대상이 아닌 성장의 도구로 인식하는 것이 중요하다. 피드백에 대한 두려움을 낮추기 위해 피드백을 할 때와 피드백을 받을 때 다음의 태도를 갖출 필요가 있다.

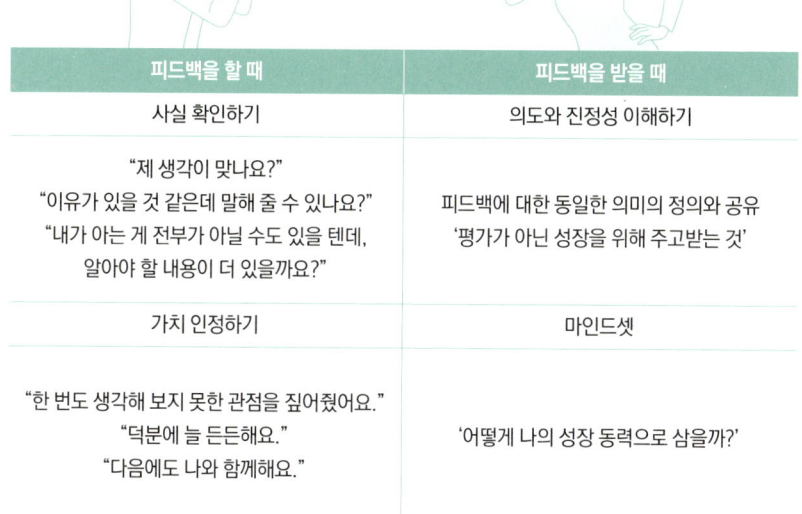

피드백을 할 때	피드백을 받을 때
사실 확인하기	의도와 진정성 이해하기
"제 생각이 맞나요?" "이유가 있을 것 같은데 말해 줄 수 있나요?" "내가 아는 게 전부가 아닐 수도 있을 텐데, 알아야 할 내용이 더 있을까요?"	피드백에 대한 동일한 의미의 정의와 공유 '평가가 아닌 성장을 위해 주고받는 것'
가치 인정하기	마인드셋
"한 번도 생각해 보지 못한 관점을 짚어줬어요." "덕분에 늘 든든해요." "다음에도 나와 함께해요."	'어떻게 나의 성장 동력으로 삼을까?'

[표 4-2] 피드백에 대한 두려움 낮추기

1) 피드백을 할 때

- 사실 확인하기: 내가 아는 사실과 상대방이 알고 있는 사실이 다를 수 있다. 또한 작은 부분을 보고 전체인 것처럼 판단하는 실수가 생길 수 있나. 앞서 언급한 학습자의 길에서 출발하는 열린 질문을 통해 상황을 정확히 파악하는 것이 중요하다. 즉, 확정적으로 말하려 하지 않고 질문을 통해 그럴 수밖에 없는 이유가 있는지 확인해 보자.
- 가치 인정하기: 피드백을 받을 때 대부분은 자신의 존재 가치에 대해 의심하게 된다.

'나는 쓸모가 없나 봐', '나를 필요로 하지 않는구나'라는 생각을 만들어 받아들이기 어려울 수 있다. 적시에 동료의 노력을 알아차리고 인정해 주는 센스가 발휘된다면 피드백 수용을 수월하게 만든다.

2) 피드백을 받을 때

- **의도와 진정성 이해하기**: 먼저 피드백의 목적이 성장에 있다는 점을 일터 내에서 공유하고, 모두가 이를 인식해야 한다. 이는 피드백을 주는 입장에서도 동료와 팀, 조직에 도움이 되겠다는 선의의 마음을 갖게 하고, 피드백을 받는 입장에서도 동료의 진심을 이해하고 고마운 마음으로 받아들일 수 있게 한다. 무엇보다 피드백은 어떻게 주느냐보다 어떻게 받아들이는가가 더 중요하다. 피드백하는 동료의 진정성을 알아차리자.
- **마인드셋**: 피드백을 자신의 성장 자원으로 활용하겠다는 마음가짐으로 피드백에 대한 두려움을 제거할 필요가 있다.

이처럼 피드백을 주고받는 과정에서 두려움을 극복하는 것은 갈등 회피를 줄이고, 팀이 진정으로 협업하는 문화를 만드는 데 기여할 것이다.

개인플레이 OFF, 협업 어시스트 ON

농구, 축구와 같은 스포츠 경기에서 우승팀과 득점왕 못지않게 자부심을 느끼는 중요한 역할이 있다. 바로 득점을 하도록 돕는 '어시스트 왕'이다. 개인의 영광보다 팀의 승리를 위해 팀원들을 지원하고, 팀에 기여하는 것을 자랑스럽게 여긴다. 자신의 지원과 도움으로 팀의 득점과 승리에 도움이 되는 쾌감은 스포츠에서만 느낄 수 있는 것일까?

"혼자서 하는 일이 너무 어려워서 누군가의 도움이 필요한데 입이 안 떨어져요."
"어렵게 부탁했는데 단칼에 거절하니까 너무 냉정하게 느껴져요."
"김 대리는 동료들이 적극적으로 도와주는데 그 비결이 궁금해요."

우리의 일에는 동료의 도움 없이 득점하기 어려운 것들이 수도 없이 많다. 그만큼 혼자서 모든 것을 해결한다는 것은 현실적으로 불가능하다. 그렇다면 동료의 협조를 얻기 위해 어떻게 요청해야 할지 알아보자.

1) 목표공유

때때로 어렵게 꺼낸 부탁의 말이 받아들여지지 않아 서운함을 느꼈다면, 동료에게 적극적인 협조를 받고 싶다면, 본론부터 말하기 전에 먼저 일의 목표를 공유해 주자. 사람은 무언가를 판단할 때, 경험에 따른 고정관념과 제한된 정보로 인해 빠르게 결정을 내리는 경향이 있다. 이를 의사결정의 지름길인 '판단의 휴리스틱'이라고 한다[3]. 목표가 공유되지 않은 요청이 동료에게는 '나에게는 불필요한 일', '나의 일이 아닌 남의 일'이라고 빠르게 판단될 수 있다. 이때 '큰 그림'을 보여줌으로써 동료의 역할이 중요하다는 인식을 갖게 한다면, 동료는 단순히 목표를 공유하는 차원을 넘어, 자신이 가치 있는 일에 기여할 수 있다고 믿게 된다.

하버드비즈니스리뷰의 대규모 설문조사 결과가 이를 뒷받침하고 있다. 무려 92.4%의 응답자가 자신의 업무가 미치는 영향, 즉 '큰 그림'을 이해할 때 더 높은 성과를 낸다고 답했다. 이는 목표공유가 단순한 정보 전달을 넘어 개인의 동기부여와 성과 향상으로 직결된다는 것을 보여준다.

하지만 현실은 어떨까? 마이크로소프트가 의뢰한 포레스트 컨설팅의 조사 결과, 회사의 목표를 완전히 이해하고 있다고 응답한 구성원은 고작 39%에 불과했다. 이는 마치 대다수의 구성원이 자신도 모르는 영화의 엑스트라처럼 일하고 있다는 의미다. 그들은 자신의 역할이 전체 스토리에서 어떤 의미를 갖는지 모른 채 카메라 앞에 서 있는 것과 같다.

목표 공유의 힘은 실제 사례에서도 잘 드러나고 있다. 세계 최대 맥주 제조업체인 AB인베브의 경우, 1989년 개별 양조장의 목표를 투명하게 공유하는 정책을 시행했다. 그 결과, 실적이 저조한 양조장이 우수 양조장의 노하우를 배우며 자발적으로 문제를 해결해 나가는 놀라운 변화가 일어났다.[9] 목표 공유만으로도, 개인이 목표 달성 과정에서 겪는 어려움을 지원과 협조를 통해 해결할 수 있음을 보여준다.

2) 정보 제공

목표를 공유하고 요청 사항을 전달하였다면, 동료가 다른 업무를 병행하고 있다는 것을 고려하여 지원 가능한 것과, 조율 가능한 것을 함께 논의해야 한다. 그와 동시에 필요한 정보를 제공해 줌으로써 동료가 정보를 찾느라 시간을 낭비하거나 불필요한 업무를 줄일 수 있도록 서로 협조해야 한다. 정보가 불확실하면 '최종'과 '최최종'이라는 반복적인 수정작업이 발생하기 때문이다.

3) 신뢰 관계

동료의 협조를 받았다고 해서 그것으로 끝난 것은 아니다. 협업 후에도 중요한 것은 관계 유지이다. 혼자서 해결하지 못하는 일에 대해 전문가인 동료에게 도움을 받았다면, 결과와 관계없이 그들의 노력과 협조를 인정하고 감사의 말을 전하는 것이 중요하다. 협업이 일상적인 업무처럼 여겨질 수도 있지만, 진심 어린 감사의 표현으로 동료와의 '관계 자산'을 쌓아간다면 앞으로의 협업은 더욱 수월해질 것이다.

잡코리아와 알바몬에서 진행한 조사에 따르면, 직장인들이 '상사/동료와의 갈등'을 차마 밝힐 수 없었던 퇴사사유 1위로 꼽았다. 협업에서 '사람'이 얼마나 중요한지를 보여주며 '팀워크와 협력'이 직장생활의 가치 중 하나라고 여긴다는 잡플래닛의 설문조사가 이를 뒷받침하고 있다. 동료가 나의 어시스트 왕이 되기를 바라기 전에, 내가 먼저 어시스트 해주는 존재가 되어야 한다.

결국, 심리적 협업장벽을 넘어 '원팀'으로 함께 협업하기 위해서는 우리 모두 자부심과 존재의 가치를 느껴야 한다. 다양한 구성원 모두가 존중받을 때, 소속감을 갖는 것과 동시에 고립감을 해소하게 된다. 지금까지 심리적 협업장벽을 허물기 위해, 서로의 존재를 환영하고 가치를 인정하며, 존중하는 협업 태도를 살펴보았다. 이제 남아있는 또 다른 심리적 협업장벽을 허물기 위한 협업 스킬을 배워볼 차례다.

과잉 협업의 덫에서 벗어나 세대를 연결하는 지식 공유까지,
디지털 시대의 새로운 협업 문화를 위한 '협업 리셋 4단계' 전략을
제시하다.

03

심리적 협업장벽 허물기:
협업 리셋의 4단계

일상이 된 과잉 협업

'오늘은 또 무슨 잔소리를 할까?'
'바쁜데 또? 지겨워!'
'답정너! 오늘의 정답은 뭘까?'

이러한 생각들로 회의실 문을 여는 당신의 모습이 낯설지 않다면, 당신은 현재 직장인의 전형적인 모습을 하고 있을 것이다. '무의미한 회의'라는 한숨은 직장인에게 너무나 익숙한 일상이 되어버렸다. 리멤버 리서치 서비스에서 제공한 자료에 따르면, 직장인들은 일주일 평균 1~2회 정

도의 회의를 하지만, 대부분이 그 결과에 만족하지 못하고 있었다. 그만큼 일터에서의 업무 문화가 얼마나 비효율의 늪에 빠져있는지를 여실히 보여주고 있다.

일부 기업들은 이 문제를 인식하고 변화를 시도하고 있다. 카카오스타일의 '무의미한 회의 주의' 포스터나, 한샘의 '월례 조회 개선' 사례는 건강한 회의문화를 향한 작은 발걸음이다. 하지만 이는 극소수 기업의 사례일 뿐이다.

[그림 4-1] 건강한 회의문화를 만들기 위한 기업 사례

우리가 협업이라 부르는 활동인 끝없는 회의, 이메일의 홍수, 쉴 새 없는 전화 통화 등은 실상 진정한 의미의 협업과는 거리가 멀다. 오히려 이는 '과잉 협업'의 함정에 빠진 모습이다. 놀랍게도 우리나라 직장인의 62%가 실제 업무 수행 전에 정보 탐색과 소통에 과도한 시간을 쏟고 있다는 사실은 이 문제의 심각성을 적나라하게 보여준다.[10]

과잉 협업의 폐해는 단순히 시간 낭비에 그치지 않는다. 이는 마치 조직의 혈관을 서서히 막아가는 콜레스테롤과 같다. 생산성 저하와 창의력 고갈은 물론이고, 개인의 책임감 약화와 조직에 대한 소속감 상실까지 초래한다. '나 하나쯤이야' 또는 '누군가 하겠지'라는 안일한 사고는 결국 책임 회피로 이어지고, 조직의 균열을 만드는 구성원의 이탈을 조장한다.

결과적으로 우리는 정작 중요한 업무에 집중하지 못한 채 끊임없이 '바쁜 척'하는 '과협러'의 모습으로 악순환의 수레바퀴를 돌리고 있다. 이는 단순한 업무 비효율을 넘어, 조직과 구성원의 성장을 저해하고 협업을 기피하는 개인주의로 번질 위험이 있다.

우리에게 진정 필요한 것은 '과잉'이 아닌 '적정' 협업이다. 불필요한 회의와 소통을 줄이고, 실질적인 가치 창출에 초점을 맞춘 새로운 협업 문화가 그 어느 때보다 절실하다. 이러한 변화를 위해서는 불필요한 요소를 줄이는 '디톡스', 복잡한 협업 채널을 재정비하는 '리부팅', 디지털 격차의 문제를 정확히 파악하고 개인에게 맞는 솔루션을 연결하는 단계적 접근이 필요하다. 지금부터 기존의 과잉 협업 방식을 버리고, 다시 시작하는 '협업 리셋의 4단계'를 통해 심리적 협업장벽을 허물어보자.

1단계: 과잉 협업 디톡스

팀원 간의 효과적인 업무 공유는 과잉 협업을 예방하고 진정한 협업의 가치를 실현하는 열쇠다. 정보는 곧 중요한 자원이기 때문에 신속하고 정확한 정보 공유는 협업의 기반이 되기 때문이다. 하지만 현실은 회의가 여전히 시간 낭비의 주범으로 지목되면서도, 모순적이게도 만병통치약처럼 남용되고 있다. 이제는 이런 비생산적인 회의문화를 '디톡스'하여 근본적인 재설정이 필요한 시점이다.

이러한 맥락에서 '데일리 스탠드업(Daily Stand-up)' 미팅은 주목할 만한 대안이 된다. 간단하면서도 효과적으로 구성원들의 업무 공유가 가능하기 때문이다. T.P.Q(Time, Place, Question)라는 핵심 원칙을 바탕으로 매일 15분간 팀원들의 업무 현황, 계획, 그리고 직면한 어려움을 공유하는 방법이다.

원칙	내용
Time	매일 같은 시간에 15분 동안 진행
Place	매일 같은 장소에서 진행(온/오프 방식 선택)
Question	정해진 질문들로 진행 1) 어제 내가 한 일은? 2) 오늘 내가 할 일은? 3) 일을 하면서 어려운 점은?

[표 4-3] 데일리 스탠드업 미팅의 T.P.Q 방식

T.P.Q 방식의 데일리 스탠드업 미팅은 단순히 정보 교환을 넘어 여러 가지 이점을 제공한다.

첫째, 공동의 방향성을 인식: 팀의 전체적인 맥락과 목표를 수시로 점검

할 수 있다.

둘째, 업무 진척도 파악: 동료들의 업무 상황을 실시간으로 파악할 수 있어 협업의 흐름을 놓치지 않는 GPS 역할을 한다.

셋째, 불필요한 소통 감소: 정기적인 정보 공유로 중복된 커뮤니케이션을 줄여준다.

넷째, 우선순위 조정: 전체 상황 파악을 통해 더 스마트한 업무 우선순위 설정이 가능해진다.

다섯째, 집단 지성 활성화: 개인이 직면한 어려움을 공유함으로써 팀 차원의 해결책을 모색할 수 있다.

이 방식은 복잡해진 일터의 디지털 미로에서 더욱 빛을 발한다. 포레스터의 연구에 따르면, 대기업 구성원들은 평균 367개의 앱과 시스템을 사용하며, 필요한 정보를 찾는 데에만 하루 평균 2.4시간을 소비한다고 한다. 도서관에서 필요한 책을 찾느라 정작 독서할 시간을 다 보내는 것과 다를 바 없다. 데일리 스탠드업 미팅은 이러한 정보 과부하의 늪에서 빠져나올 구명보트가 될 수 있다.

더욱이, 개인의 업무상 어려움을 공유하는 것은 협업의 질을 한 단계 높이는 촉매제다. 우리의 업무는 독립된 섬이 아닌 연결된 대륙과 같아서,

한 개인의 문제는 곧 팀 전체의 도전이 될 수 있다. 데일리 스탠드업 미팅을 통해 개인의 지식과 경험을 공유하며 문제들을 조기에 발견 및 해결하고, 다양한 관점을 통해 팀은 더 나은 해답을 찾아갈 수 있다.

결론적으로 목표공유와 더불어 체계적으로 업무를 공유하는 것은 과잉협업을 예방하고 진정한 협업의 가치를 실현하는 핵심 전략이다.

2단계: 협업 채널 리부팅

"잠깐 얘기 좀 할까요?"

과거에는 이 한마디면 충분했다. 동료에게 부탁할 일이 생기면 몇 걸음 걸어가 말 한마디로 해결할 수 있었다. 하지만 지금은 상황이 달라졌다. 수십 통의 이메일, 문자 메시지, 전화 등을 수많은 채널을 통해 업무 요청 메시지가 쏟아진다. 때로는 잠시 얼굴을 맞대고 나눈 미팅이 더 명쾌한 결론을 이끌어내기도 한다. 효과적인 협업이 단순히 소통의 양이 아닌 질에 달려 있음을 보여준다.

디지털 시대에 들어서면서 우리는 수많은 커뮤니케이션 도구를 손에 넣었지만, 이는 때때로 의사소통의 효율성을 저하시키는 양면성을 지닌다. 수십 통의 이메일과 메시지가 오고 가는 사이에, 간단한 대면 미팅으로 해결될 수 있는 문제들이 지연되는 경우가 빈번하다.

효과적인 협업을 위해서는 상황에 맞는 협업 채널을 선택하는 것이 중요하다. 그러기 위해서는 복잡한 협업 채널을 재정비하는 '리부팅' 과정이 필요하다. 다음의 대면과 비대면 상황에 따라 최적의 채널을 선택하여, 더 나은 협업을 시작해 보자.

대면 채널	비대면 채널
· 복잡하고, 감정이 많이 개입되는 주제를 다룰 때 · 창의적인 아이디어를 구상하고 기획할 때 · 중요한 합의가 필요할 때 · 다양한 자료를 함께 검토하며 논의해야 할 때	· 단순하고 전술적인 질문이나 요청을 할 때 · 업무 진행 순서나 히스토리를 기록해야 할 때 · 반복적인 요청이나 피드백이 필요한 경우
새로운 동료, 새로운 업무 요청이 필요한 경우 : 사전 비대면 요청 + 대면 미팅의 하이브리드 방식	

[표 4-4] 협업 채널 파악하기

합의가 필요하거나 자료를 함께 논의해야 할 때는 짧게라도 대면으로 만나 이야기하는 것이 더욱 효과적이다. 대면 방식은 번거로운 단계를 줄여주고, 비대면 방식에서는 얻기 어려운 적극적인 반응을 이끌어낸다. 또한 대면 채널은 비언어적 요소를 통해 서로의 의중을 파악하기 쉽고, 동시에 다양한 의견을 공유하여 합의에 도달하는 시간을 단축시킨다.

대면 소통이 가진 힘은 실제 연구를 통해 입증되었다. 미국과 캐나다에서 진행된 실험에서 400여 명의 참가자들은 각각 5명의 지인에게 한 페이지 분량의 글을 보내 교정을 요청했다. 한 그룹은 대면으로 직접 만나서, 다른 그룹은 비대면 채널인 실시간 비디오 채널, 비동시(Nonsimultaneous) 비디오 메시지, 전화 통화, 이메일 등으로 요청했다. 그 결과, 대면 요청이 비대면 요청보다 67% 더 효과적으로 "예."라는 동의를 얻어냈다. 또한, 비대면 채널 중에서도 비디오와 오디오 요청이 텍스트 중심의 이메일 요청보다 86% 더 효과적이었다[11].

그러나 모든 상황에서 대면 채널이 최선인 것은 아니다. 때로는 비대면 채널이 심리적 압박을 줄이고 더 편안한 의사결정을 가능케 할 수 있다. 또한 업무 히스토리 관리나 다수의 관계자와의 정보 공유에 있어서는 비대면 채널이 더 효과적일 수 있다.

새로운 동료, 새로운 업무에 대한 접근 시에는 '하이브리드' 방식을 추천한다. 무턱대고 찾아가기보다 간단한 메시지로 먼저 '디지털 노크'를 하는 작업이 필요하다. 간단히 인사를 나누고 요청 사항을 미리 간략하게 정리하여 내용을 공유한 뒤, 대면 채널을 통해 세부 사항을 논의하는 것이 효과적일 수 있다. 상대 동료가 낯선 정보로 당황하지 않고 준비된 상태에서 더욱 생산적인 대화가 가능해지기 때문이다.

결국, 질적으로 향상된 협업은 단순히 소통의 양을 줄이는 것이 아니라, 상황에 맞는 '최적의 채널'을 선택하는 지혜에 달려있다. 디지털 시대의 협업 미로에서 길을 잃지 않으려면, 때로는 비대면 기술을 적절히 활용하는 동시에, 필요에 따라 대면 대화로 돌아가는 유연함이 필요하다.

3단계: 정보 격차의 함정

　현대 일터는 디지털 정글로 변모하고 있다. 이 정글에서 살아남는 법은 바로 디지털 도구와 AI를 잘 활용하는 능력이다. 이 능력의 유무가 새로운 형태의 '정보 격차'를 만들어내고 있다. 어댑터비스트 그룹에서 발표한 자료에 따르면, 직장인의 92%가 디지털 역량 차이로 인한 갈등을 느끼고 있었다. 특히 Z세대의 39%가 AI를 능숙하게 다루는 반면, 50대 이상 직장인의 AI 사용률이 13%에 그치는 현실은 이 격차의 심각성을 극명하게 보여주고 있다. 디지털 원주민과 이민자 사이의 디지털 격차가 매일 일터에서 펼쳐지는 셈이다.

　쏟아지는 디지털 도구들이 오히려 생산성과 협업을 저해하는 요인이 되고 있다. AI기반 협업 솔루션이 회의 요약, 번역, 시장 동향 파악, 보고서 작성 등 다양한 업무 영역에 도입되면서, 이러한 도구를 효과적으로 활용하지 못하는 구성원들은 마치 디지털 문맹처럼 점점 더 뒤처지는 악순환에 빠지고 있다.

　더 큰 문제는 지식의 폭발적 증가 속도다. 미래학자 버크민스터 풀러(Buckminster Fuller) 박사의 연구에 따르면, 현재 인류의 지식은 평균 13개월마다 2배로 늘어나고 있다. AI를 능숙하게 다루는 Z세대에게도 현재 보유한 스킬이 더 이상 안전하지 않다. 이러한 급격한 변화는 구성원들에게 디지털 멀미와 같은 피로감과 혼란을 안겨주고, 결국 업무 몰입도와 협업력 저하로 이어지게 될 것이다. 이제는 단순히 많은 지식을 외우는 '인간 백과사전'이 되는 것보다, 기존 지식을 효과적으로 활용하고 새로운 경험을 쌓는 '지식의 연금술사'가 되는 것이 중요해졌다.

이처럼 짧아지는 지식의 유통기한은 앞으로 디지털 활용 능력의 불균형을 더 악화시킬 것이다. 새로운 형태의 '정보 격차'를 극복하려면, 지식과 경험을 공유하는 방법을 반드시 배워야 한다.

4단계: 연결의 스킬링

새로운 아이디어나 해결책을 찾을 때, 우리는 과거의 지혜와 현재의 지식을 결합하게 된다. 여기에서 과거의 지혜는 기성세대의 업무적 노련함, 현재의 지식은 젊은 세대의 디지털 센스를 의미한다.

최근 조직이 파괴적 변화를 맞이하고 지식의 가용성 주기가 짧아지면서, 세대 간 지식과 기술의 격차를 해소하는 것이 중요한 과제로 떠올랐다. 세대를 넘어 개인이 가진 지식과 경험을 연결하기 위해 새로운 '번역기'가 필요하다. 바로 업스킬링(Upskilling)과 리스킬링(Reskilling)이 등장하면서 이러한 격차를 줄이는 핵심 전략이 되고 있다[12]. 이 두 개념은 우리의 지식 근육을 단련하는 운동법과 같다. 업스킬링은 현재 가진 기술 근육을 더 강화하는 것이고, 리스킬링은 완전히 새로운 기술 근육을 만들어내는 것이다.

재미있는 점은 어떤 이에게는 팔 근육 강화(업스킬링)인 것이 다른 이에게는 전혀 없던 새로운 근육 만들기(리스킬링)일 수 있다는 것이다. 하지만 '근육 만들기'라는 핵심은 변함없다. 그리고 이 '근육 운동'은 헬스장에서 따로 하는 게 아니라, 매일의 업무 속에서 자연스럽게 이뤄져야 한다.

AI와 함께 일하는 시대에서도 AI를 두려워하기보다는, 마치 새로운 동료를 맞이하듯 함께 일하는 법을 배워야 한다. 이 과정에는 워커들이 서로가 가진 지식과 경험을 공유하는 열린 문화가 필요하다. 특히 젊은 세대의 빠른 AI 습득력과 기성세대의 풍부한 경험이 조화롭게 어우러질 수 있는 '스킬링'이 필수다. 바로 이것이 디지털 도구 활용의 '빈부 격차'를 좁히고 개인에게 맞는 솔루션을 연결하는 방법이 될 수 있다. 다음 'WITH'의 전략으로 서로의 지식을 연결하는 질문을 통해 효과적인 지식 공유를 해보자.

Who	적임자 찾기	"이 문제, 누구에게 물어볼까?"
Ideal	상황 파악하기	"지금이 물어볼 적기일까?"
Time	타이밍 잡기	"언제 물어보는 게 좋을까?"
How	다양한 시각으로 접근하기	"상대방이라면 어떻게 풀까?"

[표 4-5] 지식을 연결하는 WITH 전략

이 'WITH' 전략은 세대 간 지식 교환의 다리와 같다. AI에 과도하게 의존하지 않고 세대 간 지식과 경험을 균형 있게 공유함으로써, 베테랑의 노하우와 신입의 디지털 감각이 만나 시너지를 창출할 수 있다.

한 텔레마케팅 회사의 실험에서, AI와 협업했을 때 숙련된 직원들의 창의성이 초보자들보다 무려 2.8배나 더 빛을 발했다[13]. 마치 오래된 와인이 새로운 병에 담겨 더 풍부한 맛을 내는 것처럼, 경험 많은 직원들은 AI의 도움으로 단순 작업에서 벗어나 더 깊이 있는 일에 집중할 수 있게 된 것이다.

워커들이 정보 과부하와 업무 스트레스로 지쳐가는 요즘, 스탠포드 연구진의 연구 결과는 희망적인 메시지를 전한다. 협업에 능숙한 워커들은 업무 지속력이 높고, 피로도가 낮은 것으로 나타난 것이다. 이는 협업이 업무 피로를 해소하는 비타민과 같은 역할을 한다는 것을 보여준다. 새로운 협업 방식을 배우는 것만으로도 업무의 무게를 덜고, 일의 즐거움을 되찾을 수 있다는 뜻이다.

연결의 기술로 경계를 넘는 폴리매스형 인재들의 만남,
다양성과 전문성이 조화를 이루는 탁월한 협업의 미래.

04

탁월한 개인들의 협업

경계를 넘나드는 협업의 시대

"오늘날 글로벌 경제에서 독자적으로 무언가 할 수 있다고 생각한다면, 이는 큰 실수다."

-잭 웰치

우리는 지금 '협업의 르네상스' 시대를 살고 있다. 더 이상 협업은 선택이 아닌 필수가 되었다. 마치 복잡한 퍼즐을 맞추는 것처럼, 현대 사회의 문제들은 한 사람의 지식이나 단일 분야의 전문성만으로는 해결하기 어려워졌다. 이에 따라 다양한 배경과 전문성을 가진 인재들의 협업이 그 어느 때보다 중요해졌다. 하지만 기존의 협업 방식으로는 다양한 탁월성을 가지고 있는 개인들의 참여를 이끌어내기 어렵다.

세계적인 애니메이션 스튜디오인 픽사의 '브레인 트러스트(Brain Trust)' 제도는 혁신적인 협업 모델의 좋은 사례다. 이 제도는 팀의 경계를 넘어 영화 제작과 스토리텔링에 관심 있는 모든 구성원의 참여를 독려하고 있다. 다양한 시각과 아이디어가 공유되며, 결과적으로 더 우수한 작품이 탄생되었다.

국내에서도 이러한 협업의 힘을 보여주는 사례가 있다. 코로나19 초기, 한국정보화진흥원이 주도한 공적 마스크 애플리케이션 개발 프로젝트가 그 예다. 정부 기관과 시민 개발자들이 힘을 모아 단 8일 만에 애플리케이션을 완성했다. 이는 마치 긴급 구조 작전과도 같았다. 다양한 배경의 사람들이 한 목표를 향해 달려간 결과, 불가능해 보였던 일을 해낸 것이다. 이는 형식에 얽매이지 않는 유연한 협업 방식이 얼마나 효과적일 수 있는지를 잘 보여준다.

이러한 새로운 협업은 단순히 여러 사람이 한 공간에 모이는 것 그 이상을 의미한다. 그것은 다양성을 존중하고, 경계를 허물며, 강한 소속감을 바탕으로 팀의 목표와 방향성을 명확히 이해하고 공유하는 것에서 시작된다. 이를 위해 우리는 다양한 지식과 경험을 자유롭게 넘나들 수 있어야 한다.

탁월한 협업 인재 '폴리매스'

지금까지 알고 있었던 전문지식이 이제는 쓸모없어지고, 점점 짧아지는 지식의 반감기에 과연 한 우물만 파는 것이 가능할까? 전문가란, 어떤 분야에서 일을 하며 그 분야에 높은 지식을 가지고 있거나 많은 경험을 쌓아온 사람을 지칭한다[14]. 하지만 정보의 홍수 시대인 현재, 전문가들도 자신의 특정 분야 지식만으로는 세상을 살아가기에는 힘들어졌다. 이제 우리에게 필요한 것은 새로운 형태의 탁월한 협업 인재, 바로 '폴리매스(Polymath)'다.

폴리매스란 그리스어에서 유래한 말로, '많이 배운 사람'을 의미한다. 현대적 맥락에서 폴리매스형 인재는 다양한 분야에 걸친 폭넓은 지식과 전문성을 바탕으로 뛰어난 성과를 내는 인재를 일컫는다.

역사상 가장 유명한 폴리매스는 단연 레오나르도 다빈치다. 그의 '코덱스(다빈치의 메모를 묶은 책)'에는 마치 '르네상스 시대의 위키피디아'와 같았다. 미술, 과학, 공학 등 다양한 분야를 아우르는 아이디어와 통찰이 가득했다. 다빈치는 화가, 조각가, 발명가, 건축가, 과학자, 의사, 수학자로서 다재다능함을 발휘했다. 또한 그는 서로 무관해 보이는 분야들 사이의 연결고리를 발견하는 데 탁월했다.

현대의 폴리매스에게 요구되는 핵심 능력은 바로 이 '연결의 기술'이다. 마치 정보의 대양을 항해하는 탐험가처럼, 다양한 지식의 섬들을 오가며 새로운 발견을 해내는 것이다. 이를 위해서는 끊임없는 학습과 경험의 확장이 필요하다.

더불어 '언러닝(Unlearning)'의 자세도 중요하다. 과거의 지식이 현재의 문제 해결에 도움이 되지 않거나 오히려 방해가 된다면, 그것을 과감히 버리거나 재해석할 수 있어야 하기 때문이다. 이러한 유연한 사고방식이 폴리매스형 인재의 핵심 자질이다.

다양한 분야를 넘나들며 통합적 시각을 갖추고, 끊임없이 학습하고 때로는 '언러닝'할 수 있는 인재가 현재 우리가 찾고 있는 협업 인재이다.

협업의 미래: DEI가 만드는 포용적 업무 환경

오늘날 기업들은 다양성이 어우러진 협업의 걸작을 그려내고 있다. 이 새로운 그림의 핵심 요소는 바로 DEI(Diversity, Equity, Inclusion), 즉 다양성, 형평성, 포용성이다.

우버는 '다양성 자문위원회'를 통해 다양한 배경의 사용자 경험을 파악하고, 이를 바탕으로 차별화된 서비스를 개발하고 있다[15]. 삼성전자는 글로벌 차원에서 DEI 관련 행사와 캠페인을 진행하며, 국내에서는 여성 구성원과 경영진 간의 소통을 위한 '런치토크' 간담회를 개최하고 있다[16].

카카오는 업계 최초로 '다양성 보고서'를 발간하여 편견 없는 채용 원칙 등 다양성 관련 활동을 공개했다[17]. 개개인이 가진 배경과 가치관에 따라서 다양성이 존중받는 문화를 그려가고 있다. 매년 실시하는 '건강성 측정'은 마치 조직의 건강검진과도 같아, 구성원 간의 다양한 의견을 존중하고 신뢰라는 면역력을 높이는 데 기여하고 있다.

이러한 기업들의 움직임은 마치 협업의 지형도가 바뀌고 있음을 알리는 신호탄과도 같다. 근무 형태와 조직 구조가 다양해지면서, DEI는 더 이상 선택이 아닌 필수가 되었다. DEI는 단순한 구호가 아닌, 회사의 DNA에 새겨진 미션을 실현하는 구체적인 프로그램, 정책, 전략의 총체다. 이는 단순히 인구통계학적 다양성을 넘어, 경험, 교육, 기술, 신념, 성격 등 다차원적인 다양성을 아우른다[18].

인지적 다양성을 갖춘 조직은 복잡한 문제에 대해 다양한 관점과 해결책을 제시할 수 있다. 따라서 이제는 다양성을 기반으로 한 협업 문화가 단순한 트렌드가 아닌 새로운 협업의 표준이 될 것이다.

소통으로 만드는 연결의 기술

이제 일터에서는 단순한 세대교체를 넘어, 새로운 협업의 패러다임을 준비해야 한다. 다양한 배경과 전문성을 가진 워커들이 자유롭게 소통하고 협력할 수 있는 환경을 조성하는 것이 핵심이다. 특히 디지털 네이티브 세대의 유입으로 인해, 기존의 커뮤니케이션 방식은 큰 변화를 맞이하고 있다.

이러한 변화에 대응하려면 개인의 전문성과 탁월함을 존중하면서도 이를 효과적으로 융합할 수 있는 새로운 소통 방식이 필요하다. 기술에 능숙한 젊은 세대와 풍부한 경험을 가진 기성세대가 서로의 강점을 살려 시너지를 창출하도록 연결하는 것이 중요하다. 이는 단순히 세대 간 소통을 넘어, 일터의 협업 문화를 혁신하는 계기가 될 것이다. 다양한 관점과 아이디어가 자유롭게 교류되고, 각자의 전문성이 최대한 발휘될 수 있는 환경을 조성하는 것이 핵심이다. 이제는 다양성을 포용하며 서로 다른 것들을 연결하는 소통 방식을 깊이 탐구해 보자.

챕터 05

밸런스가 필요한
요즘 소통

어딜 가나 '소통'에 대한 얘기는 넘쳐난다. 그럼에도 여전히 어떻게 소통해야 하는지 갈피를 잡기가 어렵다. 일터에서 소통하는 대상과 방식이 다양해지고 있다. 그 변화와 다양성 안에서 절대적인 답은 있을 수 없기에 소통을 위한 정답이 아닌 '밸런스'를 찾아야 한다.

AI가 일을 하는 시대, 우리가 갖추어야 할 역량은 '사람다움'이며 그 중심에는 '소통'이 있다.

01

모두가 처음인
이 시대의 소통

AI가 일을 하는 시대에 소통이 중요한가요?

"○○ 씨요? 일은 잘하는데, 함께 일하고 싶지는 않아요…"

아마 이 말에 누군가가 떠올랐을 것이다. 혹은 조금은 슬픈 이야기지만, 그 사람이 나일 수도 있다. '일을 잘한다'라는 것은 개인의 업무 능력이 뛰어나다는 것을 의미한다. 하지만 조직이 '함께 일하는 곳'이라는 기본 전제조건을 알고 있다면, 완전한 의미에서 '일을 잘한다'라는 것은 업무 능력과 소통 능력 모두를 포함한다. 소식 밖에서 일하는 프리랜서나 개인사업자들도 다양한 이해관계자 속에서 일을 하기 때문에 이들에게도 소통 능력은 중요하다.

인공지능의 도입과 발전으로 업무 방식은 효율적으로 바뀌고 업무의 생산성은 높아졌지만, 인간이 지닌 창의성과 사회적 지능은 AI가 대체할 수 없다. 오히려 AI 시대에는 기술적 능력이나 지식을 의미하는 하드스킬(Hard skill)보다 리더십, 팀워크, 커뮤니케이션과 관련된 능력인 소프트스킬(Soft skill)의 중요성이 더 커진다. 이는 AI와의 분업, 사람 간의 협업을 효과적으로 해내기 위해 사람은 더 '사람다워'져야 경쟁력을 발휘할 수 있다는 의미로 해석할 수 있다[1].

지식과 정보의 양이 빠르게 증가하고, 그 유효기간이 짧아지는 변화의 시대에 혼자 처음부터 끝까지 다 해낼 수 있는 일은 존재하지 않는다. 일의 완성도와 효율성 측면 모두에서 성과를 높이기 위해서는 협업과 이를 위한 소통이 매우 중요하다. 기업 경영은 조직을 이루는 주체인 구성원, 구성원 간의 관계와 소통, 그리고 이를 통한 의사결정과 행동을 기반으로 한다[2]. 이러한 정의에서 알 수 있듯이 각 구성원이 함께 비즈니스 성과를 창출하기 위해서는 관계와 소통이 매우 중요하다. '사람다움'의 핵심에는 소통 능력이 있다.

다양함을 다루는 소통 능력의 필요성

사람들이 모여 있는 모든 공동체에서 '다양성'은 매우 중요하다. 기업뿐만 아니라 도시도 마찬가지다. 흥망성쇠를 시시각각 겪는 기업과 다르게 도시는 영속적이다. 기업이 100년 동안 존재할 확률은 100만 분의 45, 200년 동안 존속할 확률은 10억 분의 1이라고 한다. 도시는 오랜 기간 존속하는데 기업은 왜 이렇게 존속하기 어려운 걸까? 그 이유는 바로 구조에 따른 '다양성'으로 설명을 할 수 있다. 기업은 구성원의 다양성에 배타적이고 폐쇄적인 구조인 반면 도시는 구성원의 다양성을 수용하는 열린 구조이기 때문이다.[2] 기업은 도시의 다양성을 닮으려는 노력을 해야 한다. 이를 위해 조직의 구성원들은 사람, 방식, 아이디어 등 조직 내 존재할 수 있는 '다양한 다양성'에 열려있어야 한다. 그리고 그 가운데 필연적으로 발생하는 충돌이나 갈등을 조율하는 소통 능력을 갖추어야 한다.

그렇다면 요즘 일터에서는 어떤 것이 다양해졌을까? 가장 크게 체감하는 부분은 '세대'에 따른 소통 대상의 다양성이다. 더 정확히 표현하자면 '세대'라고 하는 사회 범주의 다양성이다. 통계청 자료에 따르면, 2022년 우리나라 평균 기대수명은 82.7세로 1970년 62.3세보다 무려 20년이 늘어났다.[3] 하버드 의대 교수인 데이비드 싱클레어(David Sinclair)는 저서 「노화의 종말」에서 인류의 기대수명은 120~130세까지 늘어난다고 예고했다.[4] 기대수명의 증가는 자연스럽게 생산연령을 연장시킨다. 또한, 기존에 한 세대를 20~30년으로 묶던 기준은 아찔한 속도의 환경 변화로 인해 더 이상 납득이 어려워졌다. 15년, 10년, 혹은 그 아래로 한 세대를 묶는 기준이 줄어들고, 결국 더 많은 세대가 한 시대를 살아가게 된다. 이러한 다세대 시대는 우리가 직면한 변화이자 현재이다.

한 설문조사 결과, 직장 내에서 세대 차이를 느낀다고 응답한 직장인은

75.9%에 달했다. 응답자들은 '감정 소모로 스트레스 증가'(46.1%), '소통 단절로 성과 감소'(36.4%)로 세대 차이가 조직 내 성과와 분위기에 부정적인 영향을 준다고 답하였다.[5] 이렇게 세대 차이는 다양성이 아닌 다름으로 인식되어 서로에 대한 부정적인 고정관념과 비호의적인 정서를 유발하고, 이는 소통 부재, 협업 기피로 이어진다. 이렇게 다세대 시대로 갈수록 다른 세대에 대한 벽은 더 많아지고, 높아질 수밖에 없다.

또 하나의 변화는 업무 방식의 다양성이다. 코로나19 이후 업무 환경의 디지털화는 매우 급진적이었다. 마이크로소프트 코리아 최고 경영자인 사티아 나델라(Satya Nadella)는 "2년이 걸릴 디지털 전환이 2개월 만에 이뤄졌다."라고 말했다. 워커들은 원격 근무, 재택근무, 온라인 화상회의, 다양한 비대면 협업 툴 등 이전과는 다른 업무 환경을 짧은 시간, 밀도 높게 경험했다. 코로나19가 종식된 후에도 많은 기업들은 변화된 업무 방식을 지속적으로 이어가며 조직과 구성원의 생산성을 높이고자 노력하고 있다.

업무 방식의 다양성은 비용 절감, 출퇴근 시간 절약 등으로 개인의 업무 효율성을 높이는 긍정적인 측면이 있다. 하지만 동료 간 업무 시차, 소통 오류 등으로 협업 측면에서는 비효율을 발생시키는 것으로 드러났다. 급격한 업무 방식의 변화, 새로운 업무 방식과 과거 업무 방식의 혼재 속에서 현재 많은 워커들은 소통의 어려움을 겪고 있다. 많은 것이 바뀌었지만, 여전히 우리의 소통 방식은 익숙한 방식에 머물러 있기 때문이다.

'다양성 감수성'이 필요해!

커뮤니케이션과 같은 소프트스킬이 어려운 이유는 절대적인 옳고 그름이 없기 때문이다. 그래서 필요한 것이 바로 '다양성 감수성'이다. '감수성'이라고 하면, 외부 세계의 자극을 받아들이고 느끼는 성질을 의미한다. '젠더 감수성', '다문화 감수성'처럼 감수성 앞에 붙는 대상은 나와 상대방의 차이나 변화로 인식되는 그 어떤 것도 될 수 있다. '다양성 감수성'이라는 표현이 다소 생소할 수 있지만, 이는 나와 다른 타인의 다양성을 받아들이는 포용적인 성향을 의미한다. 즉, 다양성에 대한 긍정적인 태도와 가치관이다. 중요한 것은 다양성의 가치에 대한 믿음이 있을 때, 비로소 그 다양성이 우리에게 긍정적인 영향을 미치게 된다는 것이다[6].

일터 안 다양성에 대한 관점과 태도는 나의 일과 우리의 일터에 많은 영향을 준다. 그리고 그 관점과 태도는 타인과의 소통에서 자연스럽게 드러난다. 서로의 차이와 다양성에 대한 긍정적인 태도와 믿음을 가지고, 다양한 세대와 업무 방식을 다루는 소통 방식에 대해 지금부터 알아보자.

함께 일하는 대상이 다양해진 멀티제너레이션 시대, 　　　　02
서로의 소통 밸런스를 맞추다.

멀티제너레이션 시대의
소통

당신은 어떤 세대와 일하고 있나요?

　소소한 유머코드에서부터 일을 대하는 태도까지 서로 다른 세대는 여러 부분에서 다름을 느끼고 있을 것이다. 다른 세대와 일하는 것이 부정적인 영향만 있는 것은 아니다. 연령, 세대 차이로 인한 경험의 다양성은 조직에서 분명 긍정적인 시너지를 불러일으킨다. BMW 뮌헨 공장에서는 연령에 따라 능력이 다르다는 것을 착안하여 팀을 5세대로 구성했다. 5세대에 걸친 사람들은 협업을 하면서 각자의 시각과 능력으로 성과에 기여했다. 아래 세대 직원은 민첩성을 바탕으로 작업속도에 기여하고, 위 세대 직원은 작업 속도는 다소 느렸지만 경험에 근거한 색다른 방식으로 문제를 해결해 냈다. 이렇게 연령대가 다양한 집단은 일을 수행하는 속도는 빠르면서 실수는 더 적다는 사실을 발견하게 되었다[7].

세대란 동시대의 정치, 경제, 문화, 기술적 경험을 통해 비슷한 정서 구조를 지닌 연령 집단을 말한다. 일반적인 세대 구분을 보자면, 1950년부터 60년대 중반생인 베이비붐 세대, 1960년대 중반부터 1970년대 후반생인 X세대, 1980년대 초반부터 1990년대 중반생인 밀레니얼 세대, 1990년대 중반부터 2000년대 후반생인 Z세대, 그리고 2010년생 이후의 알파 세대가 있다[8]. 각 세대가 겪은 경험은 서로 다른 심리 구성을 내면화하게 하고, 세대별 문화와 삶의 양식을 형성하면서 세대 간 차이가 나타난다.

[그림 5-1] 한국의 세대 구분

누군가는 이러한 세대 차이를 갈등으로 인식하고 누군가는 다양성으로 인식한다. 세대 차이를 갈등이 아닌 다양성으로 인식하고 다루기 위해서는 '밸런스'를 찾아야 한다. 세대 간, 서로 간의 차이를 이해하고 조금씩 양보하면서 균형을 이룰 수 있는 밸런스 지점을 찾아보자. '당신은 X세대니까 이러한 특성을 가지고 있을 거야', 'MZ세대는 보통 이렇지?'라는 프레임과 고정관념을 경계해야 한다. 성급한 일반화와 흑백논리로 인한 오해는 이미 세대 간 많은 갈등을 야기하고 있다.

앞으로 함께할 솔루션에는 집단주의와 개인주의, 고맥락과 저맥락, 감성과 이성이라는 상반되는 커뮤니케이션 특성이 제시된다. 커뮤니케이션 특성에 따라 자연스럽게 어떤 세대가 연상될 수는 있지만, 그 편견에서 벗어나 나는 어느 쪽 특성에 가까운지 현재 시소 위 나의 위치를 찾아야 한다. 그리고 소통의 밸런스를 위해 나의 위치를 어느 쪽으로 이동해야 할지의 관점으로 앞으로의 솔루션을 함께하면 좋겠다. 기대수명의 연장, 세대의 빠른 전환으로 우리는 더 많은 세대가 동시대를 살아가는 멀티제너레이션 시대 속에 있다. 멀티제너레이션 시대라는 시소 위, 당신의 소통 밸런스는 어떠한가?

[그림 5-2] 소통의 밸런스

솔루션 1. 집단주의와 개인주의의 밸런스

"서로 좋은 게 좋은 거죠"

vs

"각자 성과를 내는 시대잖아요. 각자도생해야죠."

집단과 개인 중에서 어떤 것을 더 중요하게 여기는지에 대한 것이다. 집단주의 성향이 강한 경우, 집단에 소속된 자아 정체성을 갖고 집단 구성원들의 조화를 중시한다. 힘을 합쳐 집단 목표를 이뤄내는 것을 중요하게 여긴다. 반면에 개인주의 성향이 강한 경우, 자기 고유성에 의한 자아 정체성을 갖고 자신의 자아실현을 위한 스스로의 성취를 중요하게 여긴다. 당신은 둘 중 어느 쪽에 가까운가?

집단주의와 개인주의 사이의 밸런스를 위해 '건강한 관계주의'의 개념이 새롭게 필요하다. 보통 관계주의라고 하면 인맥만을 중시하는 부정적인 뉘앙스를 가지고 있다. 새로 정의하는 '건강한 관계주의'는 업무와 관계를 완전히 분리하는 것이 아니다. 워라밸(Work & Life Balance)이나 워라하(Work & Life Harmony)의 일과 삶의 관계처럼 업무와 관계가 서로 영향을 주는 것을 인정하고 이들이 서로 긍정적인 영향을 주도록 밸런스를 맞추는 것을 의미한다.

집단주의적 커뮤니케이션에서는 '솔직함'이 필요하다. '서로 좋은 게 좋은 거야'라는 집단주의적 커뮤니케이션의 불명확함과 모호함은 서로에 대한 섣부른 기대를 만들고 정확한 업무 수행을 어렵게 만든다. 조화로운 관계를 위한 행동이 오히려 전체의 성과와 개인의 성장을 막을 수 있다. 동기부여 측면에서도, 잘했을 때 잘했다고 이야기하고 못했을 때 못했다고 이야기하는 것이 다음 성과에 긍정적인 영향을 준다[9]. 이렇듯 업무 관계에서는 피드백(Feedback)과 피드포워드(Feedforward)를 적절하게 사용해야 한다. 피드백은 이미 일어난 행동과 성과에 대해 의견을 주는 것으로, 상대방이 자신의 행동을 이해하고 개선하도록 돕는 것이 목적이다. 중요한 점은 보통 피드백을 부정적인 내용으로만 생각하는데, 긍정적인 내용의 칭찬 역시 피드백에 포함된다. 그리고 피드백은 구체적이고 명확하게 제공될 때 그 효과를 발휘한다. 다소 생소할 수 있는 개념인 피드포워드는 미래의 행동, 목표, 계획에 대한 의견을 제공하는 것이다. 피드백과 피드포워드를 함께 한다면, 공동의 목표 달성과 상대방의 성장에 관심이 있음을 드러낼 수 있어 나의 의견에 대한 상대방의 수용도를 높일 수 있다.

피드백(Feedback)

"이번 분기 보고자료 상당히 좋은데요? `긍정`
특히 월별로 잘 비교될 수 있게 데이터 서식을 바꾼 부분이 좋았어요. `구체적`"

피드포워드(Feedforward)

"다음 4분기 보고자료에는 마무리에 연간 요약까지 함께 넣으면 어떨까요?
내년 사업계획을 세우는 데에 인사이트를 줄 수 있을 것 같아요."

개인주의적 커뮤니케이션에서는 '친교성'이 필요하다. 서로 다른 외집단에서 같은 내집단으로 인식하기 위해서는 취미, 경험 등 공통의 관심사를 찾는 것이 도움이 된다. 공통점을 통해 서로의 벽이 허물어진다면 다른 업무적인 대화에서도 훨씬 더 쉽게 다가갈 수 있고, 협조를 받기도 쉬워진다. 또한, 상대방에 대한 인정과 칭찬은 관계 증진을 위한 강력한 무기가 된다. 칭찬을 할 때는 결과만 언급하는 것이 아니라 그 이유나 과정에 대해서도 구체적으로 언급하는 것이 중요하다. 상대방이 그 경험을 상기할 수 있도록 성취의 원동력이나 그때 발휘된 강점에 대해 물으며 경험과 경력에 대해 언급하는 것도 좋다.

"책임님, 이번 신상품 기획안 굉장히 좋네요. 특히 경쟁사와 우리의 유통 채널을 비교한 점이 인상 깊은데 `이유` 시간을 들여 다양한 방면으로 조사하신 노력이 느껴져요. `과정` 어떻게 그렇게 디테일한 정보까지 찾을 수 있으셨어요? `질문` "

솔루션 2. 고맥락과 저맥락의 밸런스

"업무는 알아서, 적당히, 눈치껏 잘해야지 하나하나 알려줘야 되나요?"

vs

"'저번에 말한 _나서 _L렇게 해'라고 하시면, 그건 뭐고 그렇게 하는 건 뭔지 제가 어떻게 압니까?"

일터에서 빈번하게 볼 수 있는 상황이다. 우선 '맥락'이라는 것에 대해 이해해야 하는데, 맥락은 커뮤니케이션 상황을 에워싸고 있는, 화자와 청자 사이에 암묵적으로 공유되는 정보를 의미한다. 굳이 말로 하지 않는 암묵적인 정보가 많은 상황을 고맥락, 모든 정보를 말이나 글로 주고받아야 하는 상황을 저맥락이라고 한다. 한 예로 수급이 불안정한 원재료의 재고 현황을 파악하라고 지시한 팀장과 그 지시대로 재고 현황을 파악한 사원이 있다. 그리고 이 회사는 월말에 해당 원재료의 수급이 어려워 생산에까지 차질을 빚게 되었다. 현황 파악 후의 업무에 대해서는 말하지 않은 팀장과 정말 현황 파악만을 한 사원, 이 둘의 소통은 잘된 것일까? 이런 문제는 말하는 사람은 이만하면 상대도 충분히 알 것이라고 여기는 반면, 듣는 사람은 직접 전달받은 적이 없다고 느낄 때 나타난다. 당신은 둘 중 어느 쪽에 가까운가? 소통을 하는 대상 간에는 서로의 맥락 스타일을 이해하고 조율하는 과정이 필요하다.

많은 단서와 설명은 필요 없다고 여기는 고맥락 커뮤니케이션에서는 정보의 '구체성'이 필요하다. 일방적으로 일을 던지고 '이것을 파악하는 것부터가 너의 몫이야.'라는 생각은 업무의 비효율성을 초래한다. 구체적인 맥락에는 3가지 조건이 있다. 첫 번째, 구체적인 Why. 수행하는 업무의 의미와 배경, 목적이 분명해야 한다. 구체적인 Why가 있다면 요청하는 업무가 전체 프로세스의 관점에서 어느 부분, 어떤 역할을 하는지 업무 프로세스 관점에서 설명이 가능하다. 두 번째, 구체적인 What. 업무 시작 전 결과물에 대한 명확한 가이드를 전달해야 한다. 업무의 범위, 세부 목적과 용도, 아웃풋의 형태, 마감 기한 등을 들 수 있다. 세 번째로는 구체적인

How. 업무 수행 가이드와 함께 업무 추진 과정에 필요한 정보를 충분히 제공해야 한다. 이는 리더가 지시하는 사항뿐만 아니라 리더가 아닌 구성원들도 협업, 업무 요청을 하는 상황에서 꼭 기억해야 한다. 구체적인 소통을 위해서는 말하는 사람의 머릿속에는 상대의 역할, 권한, 책임에 대한 명확한 기준이 전제되어야 한다. 또한, 업무의 성격과 상대방의 상황에 따라 What과 How에 관해서는 상대의 자율성을 높여야 하는 경우도 있음을 명심하자.

Why	업무의 의미와 배경, 목적
What	업무의 범위, 세부 목적과 용도, 아웃풋의 형태(엑셀 서식 등), 마감기한
How	업무 수행 가이드, 업무 추진 시 필요 정보

[표 5-1] 구체적인 맥락의 3가지 조건

많은 단서와 설명이 필요하다고 느끼는 저맥락 커뮤니케이션에서는 '질문'이 필요하다. 상대방이 던진 모호한 정보와 업무를 스스로 구체화시키는 연습이 필요하다. "애초에 그렇게 업무 지시 안 하셨잖아요."라는 태도는 책임감 없고 능동적이지 못한 사람으로 평가될 수 있다. 좋은 질문의 조건은 3가지이다. 첫 번째, 겸손의 표현으로 시작하기. "팀장님 제가 이해 못한 부분이 있어서 질문드리는데요."라는 질문은 부족함을 드러낸다는 느낌보다는 오히려 업무에 능동적이고 적극적이라는 느낌을 준다. 두 번째, 가르침을 유발하는 질문. "책임님, 제기 이렇게 제안서 흐름을 잡아봤는데 실행부서 관점에서 적절할까요?"와 같이 상대방이 피드백을 해

줄 수 있는 공간을 두는 것이 필요하다. 세 번째, 대안을 가지고 하는 질문. "어떻게 해요?"라는 성의가 없는 질문에는 아무 답도 해주고 싶지 않다. "이렇게 진행하려고 하는데, 더 나은 방법도 있을까요?"와 같이 본인의 생각을 가지고 하는 질문은 당연히 도움과 지원을 받을 수밖에 없다.

질문과 함께 맥락을 더하기 위해서는 상황과 상대방에 대한 '관찰'이 필요하다. 커뮤니케이션에는 표정, 동작과 같은 시각적인 요소와 어조, 어투와 같은 청각적인 요소, 그리고 말의 내용인 언어적인 요소가 있다. 메라비언의 법칙에 따르면, 시각, 청각, 언어 세 가지 커뮤니케이션 요소 중에서 말의 내용인 언어적 요소의 중요도는 7%밖에 되지 않는다고 한다. 나머지 93%의 의미는 이 말을 시각적, 청각적으로 어떻게 전달하는지에 달려있다는 것이다. 회의가 다 끝나고 상대방이 별로 내키지 않는 표정과 말투로 "네, 그렇게 진행하겠습니다."라고 대답한 상황을 떠올려 보자. 그렇게 하겠다는 긍정의 말 자체보다 그의 표정과 말투에서 진짜 생각과 마음은 읽을 수 있다. 이렇게 말하는 사람의 눈빛, 표정, 자세 및 움직임 그리고 음색, 말의 속도, 호흡 및 분위기에서 맥락을 더하기 위한 여러 가지 단서를 찾을 수가 있다. 단서를 찾았다면 지레짐작하기보다는 질문을 통해서 상대방의 의도를 재확인하는 과정이 반드시 필요하다. 그리고 상대방이 주는 시각적, 청각적 단서만큼이나 내가 상대방에게 주는 단서도 의도가 왜곡되거나 부정적으로 느껴지지 않게 주의해야 한다.

솔루션 3. 감성과 이성의 밸런스

"아무리 일터여도 사람끼리 일을 하는데
서로에 대한 관심이나 공감은 필요하지 않나요?"

vs

"회사는 일을 하는 곳인데, 서로 감정까지 고려하면서 일을 해야 하나요?
제발 일만 합시다, 우리..."

요즘에는 자기소개를 할 때 필수항목으로 성격유형지표인 MBTI 유형을 말한다. 그중 가장 이슈는 감성형(F형, Feeling)과 이성형(T형, Thinking)의 차이와 갈등이다. 감성과 이성의 밸런스는 세대 차이에 대해서도 어쩌면 더 근본적인 솔루션이 될 수 있다. 공감성이 부족해 보이는 사람에게 "너 T야?"라고 말하는 것이 비난처럼 느껴지는 요즘이다. 일터에서도 공감성 없는 말이나 행동으로 서로의 감정, 기분을 상하게 하는 일이 비일비재하고, 이는 둘의 관계뿐만 아니라 업무에도 영향을 미친다. 하지만, 일터라는 특수성을 고려했을 때도 F형 인간이 무조건 맞는 걸까? 간호사가 환자를 너무 많이 돌보느라고 감정이 메말라가는 현상을 우리가 '연민 피로'라고 한다. 많은 워커들도 연민 피로를 일터에서 겪고 있다. 특히 일터에서 공감성을 요구받는 요즘 리더들은 감정적으로 힘들어지기도 한다[10]. 당신은 감성형과 이성형, 둘 중 어느 쪽에 가까운가? 일터에서 적합한 감성과 이성의 밸런스 지점을 찾아야 할 때다.

감성 커뮤니케이션에는 '논리성'을 더할 필요가 있다. 회사라는 공간에서는 더 좋은 결론과 성과를 위해 끊임없이 서로를 설득하고, 반론을 제시해야 한다. 이를 위해서는 말의 형식, 틀을 갖추는 것이 무엇보다 중요하다. '기승전결', '서론-본론-결론'을 탄탄한 논리 구조라 생각하는데, 물론 맞는 말이다. 하지만 이것은 글에서 통하는 구조이지, 말에서는 다르다. 4MAT 교수법의 창시자이자 교육학자 버니스 매카시(Bernice McCarthy)는 인간의 뇌는 아래 4단계 순서에 따라 정보를 받아들인다고 말한다.

What	→	Why	→	How	→	What if
'뭔데?'		'왜 하는 건데?'		'어떻게 할 건데?'		'그래서 뭘 얻는데?'

이 흐름에 따른다면, 핵심이나 결론부터 꺼내는 것이 더 잘 통한다는 것이다. 그중 가장 널리 사용하는 방법으로 PREP기법이 있다. [Point] 말하고자 하는 핵심을 두괄식으로 명시하고 이어서 [Reason] 이유를 말하고, [Example] 예시, 사례, 근거를 든다. 마지막으로 [Point again] 재주장하여 강조하는 단계로 구성되어 있다.

> **Point-핵심**
>
> "저는 품질관리 프로세스를 우선적으로 개선해야 한다고 생각합니다."

> **Reason-이유**
>
> "고객사에서 요구하는 기준이 점점 높아지는 데에 비해, 품질 관련한 이슈는 지속적으로 증가하고 있기 때문입니다."

Example-예시

"실제로 전년도 동분기 대비해서도 1.6%에서 2.7%로 1.1%나 품질 이슈가 증가했습니다. 올해만 보더라도 QC(Quality Control)팀에서 출고 전 측정한 품질값이 일정하지 않고, 0.1~0.15의 표준편차를 보였습니다."

Point-강조

"따라서 품질에 대한 신뢰성을 위해 품질관리 프로세스부터 살펴야 할 것으로 보입니다."

PREP기법과 같은 흐름으로, 반론을 제기할 때는 AREA기법을 사용할 수 있다. [Assertion] 상대방의 주장을 다시 언급하고 [Refutation] 내 주장을 피력해서 반론을 제기한다. 그리고 [Evidence]에서는 주장을 뒷받침하는 예시, 사례, 근거를 들고 마지막 [Assertion]에서는 다시 한 번 재주장하여 강조할 수 있다. 특히 예시, 사례, 근거를 들 때는 추세가 드러나고 미래를 예측할 수 있도록 시계열 순이나 비슷한 규모 또는 속성을 기반으로 한 비교값을 제시하면 훨씬 더 그 근거나 예시가 강력해진다.

이성 커뮤니케이션에는 '공감적 관심'이 필요하다. 스스로 타고나기를 공감이 불가한 사람이라고 느끼는가? 아니다. 공감은 타고난 성향보다는 기술에 가깝다고 볼 수 있다. 조직에서는 나른 사람의 감정을 떠안는 '정서적 공감'이 아니라 타인에 대한 이해를 표현하는 '공감적 관심'으로도 충분하다[10]. 이것은 상대방의 현재 감정과 상황에 대한 이해를 바탕으로 '내가 알고 있다.', '내가 인지하고 있다.'라는 표현이다. 그리고 여기에 '충분히 그렇게 느낄 수 있어.'라는 지지 반응까지 더할 수 있다. "선임님, 새로운 업무 담당하면서 부담감이 많죠? 저도 이 팀으로 처음 왔을 때, 그 부담감 때문에 많이 힘들었던 기억이 나네요."와 같이 직접적인 도움이 되지 않더라도 동료 중 누군가는 나의 상황을 이해해 주고 있다는 느낌을 받으면 분명 큰 힘이 된다. 또 중요한 하나는 '자기 노출'이다. 이는 자신의 취약성을 인정하고 용기를 내어서 솔직하게 주변에 노출하는 것이다. "내가 이 부분은 잘 못할지도 모르니, 도와달라."라는 자기 노출로 동료의 도움, 협조를 이끌어낼 수 있다. 인간관계의 대부분의 것에는 '반보성(返報性)'이 있다. 내가 주면, 그만큼 받는다는 의미이다. 내가 일방적으로 보이는 공감적 관심보다는 나 역시 누군가에게 공감적 관심을 받는 경험 또한 충분히 의미 있다.

'멀티제너레이션'이라는 시소 위 우리

연속적인 시대의 흐름을 불연속적으로 끊어 만든 세대, 어쩌면 우리가 만들어낸 허상일지 모른다. 시소에서 균형을 잡는 방법은 맞은편에 앉은 상대방에 따라 나의 위치를 옮기는 것이다. 물론 그 노력은 시소 맞은편에 앉은 상대방도 함께 해야 한다. 멀티제너레이션 시대에 필요한 것은 서로에 대한 편견 없이 그 사람과 그 상황을 들여다보고 그때그때 적합한 밸런스를 찾는 것이다. 나이를 뛰어넘어 나만의 스타일을 추구하는 계층을 '에이지리스(Ageless)'라고 부른다. 스스로를 세대의 틀에 가두지 말고 '멀티제너레이션'이라는 시소 위를 자유롭게 거닐어 보자.

집단주의와 개인주의, 고맥락과 저맥락, 감성과 이성의 밸런스 지점을 잘 찾는다면, 개인의 성과를 뛰어넘어 충분히 다양한 세대와 어울려 시너지를 낼 수 있다. 멀티제너레이션과 함께 이 시대의 워커가 겪는 강력한 변화는 바로 업무 방식의 변화이다. 코로나19는 디지털 트랜스포메이션을 가속화하였고, 우리가 소통하는 업무 환경과 방식을 완전히 바꾸어 놓았다. 이러한 환경 속에서 우리는 어떻게 소통해야 할까? 변화된 업무 환경 속 여전한 우리의 소통 방식을 어떻게 변화시켜야 할지 지금부터 알아보자.

함께 일하는 방식이 다양해진 하이브리드 워크 시대,　　03
소통의 새로운 밸런스 포인트를 찾다.

하이브리드 워크 시대의
소통

일터의 뉴노멀, 하이브리드 워크

　과거에 '출근'이라고 하면, 출근시간대 교통체증을 뚫고 사무실에 도착해 우선 팀장님께 인사를 건네는 모습이 떠오른다. 그러고는 내 자리로 돌아가며 출근한 동료들에게 아침인사를 하는 모습이 일반적이었다. 요즘은 어떨까? 원격 근무를 신청한 날이라면 출근시간에 맞춰 편안한 복장으로 내 방 책상에 앉는다. 여유롭게 메일과 메신저에 로그인을 하고, 근태관리 시스템에 출근 등록을 한다. 별도의 출근인사 없이 해야 할 일을 바로 시작한다.

　'미팅'이라고 하면, 팀원 모두가 모일 수 있는 시간대를 잡아 회의실을 예약하고 각자 노트북이나 필기구를 챙겨 모이는 모습이 일반적이었다. 주말에 무엇을 했는지에 대한 근황토크부터 시작해 회의의 목적인 업무 이야기까지 대장정의 회의를 이어갔다. 그러나 요즘은 사무실로 출근을 한 사람들은 회의실에, 원격 근무로 사무실에 없는 사람들은 줌이나 팀즈와 같은 화상회의 시스템을 통해 회의에 참여한다. 그 회의의 목적을 중심으로, 주요 발화자 위주로 간결하게 회의가 진행된다.

시대 변화에 따라 새롭게 떠오르는 기준, 표준을 '뉴노멀(New Normal)'이라 한다. 코로나19 이후 일터의 노멀이 바뀌었다. 거점 오피스, 공유 오피스, 재택근무, 워케이션 등 회사가 아니어도 일할 수 있는 선택지가 매우 많아졌다. 출근을 하더라도 자율 좌석제로 원하는 자리에 앉아 굳이 같은 팀원들과 앉을 필요도 없어졌다. 또 하루나 한 주 혹은 한 달 단위로 기준 업무 시간만 맞추면 되기 때문에 출퇴근 시간이 딱히 정해져 있지도 않다. 근태관리 시스템을 통해 간단하게 출퇴근이 관리되고, 각자의 근무 장소에서 화상회의 시스템을 통해 의견을 나눈다. 살을 맞대며 일했던 과거에 비해 다소 정이 없다고 느껴질 수 있겠지만 이것이 요즘 일터의 뉴노멀이다. 미래에는 또 어떤 뉴노멀이 올지 모르겠으나 더 자율적이고 개방적인 근무 방식이 될 것은 확실하다.

소셜데이터 분석을 보면, 코로나19 이후 전통적인 근무 방식이 아닌 재택근무, 원격 근무, 주 4일, 워케이션에 대한 언급량이 이전보다 매우 높아진 것을 알 수 있다. 기업의 근무제 활용 행태를 보더라도 코로나19가 끝난 지금까지도 유연근무제는 높은 수준으로 활용되고 있다[11]. 그리고 이러한 유연근무제는 근무시간 단축, 시차 출퇴근제, 선택적 근무시간제, 재택 및 원격 근무제, 탄력적 근무제 등 다양한 형태를 보인다.

일하는 방식의 변화는 긍정적인 효과와 부정적인 효과 모두를 가지고 온다. 긍정적으로는 출퇴근의 효율성으로 인해 업무몰입도가 높아지며, 스마트워크 경험을 통해 조직에 대한 우호적인 태도가 생긴다는 것이다. 부정적인 효과로는 직접적인 동료와의 상호작용을 통한 지식 이전의 기회가 줄다보니 조직 내 창의성이나 생산성을 감소시킬 수 있다. 또한, 물리적으로 동료들과 떨어져있다 보니 소통의 기회가 줄어들고, 업무는 파편화되면서 원활한 커뮤니케이션이 어렵게 된다[12].

마이크로소프트에서 2021년 1월 31개국 임직원 3만 명을 대상으로 조사한 근무 트렌드 지수 결과에 따르면 약 75%에 달하는 임직원이 원격 근무를 하나의 옵션으로 유지하는 것을 바란다고 응답했다[13]. 그런데 굉장히 재미있는 것은 이와 동시에 응답자의 67%가 대면 업무와 협업이 늘어나길 원하고 있다고 응답했다는 점이다. 이 두 가지 결과는 다소 모순되긴 하지만 코로나19 시기에 많은 사람들이 비대면 업무 방식의 장점과 단점을 모두 경험하게 되면서 업무 방식에 대한 요구가 좀 더 다양해진 것이라 볼 수 있다. 국내에서도 코로나19 이후에 디지털 워크로의 전환이 필수 과제가 되어 현재까지 이어오고 있다. 그리하여 현재도 지속적으로 디지털 기술을 활용하여 사용자 중심의 일하는 방식과 환경을 구현하기 위해 전화, 이메일, 화상회의, 메신저, 협업 툴 등 다양한 커뮤니케이션 채널을 활용하고 있다.

뉴노멀이 된 '하이브리드 워크'란 무엇일까? 그 의미가 혼용되어 사용되고 있지만, 우선 사무실 근무와 원격 근무를 선택할 수 있는 혼합형 근무 방식을 하이브리드 워크로 본다. 더 확장된 개념으로는 원하는 장소와 원하는 시간을 동시에 선택한다는 의미를 하이브리드 워크라고 한다. 여기에서 중요한 개념이 나오는데, 바로 동기(Synchronous)와 비동기(Asynchronous)의 개념이다. 동기 커뮤니케이션은 대면과 전화와 같이 반응을 즉각적으로 주고받을 수 있는 실시간 커뮤니케이션을 의미한다. 비동기 커뮤니케이션은 이메일이나 메신저와 같이 반응을 주고받는 데 시간 간격이 발생하는 커뮤니케이션을 말한다. 앞선 챕터 4에서는 대면과 비대면 채널로 협업채널을 구분하고, 업무에 따라 적합한 채널을 파악해 보았다. 이번 챕터에서는 협업하는 동료와 시공간이 분리된 상황을 고려하여 동기, 비동기 커뮤니케이션을 이해하여 스마트하게 소통하는 방법을 알아보자.

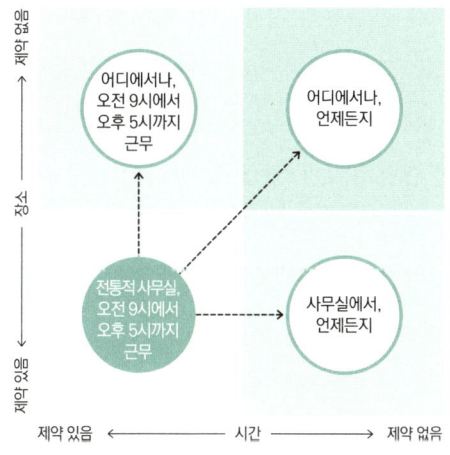

[그림 5-3] 하이브리드 워크의 정의[14]

솔루션 1. 즉시성에서 '적시성'으로

말 그대로 '순간순간 바로 하는 것'과 '적합한 때 하는 것'의 차이이다. 한 공간에서 일을 할 때는 무언가를 요청받는 즉시 대응하고, 누군가에게도 요청하는 즉시 피드백받기를 원했다. 대부분의 일이 그렇게 진행되었고, 그래야 속도감 있게 일을 잘하는 사람으로 인정받았다. 하지만 이러한 동기 커뮤니케이션은 알게 모르게 우리의 일을 방해하고 있었다. 즉각적으로 반응해야 하는 일들은 우리의 업무 집중도를 떨어뜨리고 '컨텍스트 스위칭(Context Switching)'을 일으킨다. 이는 여러 개의 프로세스가 실행되고 있을 때 기존에 실행되던 프로세스를 중단하고 다른 것을 실행하는 것을 의미하는 IT용어로 우리의 업무 중에도 비슷한 현상이 일어난다. 그러다 보니 기존에 하던 것에 다시 집중을 하는 데 시간이 오래 걸리게 되고 이는 업무의 비효율을 초래한다.

다른 시간과, 다른 공간에서 일을 하는 하이브리드 워크 시대에는 더더욱 '적시성'의 중요성이 커진다. 업무 채널이 다양해졌기 때문에 업무의 성격이나 상황에 따라 어떤 채널을 선택해야 할지가 첫 번째로 중요하다. 실시간 소통은 꼭 필요하지만, 그 소통 방식이 전부가 되어서는 안 된다. 한 협업 툴에서는 실시간 소통을 위한 동기 채팅과 실시간 소통이 필요하지 않은 비동기 채팅을 시스템에서 구분해 놓았다. 요청하는 사람은 업무 내용에 따라 두 채팅 시스템 중 하나를 선택한다. 요청받는 사람은 바로 답변을 해야 하는지, 기간 안에만 답변을 하면 되는지를 채팅 시스템에 따라 명확하게 인지할 수 있다.

우리가 제일 많이 혼동하는 채널은 메신저이다. "저는 누군가와 얼굴을 보거나 전화 통화하는 것이 좀 불편해서 그냥 메신저를 이용하는 경우가 많아요."라며 많은 빈도로 선택하는 채널이다. 보통은 메신저를 실시간 동기 커뮤니케이션 채널로 오해한다. 내가 요청하면, 바로 답변을 받을 수 있으리라는 기대를 하기 때문이다. 요청을 받는 반대 상황에서도 메신저에서는 바로바로 답변을 해야 할 것 같은 압박이 있다. 강조하지만, 메신저는 이메일과 같은 비동기 커뮤니케이션 채널이다. 그렇기 때문에 즉시성을 기대하지 말고, 서로의 적시를 맞추는 과정이 반드시 필요하다. 내가 당연하다고 생각하는 기준과 상대방이 당연하다고 생각하는 기준은 꽤나 다르다.

반드시 현재 소통이 가능한 상황인지에 대한 '소통 가능 여부'와 언제까지 이 요청에 대한 반응(의견, 결과물 등)이 가능한지 '마감 기한'에 대해 조율해야 한다. 작고 사소한 일이라도 마찬가지이다. 작은 요청과 업무 반응이 쌓여 '이 사람이랑 업무를 하면 좀 불편하고, 어렵네?'라는 인식을 남기기도 한다. 물론 일에 따라서 마감 기한을 일방적으로 제시해야 하는 경우도 있다. 하지만 이러한 경우도 상대방과 이에 대한 조율 과정이 있다면, 설령 조율이 되지 않아도 그 과정 자체로 상대방의 수용도는 완전히 달라질 수 있다.

> **소통 가능 여부** "○○ (주제, 업무내용)에 대해 요청드릴 것이 있는데, 지금 잠시 이야기 가능하신가요?"

> **마감 기한** "내일 오전 정도로 회신주시면 좋을 것 같은데, 가능하실까요?"

다른 업무로 인해 즉각적인 반응이 어려운 경우에는 무반응보다는 "죄송합니다만, 지금은 답변이 어렵고 ○시 이후에 답변 가능합니다. 그때 다시 말씀드려도 될까요?"라고 나의 적시를 알려주는 것이 필요하다.

솔루션 2. 다의성에서 '명료성'으로

비동기 커뮤니케이션 채널에서는 누군가 보낸 메시지를 다른 누군가 읽을 때 시차가 발생한다. 그리고 이 메시지들은 오직 텍스트만으로 전달된다. 시간에 따라 메시지의 의미가 달라질 수도, 혹은 그 텍스트 자체가 사람마다 다르게 이해될 수 있다는 위험성이 있다. 그렇기에 메시지는 명료해야 한다. 여기서 '명료하다'라는 것은 하나의 메시지를 여러 의미로 해석할 여지없이 같은 의미로 이해할 수 있도록 내용이 구체적이면서도 군더더기가 없는 간결한 상태를 의미한다. 이 명료한 메시지에는 요청사항에 대한 핵심이 담겨 있어야 한다. 그렇게 말을 하면 '일을 시키는 느낌이 들어서', 혹은 '알아서 잘해줄 것 같아서'라는 나의 두려움과 과신은 서로에 대한 불신과 업무의 비효율만 낳을 뿐이다. 이러한 명료성은 대면 상황에서 말로 이야기할 때도 필요하다.

A 선임

책임님, 이번 주에 업체에 제출할 제안서인데 확인 부탁드립니다.

B 책임

(아니, 제안서 파일 달랑 보내면서, 뭘 어떻게 해달라는 거지?)

A 선임

책임님, 내일 업체에 제출할 제안서인데요. ○○팀과 자료를 합치면서 초반 계획과 달라진 부분이 있어 책임님께서 한번 더 봐 주셨으면 합니다. 왜 요청하는지

전반적으로 흐름이 어색하지 않은지와 마지막 부분에 진행 일정과 견적 금액 부분 다시 한번 확인 부탁드립니다. 무엇을 요청하는지 이번 주에 제출 예정이라서 수요일까지 의견주시면 수정하도록 하겠습니다. 언제까지 요청하는지

B 책임

네, 검토해 보고 의견 줄게요.

이렇게 텍스트 메시지는 그 구성과 내용에 따라 명료해질 수 있다. 하지만 '이렇게 쓰면 너무 건방져 보이나?', '이렇게 쓰면 내 의도가 충분히 전달되나?'라는 고민은 늘 따라올 수밖에 없다. 텍스트에는 표정, 몸짓, 목소리와 같은 사회적인 단서가 담기지 않기 때문이다. 그래서 의도적으로 서로의 사회적 단서를 알 수 있는 기회를 만드는 것이 필요하다. 메일을 보

낸 후에 일부러 전화를 걸어 다시 한번 언급하며 상대방의 목소리를 듣는 것이다. 마침 출근을 해서 얼굴을 볼 수 있는 기회가 있다면 가벼운 스몰 토크나 업무에 대한 이야기를 주고받으며 서로의 사회적 단서를 인지할 수 있는 기회를 만들 수 있다. 텍스트 메시지는 사실 외에 나의 감정, 숨은 의도, 편안한 조언 등을 담기가 어렵다. 하지만 텍스트 메시지에 담기지 않은 진짜 메시지가 나의 업무와 관계에는 정말 필요한 자양분일 수 있다. 사회적 단서를 통해 텍스트 메시지의 빈 공간을 채운다면, 업무와 관계 모두에 긍정적인 도움을 얻을 수 있다.

솔루션 3. 폐쇄성에서 '연계성'으로

예전에는 정보가 폐쇄적으로 관리되고 그 정보는 주로 리더가 통제했다. 보안의 이유였을 것이다. 그러다 보면 리더와 접촉의 기회가 많은 사람이 더 많은 정보를 가지게 되고, 이러한 정보의 폐쇄성은 구성원 간의 동상이몽을 가져와 팀 성과에 부정적인 영향을 주었다. 하지만 다른 시간에, 다른 공간에서 일을 하는 하이브리드 워크 시대에는 업무를 모두에게 공식화하는 과정이 모든 구성원에게 매우 중요하다. 팀장님에게만 나의 업무 진행에 대해 보고했던 과거와 달리, 요즘은 협업 툴을 통해 전체 혹은 개인의 업무 진행 사항이 투명하게 공유된다.

공유 캘린더, 대시보드 등을 통해 그 안에서 구성원들은 서로의 업무가 어떻게 연계되어 있는지 그 흐름과 서로에게 미치는 영향력을 이해해야 한다. 그리고 이를 소통에 적극적으로 활용해야 한다. 우선 내가 업무 전체의 목적과 흐름을 이해하고 있다는 점에 대해 표현해야 한다. 그리고 내 업무와 연계되어 있는 상사와 동료에게는 업무 중에 지속적으로 탭핑(Tapping)하여 서로의 의견을 지속적으로 확인해야 한다. 탭핑은 사전적으로 '톡톡 두드리는 행위'를 의미한다. 업무 마감 때가 다 되어서야 보고서나 결과물을 들이미는 것이 아니라, 그전에 서로의 생각이나 의견을 확인하고 조율하는 과정이라 볼 수 있다. 공식화 과정을 통해 형성된 기대들은 서로의 업무에 대한 사회적인 감시를 제공하고, 이를 기반으로 안정적으로 상호작용할 수 있다.

업무 전체의 목적과 흐름 이해

"팀장님, 이번 프로젝트의 목표가 ○○인 점을 고려해서 업체들을 찾아보았습니다. 또, 기획팀과 디자인팀이 추구하는 방향성에 맞게 업체들 레퍼런스를 확인해서 추려보았는데요."

탭핑(Tapping)을 통한 조율

"프로님, 기획 단계에서 보시면 층별로 콘셉트를 다르게 잡으셨던데 저희가 찾은 업체들에 대해서 어떻게 생각하세요?"

업무 공식화 차원에서는 개방적이고 투명하게 바뀌고 있지만, 대면 접점이 없는 가상적 업무 형태가 늘어남에 따라 여기서 개인이 느끼는 고립감은 무시할 수 없다. 엘리베이터, 화장실, 탕비실에서 우연히 만나서 인사를 하고, 커피라도 한잔하던 과거와 달리 업무가 연계되지 않으면 말 한

마디 나눌 기회가 없다. 이러한 고립감을 없애기 위해서 비공식적인 사교 활동도 중요해진다. 비공식적인 사교 활동을 통해 알게 되는 암묵적인 지식이나 조직 문화도 일터에서는 여전히 중요하다. 많은 다국적 기업에서는 점심시간 또는 일요일 오후 시간을 활용해서 가상 공간에서 구성원들이 모여 점심 식사를 하거나 맥주 마시기 등의 교류할 기회를 갖는다. 가상의 공간에서 교류의 기회를 갖는 것은 아직 우리의 문화에서는 어려울 수 있지만, 대면이든 비대면이든 서로의 거리를 가까이 하기 위한 노력은 분명 필요하다.

'하이브리드'라는 시소 위 우리

이제는 TV에서 공중파 드라마를 보더라도 자막이 나온다. 외국 드라마가 아니라 한국 드라마에서도 말이다. 이에 대한 반응은 자막이 나와서 이해가 쉽다고 생각하는 사람과 오히려 집중에 방해가 된다고 생각하는 사람으로 나뉜다. 하지만 텍스트가 주는 명확한 의미 전달을 선호하는 전자의 반응이 더 늘어나고 있다. 텍스트 커뮤니케이션이 점점 더 중요해지고 있다는 의미이다. 일터에서도 마찬가지이다. 일을 하는 시간과 공간이 변화함에 따라 커뮤니케이션 방식에 변화가 필요하다는 것은 모두가 느끼고 있다. 이제는 비동기 커뮤니케이션의 특성을 이해하여 적시성, 명료성, 연계성으로 커뮤니케이션의 중심을 이동시켜야 한다. 그리고 이를 위해 어떤 내용인지, 어떤 형식을 갖추었는지 모든 관점에서 메시지를 정교하게 가다듬어야 한다.

그리고 텍스트에만 집중하느라 빼앗긴 상대에 대한 시선과 관심을 되찾아야 한다. 드라마에 자막이 나오면 그 텍스트 자체에 집중하느라 등장인물의 미세한 표정 변화와 목소리에는 둔감해진다. 소통의 대상은 사람이다. 생성형 AI, 협업 툴 등 업무에 도움을 주는 많은 기술들이 발달했지만, 이것은 소통의 대상이 아니라 협업의 도구일 뿐이다. 하이브리드 워크 시대에는 '사람'과 '기술' 사이에서의 밸런스가 중요하다.

가장 중요한 것은 변하지 않는다.
그 변치 않는 소통 불변의 법칙을 알아보다.

04

변화를 뛰어넘는
소통 불변의 법칙

소통의 3요소, 나-타인-상황

아래 문항을 보고 내가 어느 문항에 가장 가까운지 간단히 생각해 보자.

1. 나는 상대방이 불편해 보이면 비위를 맞추려고 한다.
2. 나는 일이 잘못되었을 때 자주 상대방의 탓으로 돌린다.
3. 나는 무슨 일이든지 조목조목 따지는 편이다.
4. 나는 생각이 자주 바뀌고, 동시에 여러 행동을 하는 편이다.
5. 나는 타인의 평가에 구애받지 않고 내 의견을 말한다.

의사소통 가족치료의 선구자인 버지니아 사티어(Virginia Satir)의 의사소통 유형 검사[15]의 일부이다. 이 검사는 73개의 문항을 통해 5가지로 의사소통 유형을 분류한다. 5가지 문항 중 내가 선택한 문항으로 나의 의사소통 유형을 대략적으로 가늠해 보자.

1. 회유형		자신의 감정이나 생각을 무시하고 타인과 타인의 상황에 맞추는 유형
2. 비난형		자신을 보호하기 위해 타인을 무시하고 단점을 비난하거나 환경을 탓하는 유형
3. 초이성형		자신과 타인을 모두 무시하고 상황만을 중시하여 규칙과 원리원칙을 찾고, 극단적인 객관성을 보이는 유형
4. 산만형		자신, 타인, 상황을 무시하며, 대화에 초점이 없고 부적절하게 반응하는 유형
5. 일치형		알아차린 감정을 언어로 정확하게 적절하게 표현하며 진정으로 자기 자신이 되어 타인과 관계를 맺고 연결되는 유형

[표 5-2] 5가지 의사소통 유형

회유형에는 '나'라는 존재가 빠져있고, 비난형에는 '너'라는 존재가 빠져있다. 초이성형에는 '나'와 '너'는 빠지고, 오직 '상황'만 있다. 산만형은 안다깝게도 소통에서 이 모든 것이 없는 유형이다. 당신은 어떤 유형인가? 가장 바람직한 유형은 일치형이라고 볼 수 있는데, 이 유형에는 나와 타인, 상황에 대한 이해가 고르게 들어있다. 바람직한 소통에는 '나'만 있어서도, '너'만 있어서도, '상황'만 있어서도 안 된다. 개인적인 인간관계뿐만 아니라 일터에서도 마찬가지이다. 이 3가지 요소의 밸런스는 시대가 아무리 바뀌어도 늘 변하지 않을 균형점이다.

소통에 내가 있기 위해서는 우선 '나'를 알아야 한다. 내가 어떤 감정을 느끼는지, 어떤 생각을 갖는지를 나 스스로가 알아야 한다. 나의 감정과 생각을 알고도 무시하는 경우도 있겠지만, 내가 어떤 감정과 생각을 갖는지 몰라서 무시되는 경우가 대부분이다. 나에게 집중해 나의 감정과 생각을 끄집어내고 이를 바탕으로 상대방과 소통해야 한다. 상사의 의견에 대해서도 군말 없이 바로 따르는 사람보다도 "팀장님, 말씀해 주신 방향성에 대해서도 생각을 해 보았는데요. 담당자로서 제 의견은~"이라며 본인의 생각을 명확하게 표현하는 사람에게 팀장은 더 신뢰를 느낄 것이다. 그럼에도 팀장이 동일한 의견을 말한다면 그때 그 방향성에 맞추어 따르면 된다. 나의 생각을 표현하는 과정이 나의 자존감에도, 팀장님이 나에게 느끼는 신뢰감에도 좋은 영향을 줄 것이다.

나의 소통에 '타인'이 있는가? 나의 감정과 생각이 중요하다면, 그만큼 타인의 감정과 생각도 존중할 줄 알아야 한다. 그러나 우리는 독심술사가 아니다. 타인의 마음을 그냥 읽어내어 맞추는 것은 불가하다. 특히, 일터에서 만난 동료의 마음을 읽어서 맞추는 것은 더 어렵다. 그럴 때 우리가 할 수 있는 일은 상대에게 묻는 것이다. "어떻게 생각하세요?", "~에 대한 의견을 말씀해 주시겠어요?"라고 말이다. 묻고 수용적인 태도로 기다려야 한다. '답정너'의 태도로 물었다면, 상대방도 그것을 느끼고 진실된 감정과 생각을 말해주지 않는다. 상대방의 템포에 따라, 진심으로 궁금한 마음으로 그 답을 기다려 보자.

마지막으로는 상황에 대한 이해가 소통에 녹아 있어야 한다. 여기서 상황을 소통의 전(前)과 후(後)로 구분해 볼 수 있다. 우선 나의 메시지에 소통 전에 합의된 방향성, 비즈니스 상황 등이 논리적이고 객관적으로 잘 담겨 있어야 한다. 그럼 소통 후는 어떨까? 사람은 기존의 것을 유지하려는 '현상 유지 편향'을 가지고 있어서 자신의 원래 주장이나 생각을 쉽게 바꾸지 않으려고 한다. 이는 일종의 귀차니즘이라 볼 수 있다. 하지만 요즘 비즈니스에서 모든 것은 빠르게 변한다. 흘러가는 상황을 빠르게 인지하고, 그 상황에 따라 유연하게 메시지의 방향을 다시 살펴봐야 한다.

소통의 전제조건, 신뢰

"높은 신뢰는 배당이며 낮은 신뢰는 세금이다." - 스티븐 M.R 코비

신뢰란 다른 사람의 행동과 관련해서 확신하는 긍정적인 기대를 의미한다. 이 명언처럼 신뢰가 낮은 관계에서는 업무를 할 때마다 세금을 지불하듯이 필요 이상의 비용이 든다. 신뢰가 낮은 관계에서는 상대방의 업무 과정과 결과를 의심하게 되고 이를 굳이 재확인하기 위해 감정, 시간을 추가로 쓴다. 이 모든 것이 업무적으로는 비용이다. 조직에서의 높은 신뢰는 이런 모든 비효율을 넣어낸다. 그리고 이 신뢰는 소통을 통해 쌓인다.

멀티제너레이션 시대에는 나와 다른 것을 구분하는 '자기 범주화'를 통해서 다른 세대에 대해 부정적인 태도를 취하기 쉽다. 하이브리드 워크 시대에는 시공간의 분리로 인해 서로의 상황을 물리적으로 확인할 수 없어

구성원끼리 신뢰를 형성하기 어려워진다. 그렇기 때문에 이러한 변화 속에 신뢰의 역할은 더욱 중요하다. 신뢰를 위해서는 무엇이 필요할까?

상대를 신뢰하기 위해서는 그를 이해해야 하고, 그를 이해하기 위해서는 먼저 들어야 한다. 하지만 우리는 저마다 자신의 목소리를 내기에만 바쁘다. 일터에서 말하는 사람은 많지만, 듣는 사람은 많지 않다. 「타자의 추방」이라는 책에서는 "타자가 현존하지 않을 때, 소통은 정보들의 가속화된 교환으로 전락한다."라고 말한다. 여기서 타자를 현존시키는 방법이 바로 '경청'이다. 책에서는 경청을 '타자가 그의 다름을 드러내도록 풀어주는 공명의 공간'이라 정의한다[16]. 서로의 다름으로 끊임없이 고민하고 갈등하는 우리에게 경청은 단순하지만, 가장 명쾌한 답이다. 멀티제너레이션 시대, 하이브리드 워크 시대에도 변치 않는 소통 불변의 법칙은 경청하여 이해하고, 이해하여 신뢰하는 것이다.

지금까지 요즘 일터에서의 소통은 어떤 것이 달라지고, 그 변화에서 어떻게 소통해야 할지 살펴보았다. 소통이 전달하는 '내용'과 '방식'을 의미한다면, 전달하고자 하는 그 '내용'은 어떻게 만들어지는가? 바로 '사고'이다. 시대와 세대에 따라 생각하는 방식은 정말 많이 달라졌다. 무작정 근의 공식에 숫자를 넣어서 답을 구하던 시대는 갔다. 주요 미디어 채널에서만 정보를 구하던 세대도 사라졌다. 요즘 일터에서 필요한 사고법에 대해 다음 챕터에서 알아보자.

Clever 워커가 되기 위한 올바른 사고법

챕터 06

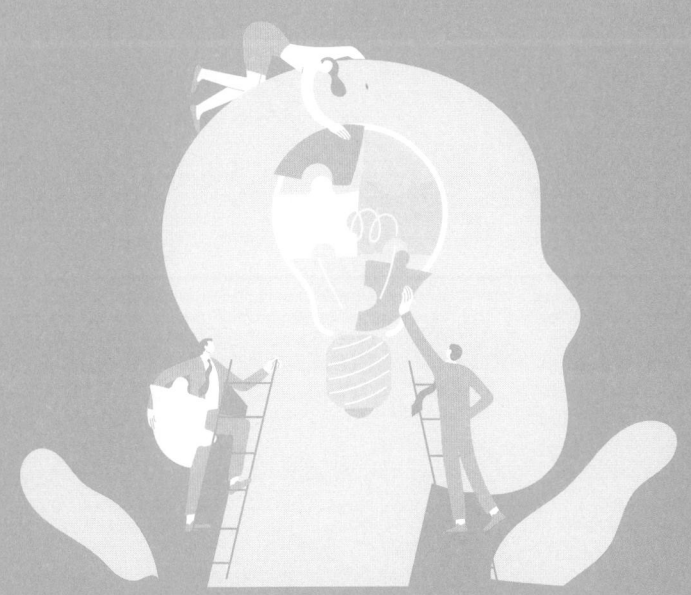

현대 사회에서 사고력은 필수 역량이다. 창의적, 비판적, 디지털 사고는 문제 해결과 혁신을 이끌고, 변화에 유연하게 대응하도록 돕는다. 요즘시대 워커에게 필요한 사고력은 개인과 조직 성장의 핵심 자산이다.

현대 사회에서 사고력을 저하시키는 주요 원인인 스마트폰 과의존, 정보과잉, 편향된 정보수용, 그리고 왜곡된 진실이 우리의 올바른 사고를 방해하고 있다.

01

'사고(思考)' 잘하고 있나요?

생각의 힘이 약해지는 이유

사람들은 흔히 '생각'과 '사고'를 같은 의미로 사용하지만, 두 개념은 미묘하게 다른 의미를 가진다. 생각은 우리의 경험과 정보를 바탕으로 자연스럽게 떠오르는 감정이고 순간적인 반응을 의미한다. 반면, 사고는 논리적이고 체계적으로 문제를 분석하고 해결하는 과정으로, 주로 이성과 논리를 필요로 한다. 마치 생각이 떠오르는 거품이라면, 사고는 그 거품을 깊이 들여다보고 의미를 찾는 심층적인 과정이다. 따라서 사고는 생각의 한 단계를 넘어, 문제를 논리적이고 체계적으로 분석하고 해결하기 위한 이성과 합리적 판단을 요구한다. 정리하자면 생각은 특정 목적 없이 자유롭게 진행될 수 있는 반면, 사고는 문제 해결이나 판단을 목적으로 한다는 점이 가장 큰 차이다. 이러한 사고력을 기르기 위해서는 다양한 사고 능력을 발전시킬 필요가 있다.

하지만 오늘날 우리 사회에서는 정보의 폭발적인 증가와 빠른 변화, 그리고 감정을 자극하려는 미디어의 영향으로 인해 깊이 있는 사고가 점점 더 어려워지고 있다. 이러한 환경에서는 논리적이고 체계적인 사고보다는 즉각적인 반응이 더 중시되면서, 깊이 있는 사고를 하는 것이 갈수록 힘들어지고 있다. 이와 같은 사고력 저하의 주요 원인으로 스마트폰에 대한 과도한 의존을 들 수 있다. 스마트폰 사용이 증가하면서 짧고 빠른 정보에만 집중하게 되어 깊이 있는 사고를 할 시간이 줄어든다. 한국지능정보사회진흥원의 2023년 보고서에 따르면, 스마트폰의 과의존 현상은 직장인 전 연령층은 물론 60대 성인들까지도 포함되며, 이들은 스마트폰을 통해 영화, TV, 동영상 등을 활발히 이용하고 있다. 특히, '숏폼' 콘텐츠의 이용률이 점점 높아지고 있는데[1], '숏폼'은 '짧다'라는 뜻의 영단어 '숏(Short)'과 형식을 뜻하는 '폼(Form)'의 합성어로 15초에서 2분 사이 길이의 미디어 콘텐츠를 지칭한다. 숏폼 콘텐츠의 인기가 상승하는 이유는, 시간의 가치가 중요한 '분초사회'에서 짧은 시간 안에 풍부한 재미와 정보를 제공할 수 있기 때문이다.

국내 다양한 디지털 플랫폼을 통해 소비자 행동 및 트렌드를 분석하는 나스미디어의 조사에 따르면, 국내 미디어 이용자의 76%가 숏폼 시청 경험이 있다고 한다. 이는 그만큼 많은 사람들이 숏폼을 즐길 정도로 대중화

되어있음을 뜻한다[2]. 대표적인 숏폼 플랫폼으로는 틱톡(TikTok), 유튜브의 쇼츠(YouTube Shorts), 인스타그램의 릴스(Instagram Reels) 등이 있다. 이들 플랫폼은 짧은 시간 안에 가볍게 소비할 수 있는 콘텐츠가 주를 이루며, 사용자들이 부담 없이 즐길 수 있도록 제작되고 있다. 이러한 숏폼 콘텐츠는 깊이 있는 사고를 할 기회를 제한하며, 복잡한 문제나 주제를 다루기에는 적합하지 않다. 그 결과, 사용자는 간단한 정보나 자극에만 노출되기 쉽고, 즉각적인 반응이 더 중시되는 환경이 조성되어 논리적이고 체계적인 사고 능력이 저하될 수 있다[2]. 실제로 중국 베이징 대학의 연구에 따르면, 숏폼에 과다 노출된 대학생들의 뇌를 분석한 결과, 집중력 결핍이나 기억력 감퇴 등 뇌 기능 감소와 연관된 수동적 뇌 신경계, 즉 자극에 반응하는 신경계가 활성화되는 것으로 나타났다[3]. 이는 숏폼 콘텐츠의 과다 소비가 뇌 기능에 부정적인 영향을 미칠 수 있음을 시사한다.

이러한 우려를 이해하기 위해서는 뇌가 어떻게 작동하는지를 살펴볼 필요가 있다. 우리의 뇌는 문제 해결과 같은 고차원적인 인지 기능을 담당하는 적극적 뇌 신경계와 외부 자극에 즉각적으로 반응하는 수동적 뇌 신경계로 나눌 수 있다. 적극적 뇌 신경계는 문제 해결, 계획 수립, 창의적 사고 등 고차원적인 인지 기능을 담당하며, 우리의 일상적인 사고와 판단에 중요한 역할을 한다. 반면, 수동적 뇌 신경계는 외부 자극에 대한 반응을 주로 처리하며, 즉각적이고 자동적인 반응을 이끌어낸다. 이 두 신경계는 균형 있게 작동해야 전체적인 뇌 기능이 원활하게 유지되지만, 최근 숏폼 콘텐츠의 과도한 소비로 인해 수동적 뇌 신경계가 과도하게 활성화되면서 적극적 뇌 신경계의 기능이 저하될 수 있다는 우려가 제기되고 있다.

이러한 불균형이 지속되면 우리의 적극적 뇌 신경계가 제 기능을 하지 못해, 창의적 사고와 문제 해결 능력이 저하되고, 복잡한 계획 수립이나 논리적 판단을 요구하는 상황에서 정상적으로 사고하기 어려워질 수 있다. 결국, 이는 일상적인 업무 수행뿐만 아니라 중요한 의사 결정 과정에서도 부정적인 영향을 미쳐, 장기적으로 개인의 성장과 생활의 질을 떨어뜨리는 결과를 초래할 수 있다.

현대사회에서 사고력을 저하시키는 원인

현대사회에서 사고력을 지키기 위해서는 정보 판별력, 편향된 정보 방지, 정보의 사실 여부를 구분하는 능력 등이 필수적이다. 이러한 능력을 저해하는 원인을 세 가지로 정의해 보았다.

1. 데이터스모그(Data Smog): 정보가 너무 많아서 시야를 흐리게 하고 판단력을 저하시키는 현상[4)]

소셜미디어 피드를 확인하는 상황을 생각해 보자. 인스타그램, 페이스북 등 다양한 플랫폼에는 수많은 게시물, 뉴스기사, 광고가 넘쳐난다. 이처럼 정보가 넘치는 환경에서 사용자는 중요한 정보와 그렇지 않은 정보를 구분하기 어려워진다. 결과적으로 정보 과잉으로 인해 사용자는 중요한 뉴스나 친구의 소식을 놓치게 되고, 불필요한 정보에 시간을 낭비하게 된다. 온라인 쇼핑 또한 데이터스모그를 작동시킨다. 대형 온라인 쇼핑몰에는 같은 제품이라 할지라도 수백, 수천 개의 사양을 가진 제품과 리뷰가 있다. 사용자는 방대한 정보 속에서 최적의 제품을 찾기 위해 많은 시간을 소비한다. 다양한 리뷰와 평가가 오히려 사용자에게 혼란을 주고 결정을 어렵게 만드는 부작용을 낳는다.

이와 같이, 데이터스모그 현상은 우리 일상에서 중요한 결정을 내리는 데에 있어서 판단력을 저하시킨다. 정보의 양이 너무 많아져 정보를 선별하고 이를 분석하는 능력이 방해받기 때문에 깊이 있는 사고와 신중한 판단이 어려워지는 것이다.

2. 인포버블(Info Bubble): 자신의 신념이나 관점을 강화하는 정보만을 수용하고 반대되는 정보를 배제하는 경향, 자신의 사고 범위를 제한하고 편향을 심화시키는 현상[5]

뉴스나 정보를 주로 접하는 소셜미디어 알고리즘이 대표적이다. 소셜미디어 플랫폼은 사용자가 좋아하거나 자주 보는 콘텐츠를 기반으로 더 많은 유사 콘텐츠를 추천한다. 예를 들어, 정치적 성향을 가진 사용자가 해당 성향의 게시물에 자주 반응하면, 플랫폼은 그 사용자에게 동일한 성향의 정보만을 지속적으로 제공하게 된다. 이로 인해 사용자는 반대 의견이나 다양한 관점을 접하기 어려워지고, 자신의 신념만이 강화되어 더 편향된 사고를 가지게 된다.

또 다른 사례로 온라인 커뮤니티를 들 수 있다. 특정 주제나 관심사를 가진 사람들이 모인 커뮤니티에서는 동일한 생각을 가진 사람들끼리만 상호작용하는 경우가 많다. 예를 들어, 특정 다이어트 방법을 지지하는 커뮤니티에서는 해당 방법의 긍정적인 정보만을 공유하고, 반대되는 정보나 비판적인 의견은 무시하거나 배제하는 경향이 있다. 이는 사용자가 다양한 관점을 접할 기회를 줄이며, 특정 신념이 더욱 강하게 고착되도록 만든다.

이와 같이 인포버블 현상은 우리의 정보 수용 범위를 좁히고, 편향된 사고를 심화시키는 데 큰 영향을 미친다. 이는 창의적, 비판적 사고 능력을 제한하여 깊이 있는 사고와 균형 잡힌 판단을 방해하는 요인으로 작용한다.

3. 트루 트위스트(True Twist): 진실이 왜곡되는 현상, 정확성이 검증되지 않은 채 빠르게 퍼지는 정보[6]

코로나19 초기, 메탄올을 마시면 바이러스를 예방할 수 있다는 잘못된 정보가 확산되었다. 이 정보는 전 세계로 빠르게 퍼졌고, 결국 800명이 사망하는 사건으로 이어졌다[7]. 이 사건은 검증되지 않은 거짓 정보가 얼마나 심각한 결과를 초래할 수 있는지를 극명하게 보여주는 사례로, 잘못된 정보가 사람들의 생명을 위협할 뿐만 아니라, 막대한 피해를 불러일으킬 수 있음을 경고한다. 그뿐만 아니라 최근 곳곳에서 무차별적인 사회적 범죄가 반복적으로 발생하고 있다. 사람들은 이러한 범죄를 저지른 범인에 대해 관심을 가지면서, 자연스럽게 잘못된 정보가 생성되기 시작한다. 범인의 신원이나 동기에 대한 확인되지 않은 정보들이 확산되면서 많은 이들이 혼란에 빠질 뿐만 아니라, 이 과정에서 사건의 본질이 왜곡되거나 잘못된 정보가 사실로 받아들여져 추가적인 사회적 혼란을 야기하게 된다.

이와 같이 트루 트위스트 현상은 검증되지 않은 정보가 빠르게 퍼지면서 진실이 왜곡되고 그로 인해 사회적 혼란과 개인의 피해를 초래할 수 있다. 따라서, 정확한 정보를 신속하게 확인하고 전파하는 것이 중요하며, 정보 소비자들은 항상 비판적인 시각을 유지하고 출처를 확인하는 습관을 길러야 한다.

정보의 과잉, 편향적 정보 수용, 왜곡된 진실은 업무 수행 능력 외에도 조직 내 인간관계에도 큰 영향을 미친다. 잘못된 정보는 소통과 협업에 큰 장애가 되어, 개인 간 신뢰를 무너뜨리고 결국 팀의 효율성을 방해한다. 현대 일터에서 성공적인 워커로 성장하기 위해서는 정확한 정보를 기반한 소통과 협력이 필수적이다. 특히, 이러한 소통과 협업을 원활하게 이루기 위해서는 창의적 사고와 비판적 사고가 중요한 역량으로 작용한다. 2023년 세계경제포럼에서도 강조되었듯, 창의적 사고와 비판적 사고는 급변하는 정보환경에서 필수적인 능력으로, 조직과 개인의 성공을 위해 반드시 개발하고 활용해야 할 역량이다.[8] 이제 이 두 가지 사고력이 왜 중요한지, 그리고 이를 어떻게 발전시키고 적용할 수 있는지에 대해 자세히 살펴보자.

창의적 사고는 일상적인 문제 해결부터 대규모 혁신까지 다양한 형태로 나타나며, 이를 증진하기 위해서는 Amplify(확대), Adapt(적응), Associate(연결) 전략이 필요하다.

02

워커에게 꼭 필요한 창의적 사고

'스몰c 창의성'과 '빅C 창의성'

창의적 사고는 문제를 새로운 방식으로 접근하고, 기존의 틀을 벗어나 참신하고 혁신적인 해결책을 제시하는 능력이다. 이는 단순히 새로운 아이디어를 떠올리는 것을 넘어서, 그것을 실질적으로 적용하고 실행에 옮기는 능력까지 포함한다. 창의적 사고는 모든 직업 분야에서 중요한 역량으로, 조직의 혁신과 성장을 촉진하는 데 필수적이다. 이러한 창의적 사고는 크게 두 가지 유형으로 나눌 수 있다. '스몰c 창의성'과 '빅C 창의성'이다.[9]

1. 스몰c 창의성(Small-c creativity)

일상생활에서 나타나는 작은 규모의 창의성을 의미한다. 스몰c 창의성은 우리가 일상에서 접하는 문제를 해결하거나, 업무를 더 효율적으로 처리하는 방법을 찾는 등의 상황에서 나타난다. 예를 들어, 반복적인 업무를 자동화하는 간단한 엑셀 매크로를 작성하거나, 짜파게티와 너구리 라면을 조합해 새로운 맛을 창조한 짜파구리 같은 요리를 시도하는 것이 이에 해당한다. 스몰c 창의성은 대규모 혁신을 이루지는 않지만, 개인의 생산성과 효율성을 높이는 데 중요한 역할을 한다.

2. 빅C 창의성(Big-C creativity)

빅C 창의성은 과학, 예술, 비즈니스 등 다양한 분야에서 혁신적이고 획기적인 성과를 이루는 창의성을 의미한다. 이는 역사적으로 중요한 발명, 예술작품, 비즈니스 모델의 혁신 등에서 두드러지게 나타난다. 예를 들어, 혁신적인 스마트폰 개발이나 AI와 로봇공학을 결합하여 새로운 산업 혁명을 주도하는 일 등이 빅C의 대표적인 사례. 이러한 창의성은 조직이나 사회에 큰 변화를 가져오며, 종종 오랜 기간 동안 기억되고 영향력을 미친다.

결국, 창의적 사고는 이처럼 일상적인 문제 해결에서부터 대규모 혁신에 이르기까지 다양한 형태로 나타날 수 있다. 이를 통해 우리는 일터에서의 문제를 더 효과적으로 해결하고 조직의 성장을 이끌어갈 수 있는 능력을 기를 수 있다.

창의적 사고의 핵심 3A 전략

그렇다면, 이러한 창의적 사고를 키우기 위해서는 무엇이 필요할까? 이를 키우기 위해서는 세 가지 핵심 전략, Amplify(확대), Adapt(적응), Associate(연결)라는 3A전략이 필요하다.

1. Amplify(확대)

창의적 사고를 증진시키기 위해서는 아이디어와 가능성을 확대하는 것이 중요하다. 이는 현재 가지고 있는 생각을 더 깊이 탐구하고, 다양한 관점을 고려하여 아이디어를 확장하는 과정이다. 예를 들어, 한 가지 문제를 여러 가지 방법으로 해결하려고 시도하거나 다른 사람들의 피드백을 적극적으로 수용하여 아이디어를 발전시키는 것이 포함된다. 이러한 Amplify(확대)의 대표적인 사례로는 스마트폰의 발전, 스트리밍 서비스의 확장, 소셜미디어의 다양한 활용이 있다.

1) 스마트폰의 발전: 스마트폰은 단순한 통화 및 문자 기능에서 출발하여 카메라, 인터넷 브라우징, GPS, 다양한 앱을 통해 우리 삶의 거의 모든 부분을 다루는 다기능 디바이스로 발전했다. 이는 기존의 통신 기기를 더 넓고 깊게 탐구하여 다양한 기능을 통합함으로써 이루어진 것이다. 스마트폰은 여러 기술과 아이디어를 결합하여 사용자의 욕구를 충족시키고, 새로운 가능성을 열어주었다.

2) 스트리밍 서비스의 확장: 초기의 스트리밍 서비스는 단순히 온라인에서 음악이나 동영상을 재생하는 기능에 불과했다. 그러나 Netflix, Spotify 등의 서비스는 다양한 콘텐츠 제공, 맞춤형 추천 알고리즘, 오리지널 콘텐츠 제작 등을 통해 그 가능성을 크게 확대했다. 이는 사용자 데이터를 분석하고, 다양한 피드백을 반영하여 서비스의

깊이와 폭을 확장한 결과이다. 이러한 확장은 사용자 경험을 크게 향상시키고 엔터테인먼트 산업에 혁신을 가져왔다.

3) 소셜 미디어의 다양한 활용: 소셜 미디어 플랫폼은 초기의 친구 및 가족과의 소통 도구에서 출발하여 마케팅, 정치 캠페인, 교육, 비즈니스 네트워킹 등 다양한 분야에서 활용되고 있다. 예를 들어, 인스타그램과 페이스북은 사용자의 다양한 활동과 피드백을 반영하여 광고 타깃팅, 실시간 소통 등 다양한 기능을 추가했다. 이러한 확대는 소셜 미디어를 단순한 커뮤니케이션 도구를 넘어 복합적인 비즈니스 및 사회적 플랫폼으로 변화시켰다.

2. Adapt(적응)

창의적 사고에는 변화에 민첩하게 적응하는 능력이 필요하다. 이는 새로운 상황이나 문제에 직면했을 때, 기존의 지식이나 기술을 유연하게 적용하여 해결책을 찾는 과정이다. Adapt(적응)는 빠르게 변화하는 환경에서 창의적인 해결책을 모색하고, 이를 실행에 옮길 수 있도록 돕는다. 리테일 산업의 디지털 변환, 전기차 도입, 그리고 영화산업의 스트리밍 서비스 적응 등이 좋은 예다.

1) 리테일 산업의 디지털 변환: 전통적인 리테일 산업은 온라인 쇼핑의 급격한 성장에 적응하기 위해 디지털 변환을 적극적으로 추진하고 있다. 많은 리테일러들은 온라인 스토어를 개설하고, 모바일 앱을 통해 고객과의 접점을 확대했으며, 인공지능(AI)을 활용한 개인화된 쇼핑 경험을 제공하고 있나. 이는 기존의 오프라인 중심의 비즈니스 모델을 디지털 환경에 맞게 유연하게 재구성한 결과로, 고객의 변화하는 요구에 민첩하게 대응하는 사례다.

2) 전기차 도입: 자동차 산업은 환경 규제와 소비자의 요구 변화에 대응하기 위해 전기차

(EV)를 도입하고 있다. 테슬라와 같은 회사들은 전기차 기술을 빠르게 개발하고 충전 인프라를 구축하며, 소비자에게 새로운 운전 경험을 제공함으로써 시장의 요구에 적응하고 있다. 이는 변화하는 환경에 민첩하게 대응하여 혁신적인 제품을 제공하는 대표적인 사례다.

3) 영화 산업의 스트리밍 서비스 적응: 전통적인 영화 산업은 넷플릭스, 디즈니+와 같은 스트리밍 서비스의 부상에 적응하기 위해 변화를 모색하고 있다. 많은 영화 스튜디오와 제작사들은 스트리밍 플랫폼과 협력하여 콘텐츠를 제공하거나 자체 스트리밍 서비스를 런칭하며 새로운 배급 채널을 개척하고 있다. 이는 관객의 시청 습관 변화에 발맞추어 유연하게 대응하는 사례다.

3. Associate(연결)

창의적 사고의 중요한 요소 중 하나는 서로 다른 아이디어나 개념을 연결하는 능력이다. 이는 전혀 관련이 없어 보이는 두 가지 아이디어를 결합하여 새로운 해결책을 도출하는 과정이다. Associate(연결)는 다양한 분야의 지식과 경험을 연결하여 새로운 시각을 제공하고, 혁신적인 아이디어를 창출할 수 있도록 한다. 예술과 기술을 결합하여 새로운 제품을 개발하거나, 다른 산업의 성공 사례를 벤치마킹하여 자신의 분야에 적용하는 것이 이에 해당한다. 스마트홈 기술과 크로스마케팅이 이러한 Associate(연결)의 대표적인 사례다.

1) 스마트홈 기술: 가전제품과 인터넷 기술을 결합하여 집안의 다양한 기기를 스마트폰이나 음성 명령을 통해 제어할 수 있다. 전통적인 냉장고, 세탁기, 조명 시스템 등에 IoT(사물인터넷) 기술을 접목하여, 사용자가 집 밖에서도 기기를 원격으로 제어하거나 모니터링할 수 있다. 이러한 기술의 결합은 사용자에게 편리함과 효율성을 제공하며,

기존의 생활 방식을 혁신적으로 변화시킨다. 이는 전통적인 가전제품과 최신 기술을 연결하여 새로운 가치를 창출한 사례다.

2) 크로스마케팅: 크로스마케팅은 서로 다른 산업이나 브랜드가 협력하여 공동 마케팅 캠페인을 진행하는 것을 의미한다. 피트니스 브랜드와 건강식품 회사가 협력하여 피트니스 앱에서 건강식품 할인 쿠폰을 제공하거나, 피트니스 클래스를 수강한 고객에게 건강식품 샘플을 증정하는 방식이 그 예이다. 이러한 협력은 두 기업 모두에게 새로운 고객을 유치하고, 상호 보완적인 제품이나 서비스를 제공함으로써 고객 만족도를 높이는 효과를 가져온다. 이는 서로 다른 분야의 아이디어를 결합하여 새로운 마케팅 전략을 창출한 사례다.

이처럼 Associate(연결)는 다양한 분야의 아이디어와 지식을 연결하여 혁신적인 해결책을 도출하고, 새로운 가치를 창출하는 데 중요한 역할을 한다. 이를 통해 우리는 기존의 틀을 넘어서는 창의적인 접근을 통해 문제를 해결하고, 조직의 성장을 촉진할 수 있다.

다시 한번 정리하자면, 창의적 사고를 증진하기 위해서는 아이디어를 확장하고 다양한 관점을 탐구하는 Amplify(확대), 변화에 유연하게 적응하며 해결책을 찾는 Adapt(적응), 그리고 서로 다른 아이디어나 개념을 연결하여 혁신을 창출하는 Associate(연결) 전략이 필요하다. 이 세 가지 전략은 각각 아이디어의 깊이와 폭을 넓히는 역할을 한다. 다양한 지식과 경험을 융합해 새로운 시각을 제공하며, 이를 통해 창의적인 문제 해결과 혁신을 이끌어낼 수 있다.

창의적 사고를 위한 3단계 접근법

창의적인 사고는 자연스럽게 발생하는 것이 아니라, 적극적으로 개발하고 촉진해야 한다. 그렇다면, 어떻게 창의적 사고를 촉진할 수 있을까? 이를 위해 다음과 같은 'OAE접근법'이 필요하다[10].

> **창의적 사고 촉진법**
> 오(Observation 현상관찰) – 아(Association 연상) – 이(Exploration 탐색)

1. Observation(현상관찰): 주변 환경이나 문제를 관찰하고 이해하는 과정

    1) 오감을 통해 느껴지는 모든 것을 기록하기(메모, 스케치, 사진, 녹음 등 다양한 방법 활용)

    2) 다양한 관점에서 보기: 다른 사람의 입장에서 생각해 보거나 시간을 두고 다시 관찰해 보기

    3) 패턴 찾기: 반복적으로 나타나는 패턴이나 일관성을 찾아보기. 특정 현상이 반복된다면 그 이유를 분석하고, 이를 통해 새로운 통찰 얻기

2. Association(연상): 서로 다른 아이디어나 개념을 연결하고 관련시켜 새로운 아이디어 도출

    1) 자유로운 연상: 제약이나 규칙 없이 자유롭게 연상하고 상상력 발휘(마인드맵, 무작위 단어 연상 등)

    2) 브레인라이팅(Brain Writing): 브레인스토밍의 변형된 방법으로 팀원들이 각자 아이디어를 종이에 적고, 다른 팀원들과 공유하면서 아이디어를 발전시키는 방법. 이 과정에서 다른 사람의 아이디어를 보고 새로운 연상을 통해 창의적 해결책 도출하기

3) 스토리텔링: 아이디어나 개념을 이야기 형식으로 풀어내는 방법으로 스토리를 통해 개념을 연결하고 이를 통해 새로운 통찰 얻기

3. Exploration(탐색): 새로운 아이디어를 탐색하고 탐구함으로써 새로운 가능성을 발견하는 과정

   1) 네트워킹과 협업: 다양한 분야의 전문가나 동료들과 네트워킹을 통해 새로운 아이디어를 탐색하기. 협업을 통해 다른 사람의 관점과 지식을 접하고, 이를 통해 새로운 가능성을 발견하기
   2) 문제의 재구성: 문제를 다른 방식으로 재구성하여 탐색하는 방법. 문제를 더 큰 그림에서 바라보거나, 세부적으로 쪼개어 새로운 관점에서 접근하여 새로운 해결책 모색하기

비판적 사고는 문제를 논리적으로 분석하고 결론을 도출하는 능력으로, 이를 증진하기 위해서는 Breakdown(분해), Balance(균형), Bolster(강화) 전략이 필요하다.

03

워커에게 꼭 필요한
비판적 사고

일상과 전문성을 아우르는 스몰c와 빅C

비판적 사고는 문제를 논리적이고 체계적으로 분석하여 올바른 결론을 도출하는 능력이다. 이는 창의적 사고와 마찬가지로 두 가지 범주로 나누어 설명할 수 있다. 바로 스몰c 비판적 사고와 빅C 비판적 사고이다[11].

1. 스몰c 비판적 사고(Small-c Critical Thinking)

스몰c 비판적 사고는 일상생활에서 자주 활용되는 기초적인 비판적 사고 능력을 의미한다. 이는 주로 개인적인 결정이나 일상적인 문제 해결에 적용된다. 예를 들어, 새로운 전자기기를 구매할 때 여러 제품의 사양, 가격, 리뷰 등을 비교하고 분석하여 최적의 선택을 하는 것, 또는 교통 체증을 피하기 위해 다양한 경로를 고려하고, 각 경로의 소요 시간과 편리성을 평가하여 가장 적합한 경로를 선택하는 것, 업무 상황에서는 여러 업무가 동시에 주어졌을 때 각 업무의 중요성과 긴급성을 평가하여 우선순위를 정하는 과정이 스몰c 비판적 사고에 해당한다. 이러한 사고방식을 통해 합리적이고 객관적인 결정을 내리는 데 도움을 주며, 일상생활과 업무 모두에서 중요한 역할을 한다.

2. 빅C 비판적 사고(Big-C Critical Thinking)

빅C 비판적 사고는 복잡하고 중대한 문제를 해결하기 위해 필요한 고차원적인 비판적 사고 능력을 의미한다. 이는 주로 전문적인 업무, 학문적인 연구, 또는 중요한 정책 결정 등 복잡한 상황에서 요구된다. 빅C 비판적 사고는 방대한 데이터를 분석하고, 다양한 관점을 통합하며, 장기적인 영향을 고려하여 심도 있는 결론을 도출하는 데 사용된다. 새로운 프로젝트를 수립할 때, 다양한 사회적, 경제적, 환경적 요인을 종합적으로 분석하고, 프로젝트의 장·단기적인 영향을 평가하여 최선의 결정을 내리는 과정이 빅C 비판적 사고의 대표적 예이다. 학자들이 새로운 가설을 검증하기 위해 엄격한 실험 설계, 데이터 분석, 기존 연구와의 비교 등을 수행하여 신뢰할 수 있는 결론을 도출하는 과정 역시 빅C 비판적 사고에 해당한다.

비판적 사고는 개인의 일상적인 삶에서부터 사회 전체의 중요한 결정에 이르기까지 다양한 영역에서 중요한 역할을 한다. 스몰c 비판적 사고는 일상적인 문제 해결과 의사 결정을 개선하며, 빅C 비판적 사고는 복잡한 문제를 체계적으로 분석하고 해결하는 데 필수적이다. 따라서, 비판적 사고를 효과적으로 개발하고 적용하는 능력은 현대 사회에서 매우 중요한 역량이다.

비판적 사고의 핵심 3B전략

그렇다면, 이러한 비판적 사고를 키우기 위해서는 무엇이 필요할까? 비판적 사고를 효과적으로 향상시키기 위해서는 세 가지 핵심 전략, 즉 3B가 필수적이다. 이 3B는 Breakdown(분해), Balance(균형), Bolster(강화)로 구성된다.

1. Breakdown(분해): 복잡한 문제나 상황을 더 작은 부분으로 나누어 분석하는 과정이다. 문제를 세분화하면 각 부분을 더 명확히 이해할 수 있고, 이를 통해 문제의 원인을 정확하게 파악할 수 있다. Breakdown(분해)은 정보의 과부하를 방지하고, 체계적인 분석을 가능하게 한다.

   1) 마케팅 캠페인 전략 수립
      (1) 채널별 분해: 마케팅 캠페인을 소셜미디어, TV광고, 인쇄 매체, 온라인 광고 등으로 나눈다.
      (2) 전략별 분해: 각 채널별로 세부 전략을 설정한다. 예를 들어, 소셜미디어에서는 콘텐츠 마케팅, 인플루언서 협업, 사용자 참여 이벤트 등을 계획한다.
      (3) 목표설정: 소셜미디어의 경우 팔로워 수 증가, 게시물 참여도 상승 등의 각 채널과 전략별로 세부 전략 목표를 설정한다.

이 결과로 마케팅팀은 각 채널과 전략별로 명확한 목표를 가지고 실행할 수 있으며, 캠페인의 진행 상황을 체계적으로 모니터링하고 평가할 수 있다. 문제가 발생하면 해당 부분을 집중적으로 분석하여 개선할 수 있다.

2) 소프트웨어 개발 프로젝트 관리

(1) 기능별 분해: 주요 기능별로 나누어 생각해 본다. 예를 들어, 사용자 인터페이스(UI)디자인, 백엔드 개발, 데이터베이스 설계, 보안 기능 구현 등으로 세분화한다.

(2) 단계별 분해: 각 기능별로 필요한 개발 단계를 설정한다. 예를 들어, 사용자 인터페이스(UI)디자인의 경우 와이어프레임 작성, 시각적 디자인, 사용자 테스트 등의 단계로 나눈다.

(3) 일정 및 자원 관리: 각 단계별로 일정과 자원을 할당하고, 진행 상황을 주기적으로 모니터링하며 평가한다. 필요한 경우 일정 조정이나 자원 재배치 등을 통해 프로젝트를 최적화한다.

이 결과로 개발팀은 각 기능과 단계별로 명확한 목표와 일정을 가지고 프로젝트를 실행할 수 있으며, 프로젝트 진행 상황을 체계적으로 모니터링하고 평가할 수 있다. 문제가 발생하면 해당 부분을 집중적으로 분석하여 신속하게 해결할 수 있다.

이와 같이 Breakdown(분해)은 복잡한 문제를 더 작은 부분으로 나누어 명확히 이해하고 분석함으로써, 문제 해결과 목표 달성에 효과적으로 기여한다.

2. Balance(균형): 다양한 관점과 정보를 공평하게 평가하고 균형 잡힌 결론을 도출하는 과정이다. 이는 편견을 최소화하고, 다양한 의견을 고려하여 가장 합리적인 결정을 내리는 데 도움을 준다. Balance(균형)는 객관성을 유지하고, 공정한 분석을 가능하게 한다.

1) 제품 개발 의사 결정
   (1) 다양한 정보 수집: 제품 개발팀은 각 부서에서 제안한 기능과 디자인 옵션의 세부 정보를 수집한다. 마케팅팀의 시장 조사 데이터, 엔지니어링팀의 기술적 분석, 사용자 테스트 결과 등을 포함한다.
   (2) 균형 잡힌 회의 진행: 모든 부서의 대표들이 모여 회의를 진행한다. 이 과정에서 각 부서의 의견을 공평하게 듣고, 각각의 옵션에 대한 장단점을 논의한다.
   (3) 객관적인 결론 도출: 모든 정보를 종합하여 가장 합리적인 결정을 내린다. 이 과정에서 특정 부서의 의견이나 특정 요소에 편중되지 않도록 주의하며, 객관적인 데이터를 바탕으로 결론을 도출한다.

다양한 관점과 정보를 균형 있게 평가하여 최종 제품의 기능과 디자인을 결정할 수 있다. 이는 제품의 성공 가능성을 높이고, 팀 내 협업과 신뢰를 강화하는 데 기여한다.

2) 도시 개발 계획 수립
   (1) 다양한 의견 수렴: 주민 공청회, 설문조사, 전문가 인터뷰 등을 통해 다양한 이해관계자들의 의견을 수집한다. 각 이해관계자의 요구사항과 우려 사항을 파악한다.
   (2) 평가 기준 설정: 개발 계획의 평가 기준을 설정한다. 예를 들어 환경 영향, 경제적 이익, 주민 편의성 등을 반영한다.

(3) 균형 잡힌 분석: 수집된 의견과 평가 기준을 바탕으로 각 제안의 장단점을 공평하게 분석한다. 모든 이해관계자의 의견을 균형 있게 고려하여 최종 개발 계획을 수립한다.

다양한 이해관계자의 의견이 균형 있게 반영된 도시 개발 계획이 수립되어, 사회적 갈등을 최소화하고, 지속 가능한 개발을 실현할 수 있다.

이와 같이, Balance(균형)는 다양한 관점과 정보를 공평하게 평가하고 균형 잡힌 결론을 도출함으로써 다양한 상황에서 공정하고 합리적인 결정을 내릴 수 있게 한다. 이는 조직 내 협업과 신뢰를 강화하고, 최적의 결과를 도출하는 데 중요한 역할을 한다.

3. Bolster(강화): 자신의 주장이나 결론을 강력한 증거와 논리로 뒷받침하는 과정이다. 이는 자신의 입장을 명확하게 전달하고, 다른 사람을 설득하는 데 중요하다. Bolster(강화)는 논리적 일관성을 유지하고, 신뢰성을 높이는 데 기여한다.

1) 비즈니스 프레젠테이션
(1) 강력한 증거 제시: 제품의 시장 조사를 통해 얻은 데이터, 경쟁사 분석, 소비자 피드백 등을 포함한다. 예를 들어, "우리의 시장 조사에 따르면, 이 제품은 첫 해에 30%의 시장 점유율을 차지할 것으로 예상됩니다."라는 식으로 구체적인 수치를 제시한다.
(2) 논리석 일관성 유지: 제품의 장점, 시장의 필요성, 그리고 예상 수익률 등을 일관된 논리로 연결한다. 상대방이 쉽게 이해할 수 있도록 슬라이드와 시각 자료를 사용하여 논리적으로 설명한다.

(3) 신뢰성 강화: 이전 성공 사례나 팀의 전문성을 강조하여 신뢰성을 높인다. 예를 들어, "우리 팀은 이전에 유사한 제품을 성공적으로 출시한 경험이 있습니다."와 같이 팀의 역량을 강조한다.

이와 같이 Bolster(강화)는 비즈니스 프레젠테이션뿐만 아니라 법정 변론, 공공 정책 제안, 기업 내 프로젝트 제안, 연구 논문 발표 등 다양한 상황에서 중요한 역할을 한다. 강력한 증거와 철저한 논리, 신뢰성 보강을 통해 자신의 주장을 확고히 하고, 상대방을 설득할 수 있다.

결론적으로, 복잡한 문제를 명확히 이해하기 위해 세부적으로 분석하는 Breakdown(분해), 공정한 결정을 위해 다양한 관점을 고려하는 Balance(균형), 그리고 주장을 강력한 증거와 논리로 뒷받침하는 Bolster(강화) 이 세 가지 전략이 필수적이다.

비판적 사고를 위한 3단계 접근법

우리는 어떻게 이 비판적 사고를 촉진할 수 있을까? 비판적 사고를 키우는 다양한 방법과 실질적인 전략을 통해, 우리가 더욱 논리적이고 합리적인 사고를 할 수 있는 능력을 어떻게 향상시킬 수 있는지 여기서 제안하는 'QAC접근법'을 통해 우리는 한 걸음 더 나아갈 수 있을 것이다.

> **비판적 사고 촉진법**
> 큐(Question 의문제시) - 아(Analysis 분석) - 씨(Consideration 사려/고려/숙고)

1. Question(의문제시): 주어진 정보나 상황을 의심하고 의문을 제기하여 보다 깊이 있는 이해를 도모. 모순이나 논리적 결함을 찾아내고 새로운 시각을 제시하여 사고를 발전

   1) 질문하기: 제공된 정보나 주제에 대해 계속해서 "왜?"라고 질문하는 습관 기르기. 주어진 상황이나 정보에서 당연하게 여겨지는 가정을 "이 문제의 근본 원인이 정말 이 가정에 기초하고 있는가?"라는 질문을 통해 재점검해 보기
   2) 역할전환: 다른 사람의 입장에서 생각해 보기. 다른 이해관계자나 반대 입장에서 문제를 바라보며 새로운 시각을 얻기
   3) 비교와 대조: 유사한 문제나 상황과 비교하여 분석하기. 이를 통해 차이점과 공통점을 발견하고 새로운 통찰 얻기

2. Analysis(분석): 주장의 근거를 분석하고 검토하여 그 타당성을 판단하는 과정. 사실과 편견을 구분하고 근거가 부족한 주장에 대해 의구심을 표현하여 신중한 결론을 도출

   1) 사실과 의견 구분하기: 주장 속에서 명확한 사실과 개인적인 의견을 구분하기. 의견에 대한 근거를 분석하고 사실에 대한 추가적인 증거를 찾아보기
   2) 논리적 연결 고리 점검하기: 주장의 각 단계가 논리적으로 연결되는지 점검하기. 논리적 비약이나 오류가 없는지 확인하고, 주장이 일관성 있게 전개되는지 분석하기
   3) 출처 검증하기: 정보의 신뢰성을 평가하기 위해 출처의 권위, 최신성, 객관성, 정확성을 확인하기. 이를 통해 정보 제공자의 전문성, 정보의 최신 여부, 편향 여부, 그리고 인용된 사료의 신뢰성 평가하기

3. Consideration(사려/고려/숙고): 문제나 주장을 다양한 관점에서 바라보고 분석함으로써 편견을 극복하고 새로운 시각을 확장하기. 다양한 의견이나 시각을 수용하고 비교함으로써 보다 포괄적이고 균형 있는 판단하기

  1) 다양한 출처의 정보 탐색: 동일한 주제에 대해 다양한 출처에서 정보 수집하기, 뉴스, 학술논문, 전문가의 의견 등 여러 소스를 참고해서 균형 잡힌 시각 형성하기
  2) 사례 연구: 특정 사례를 깊이 있게 연구하여 다양한 측면을 분석하기, 각 측면이 주는 시사점을 종합적으로 고려해서 결론 도출하기
  3) 메타인지 전략 사용: 자신의 사고 과정을 되돌아보고, 특정 문제에 대한 자신의 생각이 어떻게 형성되었는지 분석하기. 이를 통해 자신의 사고방식에 내재된 편견을 인식하고 극복하기

디지털 사고는 디지털리터러시를 넘어, 디지털플루언시를 통해
기술을 능숙하게 활용하고 창의적이고 비판적으로 문제를 해결하는
현대사회의 필수 역량이다.

04

변화하는 미래의 또 다른
필수적인 사고방식

디지털 사고, 현대사회의 필수 역량

창의적 사고와 비판적 사고는 오래전부터 중요한 사고방식으로 인식되어 왔다. 2000년대 초반부터 기업들은 창의적 인재의 가치를 깨닫고, 이러한 사고방식을 갖춘 인재를 선호하기 시작했다. 비판적 사고는 논리적이고 객관적인 분석을 통해 문제를 해결하는 능력을 의미하며, 창의적 사고는 혁신적이고 독창적인 아이디어를 창출하는 능력을 가리킨다. 이 두 가지 사고방식은 현대사회에서도 여전히 필수적이다. 그러나 요즘 시대에는 또 하나의 중요한 사고방식이 떠오르고 있다. 바로 디지털 사고이다.

디지털 사고는 디지털 기술과 데이터를 활용하여 문제를 해결하고, 새로운 기회를 창출하는 사고방식이다. 이는 빠르게 변화하는 디지털 환경에서 중요한 능력으로 자리 잡고 있다.

디지털 사고를 하기 위해 필요한 역량을 '디지털리터러시(Digital Literacy)'라고 한다. 디지털리터러시는 디지털 도구와 기술을 이해하고 효과적으로 활용하는 능력을 말하며, 디지털 시대에서 성공적으로 살아가기 위해 필수적인 역량이다[12]. 그렇다면 이런 디지털 사고가 왜 중요할까?

첫째, 업무 효율성을 향상시킬 수 있다. 디지털리터러시를 갖춘 직장인은 디지털 도구 및 플랫폼을 더욱 효율적으로 사용할 수 있으며, 이를 통해 업무 효과성을 극대화하고 작업을 더 신속하게 처리할 수 있다.

둘째, 디지털 사고는 최신 기술 및 도구를 신속하게 습득하고 활용할 수 있는 능력을 키워준다. 이러한 능력은 급속도로 변화하는 기술 발전에 뒤처지지 않고 업무에 적용할 수 있는 새로운 아이디어를 발견할 기회를 제공한다.

셋째, 시장 경쟁력을 강화시킬 수 있다. 디지털 기술을 적극적으로 도입하는 기업들은 이를 통해 경쟁 우위를 확보하고 있다. 디지털리터러시를 갖춘 워커는 이러한 환경에서 더욱 능동적으로 움직이며, 기업의 디지털 전환에 기여할 수 있다.

마지막으로 디지털 사고는 문제 해결 능력을 향상시킬 수 있다. 디지털 환경에서 발생하는 다양한 문제를 신속하게 파악하고 적절한 해결책을 모색하는 데 필수적인 능력이다. 이를 통해 복잡한 상황에서도 효과적으로 대응할 수 있다.

디지털리터러시를 넘어 디지털플루언시로의 전환

디지털리터러시라는 단어는 이제 우리에게 익숙하다. 그러나 현시대에는 단순한 디지털리터러시를 넘어서는 더욱 능숙한 디지털플루언시 사고가 요구된다. 디지털리터러시와 디지털플루언시의 차이를 살펴보자.

디지털리터러시		디지털플루언시
정보 기술을 사용하여 효과적으로 의사소통하고 문제를 해결하는 능력	정의	다양한 디지털기술을 활용하여 능동적으로 참여하고 창의적으로 활용하는 능력
기본적인 정보 기술 사용 능력 (ex. 컴퓨터 사용, 인터넷 접속, 이메일 사용 등)	범위	고급적인 정보 기술 사용 능력 (ex. 프로그래밍, 데이터분석, 소셜미디어 활용 등)
디지털 시대에서 생존하고 기본적인 업무를 수행하는 데 필요한 능력	목적	디지털 시대에서 성공하고 혁신을 이끄는 데 필요한 능력

[표 6-1] 디지털리터러시와 디지털플루언시의 차이

디지털플루언시는 디지털 기술을 능숙하게 활용하여 복잡한 문제를 해결하고, 혁신적인 아이디어를 창출하는 능력이다. 이는 단순한 도구 사용을 넘어 디지털 환경에서 효율적이고 창의적으로 작업할 수 있는 고도의 역량을 의미한다.

디지털플루언시 5가지 핵심요소는 다음과 같다.

1. 기술적 숙련도(Technological Proficiency): 다양한 디지털 도구와 소프트웨어를 유연하게 사용할 수 있는 능력. 이는 새로운 앱, 플랫폼을 빠르게 배우고 효과적으로 사용하여 작업의 효율성을 높이는 데 기여한다.

2. 정보관리(Information Management): 대량의 정보와 데이터를 효과적으로 검색, 해석, 조직화하고, 중요한 정보를 빠르게 식별하는 능력. 이는 온라인에서 유용한 정보를 찾고, 신뢰할 수 있는 정보를 판별, 데이터를 안전하게 관리하는 능력을 포함한다.

3. 창의적 사용(Creative Utilization): 디지털 기술을 사용하여 새로운 아이디어를 실현하고, 창의적인 방법으로 문제를 해결하는 능력. 예를 들어 소셜미디어 캠페인을 디자인하거나, 디지털 아트 작품을 만드는 등의 활동이 이에 해당한다.

4. 의사소통 능력(Communication Skills): 디지털 매체를 통해 명확하고 효과적으로 의사소통할 수 있는 능력. 이는 이메일, 메신저, 비디오 컨퍼런싱 등 다양한 디지털 플랫폼을 사용하여 아이디어를 전달하고 협업하는 데 중요하다.

5. 윤리적 이해와 책임(Ethical Understanding and Responsibility): 온라인상에서 윤리적으로 행동하고, 디지털 기술을 책임감 있게 사용하는 것. 개인 정보 보호, 저작권 준수, 온라인상의 행동 규범에 대한 인식 등이 여기에 해당한다.

디지털리터러시를 넘어 디지털 플루언시가 중요해진 이유는 기술 변화의 속도 때문이다. 디지털 기술은 빠르게 발전하고 있으며, 단순히 기술을 이해하는 것을 넘어 능숙하게 활용할 수 있어야 경쟁력을 유지할 수 있다. 또 다른 이유는 글로벌 경쟁력 강화의 핵심역량이기 때문이다. 글로벌 시장에서 경쟁력을 유지하기 위해서는 디지털 기술을 능숙하게 활용하고 이를 통해 효율성을 극대화하며 새로운 기회를 창출할 수 있는 능력이 필요하다.

지금까지 워커에게 필요한 세 가지 사고법에 대해 알아봤다. 혁신과 문제 해결을 촉진할 수 있는 창의적 사고, 정확한 정보 분석, 논리적 의사 결정을 돕는 비판적 사고, 디지털 기술과 데이터를 활용하여 새로운 기회를 창출하는 디지털 사고가 그것이다.

나의 성장을 위해서 이 세 가지 사고방식들을 적극적으로 활용하는 것이 필요하다. 이를 통해 우리는 복잡한 문제를 효과적으로 해결하고 지속적인 혁신을 이루며, 디지털 시대에 맞춘 경쟁력을 갖출 수 있다. 전문성과 유연성을 겸비한 사고방식은 개인과 조직 모두의 성공을 위한 중요한 기반이다.

챕터 07

워커에게 필요한
마음 코칭

삶터와 일터에서 필요한 마음 관리도 트레이닝이 필요하다! 빠르게 변화하는 세상 속에서 흔들리는 워커들. 단순한 위로를 넘어, 격변하는 시대를 살아가는 워커들이 자신을 돌아보고 내면의 힘을 키울 수 있도록 돕는 길잡이가 되어줄 것이다. 끊임없이 몰아치는 파도 속에서도 흔들리지 않도록 단단한 마음 관리를 통해 성장해 보자.

이 시대를 살아가는 모든 워커에게
마음 관리는 필수불가결한 요소다.

01

당신도 직춘기를
겪고 있나요?

직춘기, 당신의 새로운 출발점!

현대 직장인의 삶에서 자주 보이는 현상 중 하나로 '직춘기'라는 것이 있다. 이는 '직장'과 '사춘기'를 결합한 단어로, 많은 직장인들이 회사 생활에서 열의와 보람을 잃고 헤매는 기간을 뜻하는 말이다.

일의 양에 비해 보상이 부족하다고 여기거나, 기대했던 복리후생이나 워라밸, 일과 삶의 균형(Work-Life Balance)이 실제와 차이가 있을 때 발생한다[1]. 대개 직장인들이 이와 비슷한 경험을 하며, 특히 신입직원들에게서 가장 흔하게 볼 수 있는 현상이다.

하지만 사춘기를 통해 성장하고 비로소 건강한 성인이 되듯이, 직춘기는 모든 직장인이 마주할 수 있는 성장 과정의 한 부분으로 봐야 한다. 이 시기에는 갑갑함과 불안을 느끼지만 다른 관점으로는 새로운 가능성을 향한 출발선의 설렘이기도 하다. 그러므로 개인의 현명한 대처, 주변의 관심과 지도를 발판 삼아 직춘기의 위기를 넘어선다면, 더 밝은 내일을 향해 나아갈 수 있다. 직춘기는 분명 힘든 시기이지만, 동시에 개인의 발전과 성장을 위한 중요한 단계라는 점을 기억해야 한다.

우리도 번아웃과 보어아웃을 겪고 있는 것인가!

'나는 번아웃일까? 아니면 보어아웃일까?' 장시간 과중한 업무에 놓여 지속적으로 스트레스와 과로에 노출되다가 더 이상 견디지 못하게 되면, 마치 모두 타버린 연탄처럼 전신이 무기력해지고 아무것도 하고 싶지 않은 상태가 된다. 이때 집중력도 저하되는데, 이러한 현상을 '번아웃(Burnout)'이라고 한다. 반대로 이런 증상을 겪는 사람들도 있다. 매일 같은 일상이 반복되어 지루함을 느끼거나 현재 하는 일이 의미 없게 느껴지고 무기력한 상태를 극복하지 못하는 워커들, 바로 '보어아웃(Bore-Out)'의 징후일 가능성이 크다. 우리나라에서도 많은 직장인들이 보어아웃을 경험하고 있다.[2]

직원 개개인의 정신 건강은 기업의 경쟁력과 밀접하게 연관된다. 미국 심리학회의 연구에 따르면, 직무 스트레스로 인해 번아웃을 경험한 직원은 그렇지 않은 직원에 비해 퇴사하고 이직을 준비할 가능성이 2.6배 더 높다고 한다. 세계보건기구(WHO)는 전 세계적으로 우울증으로 인한 업무 생산성 손실이 연간 1조 달러에 달할 것으로 추정한다. 또한 WHO의 다른 통계에 따르면, 정신 건강에 1달러를 투자하면 건강과 경제적 측면에서 4달러의 이익을 얻을 수 있다고 발표했다[3].

또한 보어아웃을 오랜 시간 연구한 프랑스 EM 리옹 경영대학원 로타 하르주(Lotta Harju) 교수는 2021년 터키 공무원을 대상으로 한 연구에서도 보어아웃 증상을 보이는 사람들에게서 우울증 위험이 높았으며, 스트레스와 불안 수치가 높게 나타났다. 보어아웃을 겪는 직장인들은 퇴근 후에도 두통과 불면증 등의 증상을 경험하는 것으로 조사되었다.

이런 현상은 왜 생기는 것일까? 첫 번째, 내가 예상했던 업무와 담당하는 업무의 차이가 있을 때 그 간극이 커지면서 발생할 수 있다. 두 번째, 자극적인 콘텐츠에 익숙한 현대인들이 업무 환경에서도 재미를 추구하며 만족감을 느끼지 못할 경우이다. 세 번째, 자신의 커리어에 발전이 없다고 느낄 때 업무의 의미를 찾지 못할 경우 일에 대한 흥미를 잃어버릴 수 있다.

워커 누구도 편하지 않아!

경제협력개발기구(OECD) 발표에 따르면 대한민국의 불안과 우울수치가 36.8%로 OECD 38개국 중 1위다. 즉, 10명 중 4명이 우울감을 경험한다는 것이다. MZ세대의 불안감과 우울에 대해 전문가들이 꼽은 주요 요인은 세 가지다[4].

1) 취업, 미래(결혼, 주거)의 불확실성과 경제적 어려움
2) 직장이나 사회생활에서 오는 스트레스와 번아웃
3) 인터넷을 통한 타인과의 삶 비교

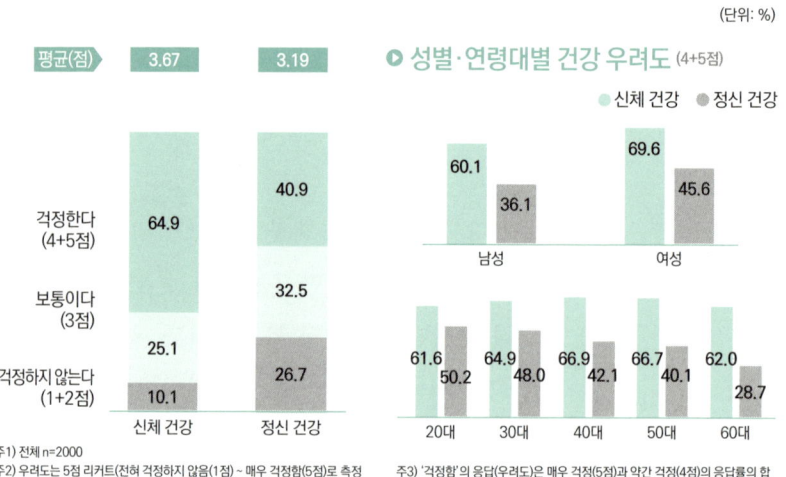

[그림 7-1] 신체·정신 건강 우려도

　　MZ세대는 경제 성장률이 지속적으로 낮은 수준을 기록하는 저성장 시대의 한국을 살아간다. 이들에게 주어진 기회와 보상은 상대적으로 적다. 노력한 만큼의 보상이 보장되지 않아 공정한 평가에 민감하다. 소셜 플랫폼을 통해 타인과 자신을 비교하며, 솔직하고 자기 주장이 강한 편

이다. 어릴 때부터 경쟁 속에서 성장했지만, 자아 성찰이 부족한 채 성인이 되어 번아웃 가능성이 높다. 이런 이유로 MZ세대의 마음관리, 즉 자신을 이해하고 스트레스에 대처하는 능력을 키우는 것이 매우 중요하다[4].

X세대도 마찬가지로 마음 관리에 어려움을 겪고 있다. 이들은 IMF 외환위기와 2008년 금융위기를 겪으며 큰 타격을 입었고, 현재 직장에서는 어려운 위치에 처해있다. 후배들에게 '꼰대'로 취급받기 쉽고, 이전 세대인 선배에게는 상명하복 문화를 받아들이고 있다. 동시에 솔직하게 자신의 표현을 하는 후배들을 이끌어야 하는 상황에 놓여있기도 하다.

세대 구분뿐만 아니라 역할에 따른 어려움도 있다. 일에 대한 막중한 책임이 따르는 리더들도 힘들기는 마찬가지다. 과도한 업무와 회의로 인해 개인 시간이 부족하고, 스트레스와 불면증에 시달린다. 리더에게 요구되는 감정 노동의 강도가 높아졌고, 이로 인한 번아웃 위험이 크다. 경험 관리(Experience Management; XM) 분야 글로벌 기업인 퀄트릭스(Qualtrics)의 조사에 따르면, 회사 내 리더들의 번아웃 비율이 일반 구성원보다 높다고 한다. 과도한 업무와 주변의 평가에 짓눌려 스트레스와 무기력을 느끼는 리더가 증가하고 있다.

이처럼 세대와 역할을 막론하고 대부분의 워커들이 마음 관리의 어려움을 겪고 있다. 이에 따라 조직과 개인의 관심과 대책이 필요한 상황이다.

이 시대를 살아가는 우리는 모두 마음 관리가 필요하다!

변화의 속도가 빠르고 고저가 가파른 요즘, 자신을 들여다보지 않으면 자칫 그 파도에 휩쓸려 갈 수 있다. 그렇기 때문에 많은 이들이 '위로'를 찾는다. 이는 단순한 도피가 아니라 정신을 돌아보고 가다듬을 수 있는 기회를 의미한다. '반려돌(반려 돌멩이)'의 인기는 이러한 현상을 반영한다. 불안정한 시대에 변하지 않는 물성과 정서적 안정감을 제공하는 반려돌에 관심을 갖는 현대인들이 생기고 있다[5]. 이는 외로운 현대인에게 마음의 위로가 얼마나 중요한지 보여주는 단편적인 예다.

작은 돌멩이 하나에서 큰 위로를 얻는 요즘 워커들, 우리에게 마음 관리가 필요한 이유는 다음과 같다.

1) 삶의 균형 유지: 바쁜 일상 속에서 육체적, 정신적 건강을 지키는 데 도움을 준다.
2) 업무 생산성 향상: 집중력과 창의력을 높여 업무 성과를 개선할 수 있다.
3) 대인관계 증진: 마음의 평화와 안정은 타인과의 관계에서 공감과 이해심을 높인다.
4) 긍정적 마음가짐: 삶에 대한 감사와 행복한 마음가짐을 키울 수 있다.

이제부터 우리 마음의 파도를 평온하게 만드는 구체적인 방법을 살펴보자.

일터에서 스스로 행복과 재미를 불어넣을 수 있는
영리한 워커가 되어보자!

02

일터에서 찾는
워킹테라피

일과 삶의 조화가 필요하다!

'워라밸, 일과 삶의 균형(Work-Life Balance)'은 단순히 사회적 유행어를 넘어 건강하고 행복한 삶을 위한 필수 요소로 자리 잡았다. 이 균형을 잘 유지하면 스트레스가 줄고, 일의 생산성은 높아지며, 개인적인 삶의 만족과 행복이 증진된다.

현대 사회는 끊임없는 성장과 발전을 요구하기 때문에, 워커들은 이 과정에서 일과 삶의 균형이 무너지기 쉽다. 일과 삶은 별개의 존재가 아니라 서로 상호작용하며 조화로움 속에서 행복을 만들어낸다. 행복은 일이나 삶 어느 한쪽에서만 찾을 수 있는 것이 아니라, 둘이 균형과 조화를 이루었을 때 진정한 행복을 향해 나아갈 수 있다. 따라서 일터와 삶터에서 함께 마음이 건강하고 행복할 수 있는 방법을 살펴보는 것이 중요하다.

조용한 퇴사자가 되길 원하나요?

'니트족', '탕핑족', '소프트걸'이라는 단어가 유행이다. 이러한 현상은 등장 시기와 의미는 조금씩 차이가 있지만 본질은 비슷한 단어다. 니트족은 일하지 않고 일자리를 얻을 의지도 없는 20~30대 젊은이들을 말한다. 이들은 취업에 대한 의욕이 전혀 없어 실업자나 프리터족(아르바이트를 통해 자유롭게 일하면서 생계를 이어가는 사람)과는 구별된다. 탕핑족은 중국의 청년들 사이에서 나타나는 현상으로, '평평하게 누워있다'는 뜻이다. 이들은 노력에 대한 보상이 충분하지 않다고 여겨 무기력한 삶을 선택한다. 소프트걸 트렌드는 미국 Z세대에서 나타나는 현상으로, 휴식을 추구하고 출세주의를 배격하는 삶의 태도를 의미한다.

이러한 현상들은 '조용한 퇴사'나 '요란한 퇴사' 등의 형태로 나타난다. 갤럽의 조사에 따르면 전 세계 직장인의 59%가 '조용한 퇴사자'로 분류된다. 조용한 퇴사는 조용히 회사를 그만둔다는 것이 아니라 '일에 대한 자신의 열정을 투자하는 마음을 그만두겠다'는 의미에 가깝다. 요란한 퇴사는 조용한 퇴사와 마찬가지로 실제 퇴사한다는 말을 표현하는 단어가 아니라 직장에 계속 다니면서 조직에 부정적 영향을 미치는 임직원을 표현하는 말이다.

왜 이러한 태도가 나타나는 것일까? 그 중심에는 불안감이 있다. 이들은 열심히 일해도 노력한 만큼의 보상이 따르지 않는다고 생각해서 무기력해진 상태인 것이다. 이러한 현상은 우리나라의 삼포세대(연애·결혼·출산 포기)나 오포세대(연애·결혼·출산·인간관계·내 집 마련 포기)의 모습과 많이 닮아있다. 갤럽은 이로 인해 글로벌 경제가 GDP의 9%에 해당하는 손실을 보고 있다고 추정한다. 이는 개인뿐만 아니라 조직에도 큰 영향을 미칠 수 있음을 시사한다[6].

조용한 퇴사자보단 영리한 퇴사자가 되길!

하루하루를 의미 없이 보내다 주말을 맞이하면 마음이 편하지 않다. 주중이 불행하면 주말의 행복도 어렵다. 반대로 주중에 보람을 느끼거나 덜 불행했다면 주말에 더 편하게 쉴 수 있다.

따라서 '조용한 퇴사' 대신 '영리한 퇴사'를 생각해야 한다. '영리한 퇴사'란 언젠가 떠날 회사에서 주어진 일 이상의 것을 얻어가는 것을 뜻한다. 무의미한 하루가 아닌, 언젠가 퇴사할 수 있음을 인지하고 매일매일을 의미 있게 만드는 것이다.

최근에는 '워라밸' 대신 '워라인'이라는 개념이 더 주목받고 있다. '워라인'은 Work-Life Integration의 약자로, 일과 삶의 경계 없이 통합적으로 접근하는 태도를 의미한다. 일에서 얻는 성취와 성장이 삶의 행복으로 이어지는 상호보완적 관계를 나타낸다. 일과 삶은 명확히 구분할 수 없으며, 일의 행복이 곧 삶의 행복으로 연결된다는 것이다. 워라인을 강조하는 버클리 경영대학원의 부학장 미셸 마르퀘즈(Michelle Marquez)는 워라인을 생활의 모든 영역에서 더 많은 시너지를 창출하는 접근법이라고 주장한다. 이 같은 방법을 일터에도 적용해 볼 수 있지 않을까? 부정적이고 방어적인 직무태도인 '조용한 퇴사'보다는 직장 생활에서 의미 있고 즐거운 일을 만드는 적극적인 태도가 필요하다. 퇴사를 하지 않을 것이라면 그 시간에 역량을 쌓고 새로운 기회를 탐색하는 마음가짐이 중요하다.

최근 기업들은 다양한 복지제도를 도입하고 있다. 청소 서비스, 반려동물 동반 출근, 심리상담, 책상 꾸밈비 등이 그 예다. 이와 같은 복지제도는 구성원들에게 마음의 평안을 주고, 조직의 긍정적 성과로 이어진다는 인식 때문이다. 그러나 주변 환경이나 복지가 아무리 좋아도 개인 스스로가 즐겁지 않으면 의미가 없다. 따라서 어떻게 일에 스스로 행복과 재미를 불어넣을 수 있을지 고민해 볼 필요가 있다.

총 동기 지수를 높이자!

"내가 그의 이름을 불러 주었을 때, 그는 나에게로 와서 꽃이 되었다." 김춘수의 시 〈꽃〉의 한 구절이다. 이를 우리의 상황에 적용하면, 어떤 것에 의미를 부여할 때 그것이 우리에게 꽃이 된다고 할 수 있다. 이는 결국 스스로에게 꽃을 선물하는 방법이며, 일에서의 즐거움을 스스로 찾아내는 것이다.

닐 도쉬(Neel Doshi)와 린지 맥그리거(Lindsay McGregor)의 「무엇이 성과를 이끄는가」에서는 성과와 일의 과정에서 느끼는 즐거움의 중요성을 강조한다. 이 책은 동기를 6가지로 분류하는데, 직접동기(일의 즐거움, 의미, 성장)와 간접동기(정서적, 경제적 압박감, 타성)로 나눈다[7]. 이 6가지 동기를 하나의 측정값인 '총 동기 지수'로 평가한다.

연구 결과, 총 동기 지수가 높은 조직이 좋은 성과를 낸다는 사실이 밝혀졌다. 편안한 조직문화와 안정적인 성과를 내는 기업들이 경쟁사들보다 높은 총 동기 지수를 기록하고 있다는 점이 이를 뒷받침한다.

일터에서 행복을 찾는 '3R'

총 동기 지수를 높이기 위한 방법을 자세히 알아보자. 일터에서의 행복은 개인의 만족감을 넘어 조직의 성과와 직결되는 중요한 요소다. 하지만 많은 이들이 일을 단순히 생계 수단으로만 여기거나, 의무감으로 인해 즐거움을 느끼지 못한다. 우리가 깨어있는 시간의 대부분을 보내는 곳이 일터라는 점을 고려하면, 일터에서의 행복은 삶의 질과 직결된다. 따라서 일터에서 행복을 찾는 것은 단순한 선택의 문제가 아니라, 보다 나은 삶을 위한 필수적인 과제라고 할 수 있다.

일터에서의 행복은 거창한 것에서 오지 않는다. 오히려 작은 변화와 노력을 통해 점진적으로 만들어갈 수 있다. 자신의 일에 대한 인식을 바꾸고, 동료들과의 관계를 재정립하며, 일의 의미를 재해석하는 등의 작은 변화의 실천이 모여 큰 변화를 만들어낼 수 있다.

이제부터 소개할 방법들은 일터에서 행복을 찾기 위한 구체적인 실천 방안이다. 이를 통해 우리는 일을 단순한 의무가 아닌, 자아실현과 성장의 기회로 바라볼 수 있게 될 것이다. 함께 일터에서 행복을 찾아가는 여정을 시작해 보자. 이 책에서는 일터에서 더욱 의미 있고 행복하게 일할 수 있는 방법을 3R로 제시하려 한다. 관계 만들기(Recasting Relationships), 일 다듬기(Reframing Work), 일의 의미 찾기(Reinterpreting Meaning)로 살펴본다.

일터에서 행복한 방법 '3R' : Recasting Relationships(관계 만들기)

첫 번째는 Recasting Relationships(관계 만들기)이다. 직장에 절친한 친구가 있으면 회사에 대한 만족도가 상대적으로 높다고 한다. LG경제연구원의 보고서에 따르면, 갤럽의 톰 래스가 조사한 결과, 회사에 절친한 친구가 있는 직장인은 그렇지 않은 사람보다 회사 만족도가 50%p 높았다고 한다. 절친한 친구가 있는 직장인은 전체의 30% 정도였지만, 이들의 업무 충실도는 친구가 없는 경우보다 7배 높았다고 한다. 또한 이들 중 96% 이상이 현재 직장 생활에 만족한다고 응답했다.[8]

이는 동료들과의 신뢰, 헌신, 애정을 바탕으로 관심사와 가치를 공유하는 우정의 효과라고 설명한다. 이러한 우정은 스트레스 감소, 업무 생산성 증가, 인재 확보와 유지 등의 효과를 가져온다. 동료 간 친밀도가 높아지면 대화가 활발해지고 정보 공유가 빨라져 생기 있는 분위기가 조성된다고 한다. 결국 동료와의 관계가 업무에 영향을 미친다는 것을 알 수 있다. 애니메이션 회사 픽사는 이를 공간적으로 잘 활용했다. 회사 로비에서 많은 사람들이 만나서 이야기를 할 수 있도록 테이블 배치를 했다. 자연스럽게 많은 사람들이 접촉하고 소통의 기회를 의도적으로 만든 사례다.

조직에서 긍정적으로 소통하는 방법 중 하나는 멘토링을 적극 활용하는 것이다. 멘토링의 유래는 기원전 1250년으로 거슬러 올라간다. 'Mentor'라는 용어는 호머의 서사시 오디세이에 나오는 이타카 왕 오디세우스의 친구 이름에서 유래했다. 오디세우스가 트로이 전쟁에 나갈 때 아들 텔레마쿠스를 멘토에게 맡겼다고 한다. 20년 후 왕이 돌아왔을 때, 텔레마쿠스는 왕의 자질을 갖춘 지혜롭고 현명한 사람으로 성장해 있었다. 이 관계를 바탕으로 스승과 제자, 선배와 후배 등의 관계로 발전했다. 여기서 알 수 있듯이 멘토링의 핵심은 단순히 무언가를 가르치는 것이 아니라, 선배이자 스승으로서 자신의 경험을 바탕으로 지혜를 나누는 것이다. 조직에서 선배와 후배, 동료 간 관계를 잘 쌓으면서 멘토-멘티 역할을 할 수 있는 방법은 다음과 같다.

선배로서의 역할

- 경험 공유: 선배는 자신의 경험과 노하우를 솔직하게 공유한다.
- 네트워크 확장: 선배는 후배에게 유용한 인맥을 소개해 준다.
- 피드백 제공: 건설적이고 구체적인 피드백을 주고받는다.
- 지속적인 관심: 후배의 성장과 발전에 지속적인 관심을 가진다.
- 적극적 경청: 후배의 고민과 의견을 열린 마음으로 경청한다.
- 목표 설정 지원: 후배의 커리어 로드맵과 목표 설정을 함께 고민하고 조언한다.

선, 후배 공동의 역할

- 정기적인 만남 설정: 주기적으로 시간을 정해 대화의 기회를 만든다.
- 프로젝트 협업: 함께 프로젝트를 수행하며 실질적인 지식과 기술을 전수한다.
- 비공식적 만남: 업무 외 시간에도 가벼운 모임을 갖는다.
- 상호 존중: 서로의 의견과 가치관을 존중하는 태도를 유지한다.

삼성전자의 리버스 멘토링(Reverse Mentoring)은 젊은 직원들이 고위 임원들에게 새로운 기술 트렌드를 알려주는 프로그램으로 자리 잡았다. 또 잡플래닛의 크로스 멘토링(Cross Mentoring)은 다른 부서 간 멘토링을 통해 서로 업무에 대한 배려를 바탕으로 조직의 전반적인 이해도를 높이는 방법으로 활용 중이다. 아울러 토스의 피어 멘토링(Peer Mentoring)은 수평적 문화를 바탕으로 동료 간 멘토링을 통해 빠른 학습과 혁신적인 아이디어를 추구하는 방법이다. 이러한 방법들을 통해 선후배 간, 동료 간 신뢰와 유대감을 형성하고 효과적인 멘토링 관계를 구축할 수 있다.

일터에서 행복한 방법 '3R': Reframing Work(일 다듬기)

두 번째는 Reframing Work(일 다듬기)이다. 앞 챕터에서 알아보았듯이 행복한 워커가 되기 위해서는 단순히 일을 열심히 하는 것만으로는 충분하지 않다. 스스로 긍정적이고 적극적인 자세를 가지고 현명한 노력을 기울여야 한다.

1) 끊임없는 성장을 위한 열정

- 새로운 지식 학습: 변화하는 업무 환경에 적응하고 경쟁력을 유지하기 위해서는 끊임없이 새로운 지식을 학습해야 한다. 관련 분야의 서적, 논문, 온라인 강좌 등을 활용하여 지식을 쌓고, 전문성을 키울 수 있는 기회를 적극적으로 모색해야 한다.
- 새로운 기술 익히기: 인공지능, 빅데이터, 클라우드 컴퓨팅 등 첨단 기술들이 빠르게 발전하고 있다. 새로운 기술에 대한 이해도를 높이고, 업무 현장에 적용할 수 있는 능력을 갖추는 것이 중요하다.
- 업무 관련 자격증 취득: 전문성을 입증하고 경력 개발에 도움이 되는 업무 관련 자격증을 취득하는 것도 좋은 방법이다.

2) 적극적인 도전과 성취

- 새로운 도전: 익숙한 업무에 머무르기보다는 새로운 도전을 통해 성장할 수 있는 기회를 적극적으로 찾아야 한다. 새로운 프로젝트 참여, 해외 근무 등 다양한 가능성을 열어나가는 것이 중요하다.

- 성과 목표 설정: 달성 가능한 구체적인 성과 목표를 설정하고, 이를 달성하기 위한 계획을 세우는 것이 중요하다. 목표를 달성했을 때 느낄 수 있는 성취감은 더욱 큰 동기부여 요소가 될 것이다.
- 긍정적인 피드백 수용: 실수를 두려워하지 않고 적극적으로 도전하며, 경험을 통해 배우고 성장하는 자세가 필요하다. 또한, 동료나 상사로부터 받는 긍정적인 피드백은 자신감을 높이고 발전을 위한 동기부여가 될 것이다.

일터에서 행복한 방법 '3R': Reinterpreting Meaning(일의 의미 찾기)

세 번째는 Reinterpreting Meaning(일의 의미 찾기)이다. 직장인 행복도 조사에 의하면 일의 의미, 돈, 성공, 의미 중 '의미'가 가장 중요하다고 손꼽혔다. 일을 단순히 생계 수단으로만 생각한다면 자신 있게 '일에 만족하고 의미를 느낀다'고 대답하기 어렵다. 하지만 개인의 행복 추구와 자아실현이 가능하려면 일은 생계 목적 그 이상의 의미를 가져야 한다. 사람이 열심히 일을 하는 이유는 자신의 일을 통해 자기 존재를 파악하고, 자존감의 회복과 자기 만족을 느끼기 때문이다. 이런 과정을 통해 일의 의미를 느낄 수 있다. 이런 워커들이 업무몰입도뿐만 아니라 성과도 좋다. 환경과 세대가 바뀌면서, 워커들의 가치관 역시 많이 변했는데, '조직의 성장이 곧 나의 성장'이라는 식의 생각은 더 이상 통하지 않는다. 이제는 조직보다 자신이 원하는 일, 그리고 그 일의 가치와 의미를 더욱 중요시한다는 것이다.

일의 의미는 3단계를 거쳐 얻을 수 있다.
첫째, 워커가 자신의 일을 중요하게 인식하는 단계다. 자신이 하는 일의 긍정적 경험을 통해 일의 만족감을 얻어가는 단계이다. 내가 하는 일이 타인과 사회에 의미가 있는지, 없는지 긍정적 경험을 바탕으로 생각해 볼 수 있다.

둘째, 자신의 일을 개인 성장의 바탕으로 인식하는 단계이다. 일은 인생의 큰 부분을 차지하는데, 내가 하는 일에 의미가 없다면 내 인생도 의미가 없게 되므로 일의 의미를 스스로 만들어야 한다.

셋째, 내가 하는 일이 세상에 긍정적인 영향력을 주고 있다는 것을 인식하는 단계이다. 사람은 자신의 일이 자기 자신뿐만 아니라 다른 사람에게도 긍정적인 영향력을 불어넣을 때 가장 큰 보람과 의미를 느낄 수 있다. 요즘 개인에게 중요하게 요구되는 잡크래프팅의 개념이 바로 이 부분이다.

일터에서 행복하려면 우리가 함께 노력해야!

일터에서의 행복감을 느낄 수 있는 방법을 알아보았다. 이러한 행복감을 더 극대화하려면 개인의 노력뿐 아니라 주변인의 도움이 필요하다. 이를 사회적 지원이라고 한다. 사회적 지원은 개인이 스트레스에 대처하는 데 중요한 역할을 한다. 연구결과에 따르면 강력한 지원 시스템이 있을 때 더 나은 정신 건강과 더 낮은 스트레스 수준을 가져올 수 있다고 한다. 사람은 주변에 가족, 친구 그리고 믿을 만한 동료가 있을 때 정서적인 지원, 따뜻한 조언과 격려를 구할 수 있어서 일상 생활의 스트레스에 더 잘 대처

할 수 있다는 것이다. 사회적 지원의 장점은 소속감과 유대감을 제공한다는 것이다. 개인이 타인과 연결되어 있다고 느낄 때 고립감과 외로움을 비교적 덜 느낄 수 있고 이로 인해 스트레스와 불안감을 완화시킬 수 있다. 사회적 지원 방법이 구축되면 개인이 존중받고, 타인을 이해하고, 마음을 돌볼 수 있으며, 이것을 통해 개인의 전반적인 행복감을 향상시킬 수 있다. 마음에 S.O.S 불빛이 켜지면 동료, 상사 등의 도움을 적극적으로 요청해 보자.

03

삶터에서 지속적인 행복감을 이어갈 수 있는
세로토닌을 높이는 방법을 알아보자!

삶터에서 찾는
오감만족 힐링테라피

일터를 넘어 삶터에서 찾는 행복!

일터에서의 행복한 마음 관리를 알아보았다면 이제 삶터에서의 마음 관리를 알아볼 차례이다. 일과 삶의 조화는 건강하고 행복한 삶을 위해 필수적이다. 바쁜 일상 속에서도 자신의 가치와 행복을 중시하며 균형을 찾으려 노력하는 것이 중요하다. 목표 설정, 효율적인 시간 관리, 소중한 인간관계 유지, 그리고 적절한 휴식을 통해 만족스러운 일상을 만들어가야 한다.

요즘, 성인 2명 중 1명은 '분노·좌절 만성화'를 겪고 있다고 한다. 특히

30대는 14%의 비율을 보였다.[9] 울분은 부당하고 모욕적이며 개인의 신념에 어긋나는 스트레스 경험에 대한 감정적 반응을 의미하는데, 한국 성인의 절반가량인 49.2%가 '장기적인 울분 상태'에 놓여 있었다. 울분은 단순한 감정 상태를 넘어 정신건강에 큰 영향을 미치는 것으로 나타났다. 조사 결과 울분 수준이 높을수록 우울 점수도 높아지는 경향을 보였다.

최근 이러한 현상과 맞물려 '도파민 중독'이라는 용어가 주목받고 있다. 이는 뇌에서 도파민이 과도하게 분비되어 생기는 중독 상태를 말하는데, 2024년 한국 소비 트렌드 키워드로 선정될 만큼 중요한 이슈이다. 도파민 중독이 주목받게 된 데에는 '숏폼' 콘텐츠 유행의 영향이 있다. MZ세대를 중심으로 틱톡, 인스타그램 릴스, 유튜브 쇼츠 같은 짧은 영상이 인기를 얻었다. 이런 콘텐츠들은 짧은 시간 안에 자극적이고 흥미로운 내용을 제공해 '도파밍(도파민 Dopamine과 파밍 Farming의 결합어로, 신나는 경험을 통해 도파민이 분비되는 행위를 의미)'을 유발할 수 있다.

문제는, 숏폼은 중독성이 강하고 '팝콘브레인'을 만들 수 있다는 것이다. 팝콘브레인은 일상의 작은 자극에는 반응하지 않고 강한 자극만을 찾게 되는 상태를 말한다. 이로 인해 내성이 생기고, 보지 않으면 무기력해지는 금단현상도 나타날 수 있다. 우리의 삶에서 균형을 찾고 건강한 마음을 유지하기 위해서는 이런 현상들을 인식하고 적절히 관리하는 것이 중요하다.

우리가 도파밍, 숏폼 등에 더 중독되는 이유는 현대 사회의 과도한 경쟁

체제와 관련이 있다. 한 정신과 전문의는 도파밍 현상이 경쟁 사회의 스트레스를 쾌락으로 회피하려는 문화라고 분석한다[10].

도파민 디톡스가 필요하다!

이런 악순환을 끊기 위해 도파민 디톡스가 필요하다. 대표적인 방법으로 '스크린 타임 챌린지'가 있다. 이는 휴대폰 사용 시간을 자발적으로 제한하는 활동이다. 또한, 휴대폰을 일정 시간 잠그는 보관 케이스나 앱 사용을 방해하는 화면을 제공하는 앱 등이 출시되고 있다.

'도파민 디톡스' 체험 공간도 생겨나고 있다. 예를 들어, 서울 강남의 한 북카페는 이용 시작 전 휴대폰을 반납하게 하고 노트북 사용도 금지하는 콘셉트를 적용했다.

최근에는 '도파민 피킹(Dopamine Picking)'에 대한 관심도 높아지고 있다. 이는 자신의 필요에 따라 도파밍과 반도파밍을 선택하는 소비 행태를 의미한다. 전문가들은 이를 MZ세대의 주체적인 특성이 반영된 결과로 분석한다. MZ세대는 자신의 활동에 대한 성과를 확인하고, 스스로 도파민을 조절할 때 가장 높은 효능감을 느낀다는 점을 인식하게 된 것이라고 설명한다[10]. 도파민 중독에서 벗어나기 위해서는 이러한 방법들을 생각해 볼 수 있다. 그러나 가장 중요한 것은 자신의 행동을 인식하고 조절하는 능력을 기르는 것이다.

도파민 중독에서 벗어나려면 동기부여와 보상이 중요하다. 소모임을 통해 함께 도파민 중독을 자제하는 것을 격려하고, 작은 칭찬이나 보상을 주는 것이 효과적이라고 조언한다.

도파민과 자주 비교되는 호르몬이 세로토닌이다. 세로토닌은 조화와 균형을 맞춰주는 호르몬이다. 즐거움이 과도하지 않도록 조절하고, 불안감과 스트레스를 풀어주는 역할을 한다. 세로토닌이 분비되면 행복감을 느끼고 우울하고 불안한 마음을 줄일 수 있다. 세로토닌은 일조량이 많은 낮에 많이 분비된다. 따라서 낮 시간에 세로토닌을 높이는 활동을 하는 것이 중요하다. 이는 도파민 중독에서 벗어나고 정서적 균형을 유지하는 데 도움이 될 수 있다. 그러면 좀 더 자세히 우리의 삶에서 세로토닌을 높일 수 있는 방법을 알아보도록 하자.

오감만족 세로토닌 높이기 - 시각

첫 번째, 시각적인 방법을 알아보자. 우리는 습관적으로 스마트폰을 꺼내 보게 되는 경우가 많다. 눈은 가장 움직임이 많은 기관이자 스트레스를 가장 많이 받는 기관이다. 70kg인 사람의 두뇌 무게는 1.4kg에 불과하지만, 이 두뇌가 사용하는 정보 중 가장 많은 비유을 차지하는 것이 시각 정보이다. 밤낮으로 스마트폰과 모니터에 노출되어 있는 상태는 LED 조명을 통한 빛 자극에 시달리고 있는 셈이다.

이러한 시각 피로도를 낮추기 위해 스크린타임 챌린지와 같은 활동이

유행하고 있다[11]. 이는 시각 정보를 의도적으로 차단하여 뇌에 쉼을 주는 방법이다. 세로토닌 분비를 촉진하는 시각적 방법은 어떤 것들이 있을까?

- 햇빛 쐬기: 자외선 B(UVB)는 세로토닌 생성을 촉진한다. 하루 10~15분 정도 직사광선에 노출되는 것이 좋다.
- 푸른 자연 바라보기: 푸른 바다, 하늘, 숲을 바라보는 것은 마음을 진정시키고 스트레스를 해소하며 세로토닌 수치를 높인다.
- 녹색 자연에서 시간 보내기: 산책, 등산, 피크닉 등 녹색 자연 속에서 시간을 보내는 것은 스트레스를 감소시키고 기분을 개선한다.

위와 같은 방법이 효과적인 이유는 인간에게 '녹색갈증'이 있기 때문이다. 이는 에드워드 윌슨(Edward Wilson)이 주장한 인간의 자연 회귀 본능을 말한다. 이러한 방법을 사무실에 적용해 볼 수 있다.

- 정돈된 공간 만들기: 깔끔한 공간은 시각적 편안함을 주고 스트레스를 감소시킨다.
- 플랜테리어(플랜트와 인테리어의 합성어): 책상에 식물을 배치하여 자연의 요소를 도입한다.
- 워런치: 점심시간에 걷기 운동을 즐기며 햇빛을 쐬는 방법이다.
- 물멍, 불멍, 숲멍: 자극적인 시각 정보에서 벗어나 뇌에 휴식을 주는 활동이다.

앞서 말한 방법을 적용해 본다면 우리는 과도한 시각 자극에서 벗어나 뇌의 피로를 줄이고 세로토닌 분비를 촉진할 수 있다. 이는 현대인의 정신 건강과 삶의 질 향상에 큰 도움이 될 것이다.

오감만족 세로토닌 높이기 - 촉각

두 번째, 촉각적인 방법을 알아보자. 한 예로 마음의 안정을 찾아주는 테디베어테라피와 테디베어캅스프로그램이 있다. 테디베어는 힐링의 대명사로 여겨지며, 심리적 안정을 제공한다고 알려져 있다. 테디베어의 존재만으로도 힐링 효과가 있으며, 슬픔이나 외로움을 느낄 때 누군가의 존재가 필요할 때 테디베어를 안는 것만으로도 심리적인 안정감을 얻을 수 있다고 한다.

1차 세계대전 시기 영국에서는 전쟁의 공포 속에서 살아가는 아이들에게 군복으로 만든 테디베어나 따뜻한 물병을 넣은 테디베어를 제공하여 위안을 주었다고 전해진다. 촉각 자극은 스트레스와 불안을 줄이는 데 효과적이다. 마사지, 포옹, 애완동물 쓰다듬기 등의 행위는 스트레스 호르몬 수치를 낮추고 옥시토신 분비를 늘려 심신 이완에 도움을 준다. 부드러운 촉감은 안정감과 편안함을 느끼게 하며, 뇌의 도파민 분비를 촉진해 행복감을 높인다.

촉각을 통해 도움을 받을 수 있는 방법으로는 다음과 같은 것들이 있다.

- 포옹과 안부 인사: 가까운 사람들과의 따뜻한 신체 접촉은 스트레스를 줄이고 세로토닌 수치를 높이는 데 효과적이다. 이는 안정감과 소속감을 느끼게 하며 긍정적 에너지를 전달한다.
- 애완동물과의 교감: 애완동물을 쓰다듬거나 함께 놀이를 하는 것은 스트레스 해소와 기분 개선에 도움이 되며 세로토닌 수치를 높인다. 애완동물과의 유대감은 따뜻함과 안정감을 주고 행복감을 증진시킨다.
- 부드러운 감촉 장난감: 슬라임, 스트레스 볼, 말랑이 인형 등 부드러운 감촉은 마음의 안정감을 갖게 해준다. 실제로 키덜트(Kid:아이와 Adult:어른의 합성어) 아이템으로 회사원들 사이에서 인기가 좋다고 한다.

오감만족 세로토닌 높이기 - 미각

세 번째, 미각적인 방법을 알아보자. 맛있는 음식을 즐기는 것은 단순한 쾌락을 넘어 뇌의 세로토닌 분비를 촉진하고 행복감을 높여주는 효과가 있다. 우리의 혀는 맛의 세계로 향하는 문이다. 달콤한 맛이 혀의 감각 수용체를 자극하면, 뇌의 측두엽피질과 선상핵이 활성화된다. 이는 마치 뇌 속에서 작은 스파크가 일어나는 것과 같은데, 이 스파크의 핵심이 바로 도파민이다. 도파민은 쾌락과 만족감을 느끼게 하는 신경전달물질로, 세로토닌 분비에도 영향을 미친다.

재미있는 사실은 세로토닌의 대부분이 뇌가 아닌 장에서 만들어진다는 것이다. 이는 우리의 배가 제2의 뇌라고 불리는 이유 중 하나다. 발효 식품은 이 '제2의 뇌'를 위한 최고의 영양제다. 김치, 된장, 청국장 같은 발효

식품에는 프로바이오틱스라는 유익한 세균이 가득하다. 이 유익균들은 장 건강을 개선하고, 장-뇌 축이라는 비밀 통로를 통해 뇌와 소통하며 세로토닌 분비를 촉진한다.

따라서 맛있는 음식을 먹는 것은 단순히 배를 채우는 것이 아닌, 우리 몸 전체에 행복의 신호를 보내는 일이다. 편안한 사람과 맛집을 탐방하는 것은 마치 행복 호르몬을 찾아 떠나는 소풍과 같다. 음식을 천천히 음미하며 먹는 마인드풀 이팅(Mindful Eating)은 우리의 미각 수용체에게 휴식을 선물하는 것이다. 또한 내가 좋아하는 음식을 직접 요리하는 것은 세로토닌 공장의 주인이 되어 행복을 직접 만들어내는 것과 같다.

미각을 통해 도움을 받을 수 있는 방법으로는 다음과 같은 것들이 있다.

- 눈으로 즐기는 플레이팅: 예쁜 그릇에 음식을 담고, 신선한 채소나 과일로 장식하여 시각적인 만족감을 더해본다.
- 다양한 식재료 활용: 평소에 자주 먹지 않는 새로운 식재료를 이용해 요리를 해본다. 새로운 맛과 향은 뇌에 자극을 주고 기분 전환에 도움이 된다.
- 슬로우 푸드 즐기기: 정성껏 만든 음식을 천천히 맛보며 음미하는 시간을 가져본다. 음식의 풍미를 더욱 깊이 느낄 수 있고, 마음의 안정을 찾는 데 도움이 된다.
- 다양한 음식 체험: 새롭고, 맛있는 음식을 좋은 사람과 맛보며 경험하는 것은 흥미로운 일이다. 식사와 함께 하는 이야기를 통해 스트레스를 해소하고 편안함을 느낄 수 있는 방법이다.

오감만족 세로토닌 높이기 – 후각

네 번째, 후각적인 방법을 알아보자. 후각을 통한 마음 관리는 효과적인 방법이다. 갓 구운 빵이나 쿠키의 향기는 기분을 좋게 하고 행복감을 높이는 데 도움이 된다는 연구 결과가 있다.

우리의 코는 시간여행 장치다. 후각 정보는 다른 감각과 달리 뇌의 변연계로 직접 전달된다. 이는 마치 빛의 속도로 우리의 감정과 기억을 찾아가는 것과 같다. 변연계는 기억과 감정을 담당하는 뇌의 특별한 영역이다. 그래서 향기는 다른 감각보다 더 생생하고 감정적으로 강렬한 기억을 불러일으킬 수 있다. 이런 현상을 '프루스트 현상'이라고 부른다. 이는 특정 향기가 과거의 생생한 기억과 감정을 되살리는 마법 같은 순간을 말한다. 마치 프랑스 작가 마르셀 프루스트(Marcel Proust)가 마들렌 과자를 먹고 어린 시절을 회상했듯이, 우리도 향기로 시간 여행을 할 수 있다.

향기는 세로토닌 분비에도 큰 영향을 미친다. 좋아하는 향기를 맡으면 뇌는 즉시 반응하여 세로토닌을 분비한다. 이는 마치 뇌에 작은 행복 주머니를 터뜨리는 것과 같다. 이 세로토닌은 우리의 기분을 좋게 하고, 스트레스를 줄이며, 전반적인 만족감을 높인다.

일상에서 이런 마법 같은 향기의 힘을 활용하는 방법은 다양하다. 좋아하는 향을 향수로 만들어 사용하는 것은 자신만의 행복 버튼을 만드는 것과 같다. 좋아하는 공간에 향테리어를 하는 것은 그 공간을 개인적인 행복의 기억장소로 만드는 것이다.

우리의 코는 단순한 호흡 기관이 아니다. 그것은 행복으로 가는 지름길이며, 과거의 좋은 기억을 불러오는 시간 여행의 문이다. 향기를 통해 우리는 언제든 세로토닌이라는 행복 호르몬을 분비할 수 있다. 그러니 오늘부터 당신의 코로 행복을 들이마셔보는 것은 어떨까? 당신의 하루가 향기로운 행복으로 가득 찰 것이다.

후각을 통해 도움을 받을 수 있는 방법으로는 다음과 같은 것들이 있다.

- 에센셜 오일 선택: 라벤더, 로즈마리, 유칼립투스 등 다양한 에센셜 오일을 원하는 효과에 맞춰 향수, 마사지 오일로 선택해서 사용해 본다.
- 디퓨저 활용: 디퓨저에 원하는 향을 몇 방울 떨어뜨려 방 안 가득 향기를 채워본다.
- 아로마 목욕: 따뜻한 물에 에센셜 오일을 몇 방울 떨어뜨려 목욕하면 피로를 풀고 긴장을 완화하는 데 도움이 된다.

오감만족 세로토닌 높이기 – 청각

다섯 번째, 청각적인 방법을 알아보자. 청각을 통한 마음 관리는 효과적인 방법이다. 음악 감상은 스트레스, 불안, 우울증 증상을 완화하고 기분을 개선하는 데 도움이 된다. 귀를 통해 좋아하는 음악을 들을 때, 우리 뇌는 도파민과 세로토닌을 분비한다. 이는 우리 몸에 즐거움과 만족감을 불러 일으킨다.

특히 자연의 소리, 즉 숲속 새소리, 파도 소리, 빗소리 등은 우리 뇌파를 알파파로 바꿔준다. 알파파는 휴식 상태의 뇌파로, 마치 뇌가 편안한 공간에서 쉼을 취하는 것과 같다. 이때 세로토닌은 더욱 활발하게 분비되어 우리의 마음을 평화로운 상태로 만든다.

백색 소음이나 비 오는 소리는 우리 뇌의 휴식을 만들어주고 델타파의 세계로 인도한다. 델타파는 깊은 수면 상태의 뇌파로, 뇌가 충분한 휴식을 취하고 세로토닌을 재충전하는 시간이다.

친구나 가족과의 즐거운 대화는 우리 귀에 들리는 행복의 교향곡이다. 이 사회적 교류는 우리 뇌에 긍정적인 에너지를 불어넣고, 세로토닌 분비를 촉진한다.

이렇게 청각을 통한 마음 관리는 우리의 일상을 세로토닌으로 가득 채우는 멋진 방법이다. 좋아하는 음악을 듣는 것은 언제든 손쉽게 할 수 있는 개인 맞춤형 행복테라피다. 특히 델타파 생성의 도움을 주는 자연의 소리에 귀 기울이는 것은 우리의 마음을 평화롭게 만들어주는 좋은 방법이다.

오늘부터 당신의 귀로 행복을 들어보는 것은 어떨까? 당신의 하루가 아름다운 리듬과 선율에 맞춰 춤을 추듯 세로토닌으로 가득찰 것이다.

청각을 통해 도움을 받을 수 있는 방법으로는 다음과 같은 것들이 있다.

- ASMR 듣기: ASMR은 자율감각 쾌감반응으로, 특정 소리에 반응하여 심리적 안정감을 느끼는 현상이다.
- 바람 소리, 파도 소리: 해변이나 숲에서 직접 자연의 소리를 들으며 힐링하는 시간을 가져본다. 빗소리, 새소리도 도움이 된다.
- 백색 소음: 백색 소음은 집중력을 높이고 불안감을 줄이는 데 도움이 된다.
- 나만의 플레이리스트 만들기: 내가 좋아하는 노래를 담아 나만의 리스트를 만들어 힐링 음악플레이를 해본다.

이렇게 오감만족 힐링테라피를 알아보았는데 어떤가? 일상에서 나의 상황과 취향에 맞게 선택해 본다면 손쉽게 세로토닌을 높일 수 있고, 지속적인 감정관리가 가능해질 것이다.

마음 관리는 개인뿐만 아니라
조직, 사회 모두의 노력이 필요하다.

04

마음 관리에도
트레이닝이 필요하다!

뇌 속의 시계, 1초를 확보하라!

　우리의 업무 환경은 급속도로 변화해 왔다. 과거에는 여유를 가지고 일에 집중할 수 있었으나, 현재는 빠르게 변화하는 속도에 맞춰 다양한 업무를 동시에 처리해야 한다. 끊임없이 쏟아지는 정보와 방해 요소 속에서 우리의 뇌는 멀티태스킹 능력을 길어 쓰고 있다[17].

　그러나 전문가들은 멀티태스킹을 정보 처리의 최악의 방법으로 꼽는다. 맥킨지 & 컴퍼니의 보고서에 따르면, 멀티태스킹은 인간의 생산성과 창의성을 떨어뜨리고 적절한 의사결정 능력을 감소시킨다고 한다. 현대의 직장 생활은 유능한 인재를 실력 없는 흥분한 둔재로 만든다는 것이 많은 연구 결과이다.

우리는 지속적인 스트레스와 압박 속에서 항상 업무와 연결된 상태이다. AI의 발전, 인터넷 발달 등으로 인한 데이터 스모그(Data Smog)와 산만한 환경에서 일하고 있다. 그러나 마음 관리 훈련을 통해 이러한 방해요소에 좀 더 긍정적으로 반응하도록 뇌를 훈련시킬 수 있다.

마음 관리 훈련 방법은 다양하다. 이를 통해 주의 집중력과 알아차림 능력을 향상시켜 정신을 명료하게 할 수 있다. PAID(압박, 상시연결, 정보과잉, 산만함. Pressured, Action Addicted, Information Overload and Distracted) 현실에 처한 현대 직장인들에게 마음 관리는 실용적인 솔루션이다.

1초의 여유가 중요하다. 우리가 스스로 통제할 수 있는 1초의 여유를 통해 슬기로운 선택을 할 수 있다. 이는 세계 초일류 기업들이 활용하는 검증된 방법이다. 국내 기업들도 이러한 방법을 도입하고 있다. 포스코의 '마음챙김 휴' 앱, EAP 프로그램, 마음챙김 센터, 명상 캠프 등이 그 예이다. 직무 스트레스가 높아질수록 노동생산성 손실이 급격히 증가한다는 연구 결과가 있다. 정부도 정신건강정책 혁신위를 출범하여 국민의 마음 건강을 돌보고자 한다. 이는 개인, 기업, 사회, 국가가 모두 노력해야 한다는 신호이다.[13]

크리스티나 매슬랙(Christina Maslach) 교수는 탄광과 카나리아의 비유를 통해 개인의 정신 건강과 조직의 관계를 설명한다. "옛날 광부들은 탄광 깊이 들어갈 때 카나리아를 데리고 갔다. 카나리아는 산소에 민감하고 인간보다 약하기 때문에 카나리아가 노래를 멈추거나 죽으면 인간도 오래 머무를 수 없는 곳이라는 위험 신호가 된다. 탄광에 들어가기 전까지만 해도 건강하던 카나리아가 숨이 막혀 더 이상 노래하지 못할 때 사람들은 카나리아의 죽음의 원인이 허약함 때문이 아니라 탄광에 있다는 것을 깨닫는다." 이는 사회와 기업이 개인의 정신 건강에 주목해야 하는 이유라고 설명한다. 혼자만의 노력이 아닌 개인, 조직, 사회의 공동 노력이 합해졌을 때 시너지를 낼 것이다. 이러한 노력이 쌓여 우리 조직에서, 나아가 옆의 회사, 사회로 번져나간다면 긍정적인 문화로 자리 잡힐 것이다.

문화를 만들어가는 여정

챕터 08

일잘러가 되기 위해서는 개개인의 역량뿐만 아니라, 조직의 문화가 얼마나 뒷받침해 줄 수 있느냐도 중요한 문제다. 개인의 역량이 빛을 발할 수 있도록 조직과 리더 차원에서 할 수 있는 행동에 대해 인식해 보자. 그리고 일하고 싶은 우리 조직의 문화를 함께 만들어가 보자.

구성원은, 회사의 사회적 평판도
중요하게 여긴다.

01

우리는 왜 회사를 다니는가

개인의 역량을 발휘할 수 있는 환경

"팀보다 위대한 개인은 없다."

미국의 전설적인 농구선수 마이클 조던의 말이다. 역대 어느 선수와 비교해도 뒤처지지 않는 개인기를 가진 선수였지만 그 역시 개인보다 팀의 시너지를 중요하게 여겼다. '개인의 역량이 아무리 뛰어나다고 해도, 뒷받침할 환경이 부족하다면 어떻게 될까?'

아무리 뛰어난 씨앗이라도 척박한 토양에서는 제대로 자랄 수 없듯이 개인의 역량도 그것을 뒷받침해 줄 조직 문화가 없다면 제대로 발휘될 수 없다. 예를 들어, 창의적인 아이디어가 가득한 직원이 있다고 가정해 보자. 이 직원이 속한 조직이 새로운 시도를 꺼리고 실패를 용납하지 않는 문화라면 창의성을 발휘할 수 없을뿐더러 기회조차 얻지 못할 것이다.

반대로 개인의 아이디어를 존중하고 실패를 학습의 기회로 여기는 문화에서 일하는 직원이라면 창의성이 실현될 가능성이 높다. 이것이 바로 조직 문화가 중요한 이유다.

조직 문화는 개인의 역량을 발휘할 수 있게 하는 환경, 즉 무대를 의미한다. 아무리 뛰어난 배우라도 무대가 없다면 연기력을 발휘할 수 없듯이, 아무리 유능한 직원이라도 그 능력을 펼칠 수 있는 조직 문화가 조성되어 있지 않다면 그 역량은 제한될 수밖에 없다.

그러므로 우리는 개인의 역량 개발과 함께, 그 역량을 최대한 발휘할 수 있는 조직 문화를 함께 만들어야 한다.

회사의 이미지가 조직에 미치는 영향

다음은 국내 유명 기업에 대한 내용이다. 어떤 기업인지 추측해 보자.

정규직 비율이 무려 99%에 달하는 회사가 있다. 다시 말해, 비정규직 직원은 단 1%에 불과하다. 이처럼 압도적으로 높은 정규직 고용 비율은 직원들의 고용 안정성을 중요하게 여기는 기업의 철학을 잘 보여주는 지표이다. 거기에 더해 1990년대부터 심장병 어린이를 꾸준히 후원하고, 2012년부터는 장애인 일자리 제공을 앞장서 왔다. 회사 안팎의 사람들과 상생을 도모하는 것이라고 할 수 있다. 이 기업의 장기적인 사회공헌 활동은 기업의 지속적인 가치관을 반영한다. 또한 여느 기업들이 편법을 동원해 회피하려는 상속세 등의 세금을 투명하게 납부하고 있다. 기업의 윤리의식과 사회적 책임감을 보여주는 사례이다[1]. 많은 사람들이 '갓뚜기'라고 부르는 이 회사는 어디일까? 바로 오뚜기이다. 이러한 선한 영향력으로 인해 오뚜기는 사람들에게 '갓뚜기(신이라는 의미의 God과 오뚜기를 합친 말)'라는 애칭으로 불리게 되었다. 그 결과, 직원들은 자신이 속한 회사가 사회에 긍정적인 영향을 미치고 있다는 자부심을 갖게 되고, 이는 업무 만족도와 생산성 향상으로 이어진다.

앞선 사례는 조직 문화에 포함되는 회사의 이미지가 얼마나 중요한지를 보여준다.

구성원들에게 매력적인 기업이란

조직 문화는 단순히 회사 내부의 규칙이나 관행에 그치는 것이 아니라, 기업의 가치관, 의사결정 방식, 그리고 사회와의 관계를 포함하는 광범위한 개념이다.

'저 회사에서 일하고 싶다.', '여기에서 계속 일하고 싶다.' 이러한 생각을 불러일으키는 기업의 매력은 누구나 한 번쯤 느껴본 적이 있을 것이다. 이는 곧 EVP(Employee Value Proposition)와 밀접하게 연결되는데 EVP란 기업이 인재를 유치하기 위해 차별적으로 제공하는 가치와 이를 효과적으로 전달하는 활동들을 의미한다.

조직 문화는 기업의 이미지와 평판을 형성하는 데 중요한 역할을 한다. EVP는 단순히 급여나 복리후생과 같은 물질적 요소만 포함한 개념이 아니라 조직의 문화, 즉 경영철학, 근무환경, 조직 분위기, 상사와의 관계, 팀워크 등 무형의 요소들도 중요하게 작용한다.

구글의 '20% 타임' 정책이 그 대표적인 예이다. 이 정책은 구성원들이 근무 시간의 20%를 자신의 관심 프로젝트에 투자할 수 있도록 하는 제도다. 이러한 정책은 구글의 혁신적이고 창의적인 조직 문화를 대표하며, 많은 인재들이 구글에서 일하고 싶어 하는 이유 중 하나가 되기도 한다.

또 다른 예로, 파타고니아는 환경 보호에 대한 강한 철학을 가지고 있으며 이를 기업 문화의 핵심으로 삼고 있다. 구성원들은 환경 관련 활동에 참여할 수 있는 기회를 제공받으며, 이는 환경과 관련된 관심이 높은 인재들에게 큰 매력으로 작용한다.[2]

앞서 언급한 오뚜기의 사례도 이러한 맥락에서 이해해 본다면, 오뚜기의 사회적 책임 활동과 윤리경영은 회사의 긍정적인 평판을 만들어내는 데 큰 기여를 했다. 이는 곧 기업 문화의 한 측면이 되었다. 이러한 문화는 구성원에게 자부심을 주고, 잠재적 구직자들에게는 '저 회사에서 일하고 싶다'는 생각을 불러일으키는 강력한 EVP로 작용한다고 볼 수 있다.

따라서 조직 문화는 단순히 내부적인 것에 그치지 않고, 기업의 대외적 이미지와 평판 형성에도 큰 영향을 미친다. 결국 인재 유치와 유지에 중요한 역할을 하는데, 이것이 바로 조직 문화와 EVP가 밀접하게 연관되어 있는 이유다.

이제 우리는 조직 문화를 단순히 내부적인 규범이나 관행으로만 볼 것이 아니라, 기업의 가치를 대내외적으로 전달하는 중요한 수단으로 인식해야 한다. 이를 통해 우리는 더 나은 문화를 만들고, 더 강력한 EVP를 구축할 수 있다.

글로벌 기업에서는 조직 문화를 어떻게 정의하는가

조직 문화의 사전적 의미는 구성원들의 행동을 형성하고, 의사결정과 대인관계에 영향을 미치는, 조직을 둘러싼 분위기나 환경을 말한다. 다시 말해, 복지나 워라밸을 넘어서는 개념이며 구성원이 '이 회사에서 계속 일하고 싶다'고 느끼게 만드는 중요한 요소이다.

글로벌 기업 구글에서는 조직 문화를 '일을 잘하게 만드는 모든 것'이라고 정의하고 있다. 개인의 역량도 중요하지만, 그 역량을 최대한 발휘할 수 있는 환경이 조성되지 않으면 좋은 문화가 정착될 수 없다. 이러한 구글의 문화는 '일을 잘하게 만드는' 환경을 조성하여, 개인의 역량을 최대한 끌어올리고 조직의 성과를 극대화하는 데 기여한다[3].

조직 문화가 단순히 추상적인 개념이 아니라 실제로 업무 성과와 직결된다는 것을 보여준다. 따라서 우리는 자신의 조직 문화를 비판적으로 검토하고, 어떻게 하면 '일을 잘하게 만드는' 문화를 만들 수 있을지 고민해 볼 필요가 있다.

심리적 안전감을 느낀 구성원의 아이디어로 문화가 형성되며, 02
이는 조직 전체에 전파된다.

개인이 모여
우리의 문화를 만든다

조직의 성과를 만드는 심리적 안전감

내가 일하는 조직은 나의 의견을 자유롭게 말할 수 있는 곳인가? 이 질문에 "Yes."라고 답했다면, 당신은 이미 그 조직에서 심리적 안전감을 느끼고 있는 상태다.

심리적 안전감(Psychological Safety)은 조직 구성원이 자신의 생각과 의견을 자유롭게 표현할 수 있는 환경에서 느끼는 안전감이다. 이는 실수나 실패를 두려워하시 않고 도전할 수 있는 분위기를 조성하는 핵심 요소다. 구성원 간의 상호 신뢰와 존중을 바탕으로 형성되며, 창의성과 혁신을 촉진하는 원동력이 된다. 또한 심리적 안전감이 높은 조직에서는 구성원들의 적극적인 참여와 협력이 자연스럽게 이루어진다. 결과적으로 이는 조직의 생산성과 성과를 향상시키는 중요한 문화적 자산이 된다.

구글은 2012년 '아리스토텔레스 프로젝트'를 진행했다. 이 프로젝트는 구글의 180여 개 고성과 팀을 대상으로 한 연구이며, 팀의 성공 요인을 찾는 것이 목적이었다. 2년 동안 진행된 이 연구는 매우 흥미로운 결과를 도출했다. 팀의 성과를 좌우하는 것은 개인의 능력이나 팀 구조가 아니라 '팀 규범', 즉 팀원들이 어떻게 서로 소통하고 협력하는지에 달려 있었고, 그중에서도 가장 중요한 요소로 '심리적 안전감'이 꼽혔다.

심리적 안전감을 조금 더 쉽게 이해하자면, '내가 비록 엉뚱하고 부정적이고 때론 무능한 일과 행동을 할지라도 팀에서는 아무도 비난하지 않을 거라는 강한 믿음이 상호 신뢰와 상호 존중으로 요약되는 팀 문화의 특징'이다. 다시 말해, '팀 내 다른 사람들 앞에서 연약한 모습을 보이더라도 심리적으로 안전하다고 느끼는 것'이다[4].

다음은 심리적 안전감 자체 평가 항목이다. 이를 통해 우리 조직의 심리적 안전감을 점검해 보자.

- 의문이 생기면 올바른 대처 방법에 관해 자유롭게 의사소통하는가?
- 크고 작은 문제를 수면 위로 드러내 적극적으로 해결책을 찾는가?
- 실수했을 때 비난하는 사람이 없는가?
- 동료에게 수월하게 도움을 요청할 수 있는가?

많은 경영 도서에서 "최고의 팀을 만들기 위해서는 심리적 안전감이 중요하다"고 강조한다. 저자들은 실제로 심리적 안전감이 높은 팀이 더 나은 성과를 내고 혁신적인 아이디어를 만들어 낸다고 주장한다.

애덤 그랜트(Adam Grant)의 『오리지널스』에서는 심리적 안전감이 조직의 혁신과 창의성 발현에 핵심적인 역할을 한다고 주장한다. 그는 심리적 안전감을 창의적 아이디어 표현의 근간으로 보며, 이를 통해 구성원들이 자유롭게 자신의 독창적인 생각을 공유할 수 있다고 말한다. 특히 그는 반대 의견을 장려하는 문화의 중요성을 강조한다. 이러한 환경에서 구성원들은 새로운 관점을 제시할 수 있으며, 이는 결과적으로 조직의 혁신을 촉진한다는 것이다. 또한 실패를 용인하는 분위기가 과감한 아이디어 제시로 이어진다고 본다. 실패를 두려워하지 않는 환경에서 구성원들은 더 대담한 제안을 할 수 있고, 이는 획기적인 혁신의 씨앗이 될 수 있다는 것이다.

마지막으로, 조직의 가치관과 개인의 양심에 따라 행동할 수 있는 자유의 중요성을 강조한다. 이러한 자유는 구성원들이 진정성 있게 자신의 신념을 표현하고 행동할 수 있게 하며, 이는 장기적으로 조직의 윤리성과 혁신성을 높이는 데 기여한다고 주장한다[5]. 다시 말해, 심리적 안전감이 높은 조직은 구성원이 창의적이고 자발적인 의견을 제안할 수 있으며, 이는 조직이 지속적으로 성장하고 발전할 수 있는 기반이 된다.

심리적 안전감은 높일 수 있다.

우리는 어떻게 조직에서 심리적 안전감을 높일 수 있을까? 심리적 안전감은 단순히 '좋은 분위기'를 넘어서, 조직의 혁신과 성장을 위한 필수 요소다. 이를 높이기 위해서는 구체적이고 지속적인 노력이 필요하다.

첫째, 실패를 학습의 기회로 삼아야 한다. 실패를 비난하기보다는 그로부터 배울 점을 찾는 문화를 만들어야 한다. 이를 위해 '실패 사례 공유회'와 같은 이벤트를 정기적으로 개최하는 것도 좋은 방법이다. 「두려움 없는 조직」의 저자 에이미 에드먼슨(Amy Edmondson)은 이러한 접근법을 '생산적 실패'라고 부른다. 실패를 숨기거나 부정하는 대신, 그것을 공개적으로 논의하고 분석함으로써 조직 전체가 학습할 수 있는 기회로 삼는 것이다. 예를 들어, 프로젝트 종료 후 항상 '사후 검토 회의'를 갖고, 실패의 원인과 개선점을 솔직하게 논의한다. 또한, 리더가 먼저 자신의 실패 경험을 공유하고 그로부터 배운 점을 이야기함으로써, 팀원들이 실패를 두려워하지 않고 도전할 수 있는 분위기를 조성할 수 있다.

둘째, 다양성을 존중해야 한다. 다양한 배경과 관점을 가진 사람들이 존중받는 환경을 조성해야 한다. 실제로 의사결정 과정에서 다양한 의견을 고려하고, 소수의 의견도 존중받을 수 있는 분위기를 만들어야 한다. 애덤 그랜트는 이를 '건설적 불일치'의 문화라고 설명한다. 이는 단순히 다양한 사람들을 고용하는 것을 넘어, 그들의 다양한 관점이 의사결정 과정에서 실제로 가치 있게 여겨지고 활용되는 것을 의미한다. 예를 들어, 브레인스토밍 세션에서 '역할 바꾸기' 기법을 사용하여 다른 사람의 관점에서 문제를 바라보게 하거나, '악마의 변호인' 역할을 돌아가며 맡아 현재의 접근법에 대해 건설적인 비판을 하도록 한다. 또한, 멘토링 프로그램을 통해 서로 다른 배경을 가진 구성원들이 서로의 경험과 관점을 나누는 기회를 제공한다. 이러한 노력들은 조직 내 다양성을 단순한 구호가 아닌 실질적인 가치로 만들어, 더 창의적이고 혁신적인 아이디어의 탄생으로 이어지게 할 수 있다.

개인이 문화를 바꿀 수 있을까?

개인이 조직 문화를 변화시키고자 하는 동기는 크게 두 가지로 볼 수 있다.

첫째, 문제 의식을 느꼈기 때문이다.
고속도로에는 출구 방향을 쉽게 찾도록 분홍색, 초록색의 유도선이 그려져 있다. 이제는 너무 익숙해진 색깔 유도선이지만 자리를 잡은 지는 몇 해 되지 않았다. 이 아이디어는 한 사람의 문제 의식에서 출발했다. 2011년까지 서해고속도로 안산 분기점에는 한 해 평균 25건의 크고 작은 사고가 반복되었다. 잦은 사고의 심각성을 느낀 한 사람이 어느 날 집에서 크레파스로 그림을 그리던 자녀를 보고 아이디어를 떠올렸다. '그래, 초등학생 눈높이로 색칠을 해보자!' 한국도로공사 경기 군포지사에서 근무하던 윤석덕 차장의 생각이었다. 정말 단순하지만 획기적인 아이디어를 떠올렸고 실행에 옮기기로 했다.

하지만 당시 도로교통법상 도로에는 제한된 색상만 사용할 수 있었기 때문에 이 아이디어를 실현하는 건 쉽지 않았다. 그럼에도 불구하고 윤 차장은 포기하지 않았고 경찰과 협력하여 적극행정 면책제를 활용해 2011년 5월, 대한민국 최초로 색깔 유도선을 안산분기점에 그리게 되었다. 그 결과 놀랍게도 연평균 25건이던 교통사고가 설치 직후 6개월 동안 단 3건으로 줄어들었고, 이 효과가 입증되자 색깔 유도선은 전국의 고속도로로 빠르게 확대되었으며, 지금은 대부분의 고속도로에서 볼 수 있게 되었다. 윤 차장의 아이디어는 많은 운전자들의 안전을 지켜주는 성과로 나타났다[6].

문제 의식을 느꼈던 또 다른 사례는 횡단보도에 설치된 '장수의자'다. 2018년, 두 어르신이 무단횡단 중 안타까운 사고를 당한 것이 계기가 되었다. 별내 파출소에서 근무하던 유석종 소장은 어르신들이 무모하게 무단횡단을 하는 모습에 의문을 품게 되었다. 그는 경로당을 찾아 그 이유를 찾았고, 대부분의 어르신이 무릎과 허리가 아파 오랜 시간 신호를 기다리기 힘들어 무단횡단을 하게 된다는 답변을 들었다. 그리고 얼마 뒤, 이를 해결하기 위해 버스 정류장에는 '장수의자'가 설치되었다[7].

두 사례에서 볼 수 있듯이, 우리 주변의 문제에 관심을 갖고 해결책을 찾으려 노력할 때 의미 있는 변화를 만들 수 있다.

둘째, 조직 내 관계 개선을 통해 일하고 싶은 분위기를 만들기 위해서다. 칭찬을 들으면 기분이 좋고 활력이 생긴다는 점을 착안해서 CJ대한통운이 '칭찬챌린지'라는 프로그램을 시작했다. 이 프로그램이 특별한 이유는 단순히 칭찬을 주고받는 것에 그치지 않고, 이를 사회공헌까지 연결시켰다는 점이다. 직원들이 서로를 칭찬하고, 그에 따른 미션을 수행하면 회사가 직원 명의로 기부를 함으로써 조직 문화도 개선하고 사회에도 기여하게 되었다.

이 프로그램에 참여한 직원들은 사내방송에 출연해서 인터뷰도 하고, 부서 이름으로 N행시를 짓거나 막내 팀원을 칭찬하는 등의 미션을 수행하였다. 이 활동을 통해 서로를 더 이해하게 되고, 소통이 원활해지며, 긍정적인 분위기가 조성되었다고 한다. 그리고 이런 변화가 단순히 일회성에 그치지 않고 지속적으로 이어지는 긍정적인 효과로 이어졌으며, 프로그램에 참여한 직원들이 590만 원을 기부하는 성과로 이어졌다. 개인의 작은 노력이 모여 의미 있는 결과를 만들어낼 수 있다[8].

문화도 전염된다

문화 개선은 거창한 선언이나 대규모 프로젝트에서 시작하지 않는다. 오히려 일상적인 상호작용 속에서 서로를 칭찬하고, 이해하려 노력하는 작은 행동에서 시작된다. 이런 작은 노력들이 모여 큰 변화를 만들어낼 수 있다.

코카콜라의 '웃음 전염병' 캠페인은 이러한 원리를 잘 보여준다. 이 CF에서는 한 사람이 버스에서 웃기 시작한다. 처음에는 주변 사람들이 관심도 없고 이상한 사람이라고 생각한다. 하지만 점차 그의 웃음에 감염되어 함께 웃기 시작한다. 결국 버스 전체가 웃음바다가 된다. 이는 긍정적인 행동이 어떻게 전파되고 확산될 수 있는지를 보여주는 좋은 예시다.

이 원리를 회사에 적용해 본다면, 한 구성원의 작은 아이디어나 긍정적인 행동이 전체 조직으로 확산될 수 있다. 예를 들어, 한 팀원이 매주 금요일 오후에 팀원들의 주간 성과를 칭찬하는 '감사 노트'를 시작했다고 가정해 보자. 처음에는 작은 시도였지만, 이 행동이 다른 팀원들에게 긍정적인 영향을 미치고, 그들도 비슷한 방식으로 감사를 표현하기 시작한다. 점차 이 문화가 다른 팀으로, 그리고 전체 조직으로 퍼져나갈 수 있다.

또 다른 예로, 한 구성원이 업무 스트레스 해소를 위해 점심 시간에 10분 명상을 시작했다고 하자. 이를 본 동료들이 관심을 가지고 함께 참여하기 시작하면서, 점차 회사 전체에 '마음 챙김' 문화가 형성될 수 있다. 이는 단순히 스트레스 관리를 넘어 구성원의 전반적인 웰빙과 업무 효율성 향상으로 이어질 수 있다. 실제로 삼성바이오로직스에서는 구성원 마음 관리 프로그램으로 점심 명상 프로그램을 제공한다.[9]

이러한 작은 변화들이 모여 조직의 DNA를 변화시키고, 궁극적으로는 회사의 핵심 가치나 미션에도 영향을 미칠 수 있다.

결국, 이것이 바로 조직 문화를 만들고 일하고 싶은 분위기를 조성하는 원리다. 거대한 계획이나 강제적인 정책이 아닌, 구성원 각자의 작은 노력과 긍정적인 행동이 서로에게 영향을 미치고 확산되면서 전체 조직 문화를 변화시킨다. 이는 마치 나비의 작은 날갯짓이 태풍을 일으키는 '나비효과'와 같다. 조직 문화의 변화도 이와 같이 한 사람의 작은 행동이 시작점이 되어 전체 조직을 변화시키는 큰 힘을 갖게 되는 것이다.

공무원 조직의 파격적인 변화

개인의 도전이 어떻게 조직 문화를 변화시키고, 나아가 조직의 인식까지 바꿀 수 있을까?

공무원과 공공기관의 이미지를 바꾼 '충주시 홍보맨'으로 널리 알려진 김선태 주무관에 대해 한 번쯤은 들어봤을 것이다. 김선태 주무관은 충주시청 홍보팀에서 SNS를 통한 시정 홍보 활동을 담당하고 있으며, 공무원에 대한 선입견을 바꿔놓은 사람이기도 하다. 대부분의 사람들은 공무원이라고 하면 딱딱하고, 형식적이고, 재미없거나 고지식한 이미지를 가장 먼저 떠올리게 되지만, 김 주무관은 바로 이런 고정관념을 깨는 데 큰 역할을 했다.

유쾌하고 재치 있는 방식으로 SNS를 통해 충주시의 소식을 전한다. 딱딱한 공식 발표 대신, 마치 친구와 대화하듯 친근하고 유머러스한 톤으로 시민들과 소통했고, 이런 접근 방식은 정말 파격적인 것이었다. 초반에는 '공무원이 그렇게 해도 되나?', '너무 가벼운 거 아니야?' 등의 부정적인 시선도 있었다고 한다. 그렇지만 김 주무관은 포기하지 않았고, 놀랍게도 충주시의 유튜브 채널이 전국적으로 유명해지면서 시민들과의 소통도 더욱 활발해졌다.

이런 성공적인 사례가 알려지면서, 다른 지자체와 공공기관에서도 이를 벤치마킹하려는 움직임이 일어나고 있다. 많은 기관들이 SNS를 통한 친근한 소통 방식을 도입하기 시작했고, 공무원들의 소통 교육에 김 주무관을 초청하기도 하였다.

김선태 주무관의 사례를 통해 조직 문화의 변화가 개인의 용기 있는 도전에서 시작될 수 있음을 알 수 있다. 이런 도전이 계속될 때, 결국 전체 조직과 사회의 인식까지 바꿀 수 있다.

즉, 공무원 조직 같은 경직된 조직 문화로 알려진 공직사회에서도 한 사람의 결단과 행동으로 의미 있는 변화가 가능했다. 이는 개인의 노력이 작지 않으며, 꾸준한 실천으로 큰 변화를 이끌어낼 수 있다는 점을 보여준다. 이제 다른 모든 조직에서도 이러한 유연한 변화를 받아들일 때다.

리더가 적극적으로 그라운드 룰을 만들고 관리해야
문화가 정착할 수 있다.

03

우리가 모여
조직이 된다

문화를 형성하기 위한 기업의 노력

최근 기업들은 단순한 소통을 넘어 조직 문화의 근본적인 혁신을 추구하고 있다. 이는 급변하는 비즈니스 환경에 대응하고, 구성원의 만족도와 생산성을 높이기 위한 전략적 접근이다. 국내 주요 기업들의 사례를 살펴보면, 이러한 변화의 흐름을 뚜렷이 감지할 수 있다.

SK그룹은 '플랜 2525'라는 혁신적인 근무 제도를 도입했다. 이 제도는 구성원에게 주 25시간 이상의 근무 시간과 장소를 자율적으로 선택할 수 있는 권한을 부여한다. 이는 일과 삶의 균형을 중시하는 현대사회의 요구를 반영한 것으로, 구성원의 자율성과 책임감을 동시에 높이는 효과를 기대할 수 있다.

현대자동차그룹의 남양연구소는 조직문화개선위원회를 발족하여 문화 개선을 위한 노력을 하고 있다. 이는 연구 개발 분야에서도 창의적이고 유연한 조직 문화가 필요하다는 인식에서 비롯된 것이다. 조직문화개선위원회의 활동을 통해 수직적이고 경직된 조직 문화를 개선하고, 혁신적인 아이디어가 자유롭게 공유되는 환경을 조성하고자 한다.

CJ제일제당은 평균 연령 31세의 사내 벤처팀을 통해 신제품을 개발하고 출시하는 혁신적인 접근을 시도했다. 이는 젊은 세대의 창의력과 트렌디한 감각을 적극적으로 활용하여 시장의 변화에 민첩하게 대응하려는 전략이다. 이러한 시도는 세대 간 협업과 지식 전수의 새로운 모델을 제시하고 있다.

티맵 모빌리티는 그룹 및 팀 단위의 직급을 폐지하는 과감한 결정을 내렸다. 이는 수평적 조직 문화를 지향하는 현대적 트렌드를 반영한 것으로, 직급에 따른 불필요한 위계질서를 없애고 개인의 능력과 성과에 따라 평가받는 문화를 조성하고자 하는 노력이다[10].

이와 같이 기업들은 다양한 방식으로 조직 문화 혁신을 추구하며 창의성과 효율성을 동시에 높이려는 노력을 지속하고 있다. 이러한 변화는 단순한 제도 개선을 넘어, 조직의 지속적인 성장과 혁신을 이루게 한다.

이제 기업의 경쟁력을 강화하기 위해서는 유연하고 창의적인 조직 문화를 형성하는 것이 필수적이다.

행복한 일터를 만드는 구성원의 목소리

SK그룹의 '햅(Happ)' 플랫폼 사례는 현대 기업들이 조직 문화를 어떻게 혁신적으로 개선하고 있는지를 잘 보여준다. 이 플랫폼의 특징은 구성원들이 직접 행복 증진을 위한 아이디어를 제안하고 실행한다는 것이다[11]. 이는 기존의 하향식 소통 방식에서 벗어나, 구성원의 주도적 참여를 통해 조직 문화를 개선하려는 혁신적인 접근법이기도 하다.

'햅' 플랫폼을 통해 SK그룹 구성원은 다양한 아이디어를 제안하고 투표를 통해 실행 여부를 결정한다. 예를 들어, 유연근무제 확대, 사내 카페 운영, 동호회 활동 지원 등의 구성원의 아이디어가 이 플랫폼을 통해 제안되고 실행되었다. 이러한 과정을 통해 구성원은 단순한 수동적 수용자가 아닌, 조직 문화 형성의 주체로 거듭나게 되는 장점이 있다.

또한, 이 플랫폼은 구성원의 주인의식과 책임감을 높이는 데에도 기여하는 접근 방식이다. 자신들이 제안한 아이디어가 실제로 회사 정책에 반영되는 것을 경험하면서, 구성원은 회사에 대한 소속감과 애착심이 커지게 된다. 이는 구성원들의 업무 만족도와 생산성 향상으로 이어질 수 있다.

이러한 다양한 시도에는 단순히 업무 효율성을 높이는 것을 넘어, 구성원의 행복과 자아실현, 그리고 창의성 발현을 위한 환경을 조성하려는 노력이 엿보인다. 또한 기업들이 조직 문화의 중요성을 깊이 인식하고 있음을 보여준다. 이는 궁극적으로 기업의 지속 가능한 성장과 혁신으로 이어질 것이다.

혁신적인 기업문화의 선두주자

글로벌 기업들의 조직 문화 혁신 사례는 우리에게 많은 시사점을 제공하고 있다. 그중에서도 넷플릭스의 '직원 중심 솔루션'은 주목할 만한 사례이다. 넷플릭스는 '드림팀', '자유와 책임', '통제 대신 맥락 공유', '직원 주도 기부 문화' 등을 통해 독특한 조직 문화를 구축하고 있다. 이 기업의 핵심 철학은 구성원들의 자율성과 의사 결정을 존중하고, 솔직하고 직접적인 소통을 장려하는 데 있다[12]. 이는 전통적인 '회사 방침을 무조건 따라야 한다'는 사고에서 벗어나, 직원이 주체가 되는 기업 문화를 만들어가는 혁신적 시도이다.

국내 기업들도 이러한 흐름에 동참하고 있다. LG전자는 내부 구성원들의 의견을 수렴하여 '조직 문화 혁신 11가지 가이드라인'을 수립했다. 이는 구성원의 실제 니즈와 기대를 반영한 실질적인 문화 혁신의 지침서 역할을 하고 있다[13]. 현대제철은 '제철 레시피'라는 독특한 방식을 통해 구성원들의 의견을 팀의 규칙으로 승화시키고 있다[14].

이러한 사례들을 통해 우리가 주목해야 할 점은 단순히 의견을 수집하는 것에 그치지 않고, 리더와 조직이 이를 실제로 실행에 옮기는 과정이다. 진정한 문화의 변화와 정착을 위해서는 리더십의 결단과 조직의 혁신적 실행이 필수적이다. 이는 단기간에 이루어질 수 있는 것이 아니라, 지속적인 노력과 시행착오를 통해 달성될 수 있는 장기적인 과제이다.

결국, 기업 문화 혁신의 핵심은 '사람'에 있다. 구성원을 단순한 업무 수행자가 아닌, 기업의 가치를 공동 창출하는 파트너로 인식하는 것이 중요하다. 이를 통해 구성원은 더 큰 책임감과 주인의식을 가지고 업무에 임하게 되며, 이는 결과적으로 기업의 혁신과 성장으로 이어지게 된다.

그라운드 룰의 도입

앞서 살펴본 바와 같이, 현대 기업들은 조직 문화의 혁신을 위해 다양한 노력을 기울이고 있다. SK그룹의 '플랜 2525', 현대자동차그룹의 조직문화개선위원회, CJ제일제당의 사내벤처팀, 그리고 넷플릭스의 '직원 중심 솔루션' 등은 각 기업의 특성에 맞는 혁신적인 접근 방식을 보여주고 있다. 하지만, 이러한 노력이 실질적인 변화로 이어지기 위해서는 보다 체계적이고 구체적인 실행 방안이 필요하다. 여기서 우리는 '그라운드 룰'이라는 개념에 주목할 필요가 있다.

그라운드 룰은 조직 내에서 모든 구성원이 함께 지켜야 할 기본적인 행동 규범을 의미한다. 이는 야구에서 특수한 상황에 대비해 만든 규칙에서 유래한 개념으로, 조직에서도 변화하는 시대와 구성원들의 특성에 맞춘 특별한 규칙이 필요하다는 인식에서 비롯되었다.

조직 문화의 중요성에 대해 미국의 경영학자 피터 드러커(Peter Ferdinand Drucker)는 "전략은 문화의 아침식사 거리밖에 되지 않는다."라고 말했다. 또한 하버드비즈니스리뷰(HBR)에서는 기업 혁신과 지속 성장의 성패를 가르는 핵심 요소는 '조직 문화'라고 제안하였다[15]. 여러 학자와 인터뷰에서 조직 문화의 중요성에 대해 언급하고 있다. 그라운드 룰이 잘 정립된 조직이 그렇지 않은 조직에 비해 기본적인 규율을 잘 지키고, 높은 성과를 낸다고 한다.

그라운드 룰을 수립하려면

국내의 유명 보험회사에서는 '우리 팀 그라운드 룰 만들기' 캠페인을 진행했다. 건강한 조직 문화를 만들기 위해 구성원들이 직접 참여함으로써 더 나은 일터를 만들기 위함이다[16]. 기업에서 조직 문화의 중요성을 인지하고, 실천할 수 있는 그라운드 룰을 만들기 위한 노력이 이어지고 있다. 그렇다면, 그라운드 룰을 만들기 위해서는 무엇을 고려해야 할까?

다음과 같은 세 가지 핵심 원칙을 통해 효과적인 그라운드 룰을 수립해 보자.

첫째, 그라운드 룰은 회사의 미션, 비전, 핵심가치와 긴밀히 연계되어야 한다. 이는 그라운드 룰이 조직의 정체성과 방향성을 반영해야 함을 의미한다. 예를 들어, 혁신을 중시하는 기업이라면 '항상 새로운 아이디어를 환영하고 실험을 장려한다'와 같은 그라운드 룰을 수립할 수 있다. 동시에, 조직의 업무 특성과 구성원의 특성을 충분히 고려해야 한다. 글로벌 기업이라면 문화적 다양성을 반영한 그라운드 룰이 필요할 것이고, 스타트업이라면 빠른 의사결정과 실행을 강조하는 그라운드 룰이 적합할 것이다. 그라운드 룰은 조직을 둘러싼 환경 변화에 따라 유연하게 조정되어야 한다.

둘째, 그라운드 룰은 반드시 조직 구성원들과의 합의를 통해 만들어져야 한다. 일방적으로 하달되는 규칙은 실효성이 떨어지고 구성원들의 반발을 살 수 있다. 대신, 전 구성원이 참여하는 워크숍이나 설문조사 등을 통해 의견을 수렴하고, 이를 바탕으로 그라운드 룰을 수립하는 것이 바람직하다.

셋째, 그라운드 룰을 정립한 후에는 조직이 추구하는 가치와 목표를 조직의 상징적인 색으로 연결해 보자. 이는 추상적인 개념을 시각화함으로써 구성원의 이해와 공감을 높이는 데 도움이 된다. 예를 들어, 스타벅스의 녹색 로고는 평화, 중립, 편안함, 안정성을 상징한다. 초록색의 의미를 바탕으로 스타벅스는 직원 간 조화로운 관계 구축, 안정적인 성장 추구 등의 그라운드 룰을 정립했다. 모든 직원을 '파트너'로 부르며, 서로 존중하는 문화를 만들었다. 또한, 'Just Say Yes' 정책을 통해 가능한 한 모든 고객의 요구를 수용한다. 이러한 그라운드 룰은 스타벅스의 핵심 가치를 실천하고 녹색 로고가 상징하는 평화, 편안함, 안정성을 구현하는 데 기여한다.

다시 말해, 그라운드 룰은 조직 구성원 모두가 함께 만드는 약속이며, 이는 모두가 동참할 수 있을 때 비로소 효과를 발휘한다.

[그라운드 룰의 예]

- 언제든지 적용 가능한 것부터 정하기
  - 출근 시 메신저로 인사하기
  - 점심 약속이 있을 경우 미리 공유하기
  - 업무 지시는 명확하게, 회의는 간결하게 하기
  - 존중하는 언어(존댓말) 사용하기

- 긍정 문장으로 만들어 실천의지 강화하기
  - 마감기한 넘기지 않기 → 마감기한 지키기
  - 상대방 의견에 비판하지 않기 → 상대방의 의견 수용하기

행복하고 자아실현을 가능하게 하는 그라운드 룰

이러한 그라운드 룰의 도입은 앞서 언급한 기업들의 혁신 사례와 시너지 효과를 낼 수 있다. 예를 들어, SK그룹의 '플랜 2525'와 같은 유연한 근무 제도는 '자율과 책임'이라는 그라운드 룰과 연계될 수 있다. 넷플릭스의 '직원 중심 솔루션'은 '솔직하고 직접적인 소통'이라는 그라운드 룰로 더욱 강화될 수 있다. 각 조직은 자신들만의 고유한 그라운드 룰을 만들어

가야 한다.

여러분의 조직에는 어떤 그라운드 룰이 필요한가?
혹시 이미 존재하는 그라운드 룰이 있다면, 그것이 효과적으로 작동하고 있는가?

이러한 질문들을 통해 우리는 조직 문화의 현주소를 진단하고, 더 나은 방향으로 나아갈 수 있다. 조직 문화의 혁신은 결코 쉬운 과제가 아니다. 하지만 그라운드 룰이라는 구체적이고 실천적인 도구를 통해, 우리는 한 걸음 한 걸음 변화의 길을 걸어갈 수 있다.

조직 문화 형성과 그라운드 룰 정착을 위한 리더의 역할

그라운드 룰의 성공적인 정착과 조직 문화의 발전을 위해서는 리더의 적극적인 역할이 필수적이다. 조직 문화 연구의 선구자인 에드거 샤인(Edgar Schein)은 "리더의 정말 중요하고 유일한 업무는 조직 문화를 만들고 관리하는 것이다."라며 리더의 역할을 강조했다. 리더는 단순히 규칙을 만들고 전달하는 것에 그치지 않고, 실질적인 변화의 주체가 되어야 한다. 이를 위해 역할은 다음과 같다.

첫째, 리더는 그라운드 룰의 중요성을 지속적으로 강조하고 소통해야 한다. 이는 단순한 구호나 일회성 발표가 아닌, 일상적인 업무 외 의사결정 과정에서 그라운드 룰을 언급하고 적용하는 것을 의미한다.

둘째, 리더는 그라운드 룰을 실천하는 모범을 보여야 한다. '말이 아닌 행동으로 보여주는 것'이 중요하다. 리더가 먼저 그라운드 룰을 준수하고 이를 통해 긍정적인 변화를 만들어내는 모습을 보여줄 때, 구성원들의 자발적인 참여를 이끌어낼 수 있다.

셋째, 리더는 그라운드 룰을 실천하는 구성원들을 적극적으로 인정하고 격려해야 한다. 이는 공식적인 보상 시스템뿐만 아니라, 일상적인 피드백과 칭찬을 통해서도 이루어질 수 있다.

넷째, 리더는 그라운드 룰의 효과성을 주기적으로 평가하고 필요시 개선해야 한다. 조직의 환경과 구성원들의 니즈는 계속 변화하므로, 그라운드 룰도 이에 맞춰 진화해야 한다.

다섯째, 리더는 그라운드 룰 실천을 위한 구체적인 시스템과 프로세스를 구축해야 한다. 이는 그라운드 룰이 일시적인 캠페인이 아닌, 조직의 DNA로 자리 잡을 수 있게 한다.

마이크로소프트의 CEO 사티아 나델라(Satya Nadella)는 '성장 마인드셋'이라는 그라운드 룰을 통해 회사의 문화를 변화시켰다. 그는 '우리는 모든 것을 아는 사람이 아니라 모든 것을 배우는 사람이 되어야 한다'는 메시지를 지속적으로 전달하고, 자신부터 이를 실천했다. 이러한 노력의 결과, 마이크로소프트는 더 유연하고 혁신적인 기업으로 탈바꿈할 수 있었다[17].

이처럼 리더의 적극적인 역할은 그라운드 룰의 성공적인 정착과 조직 문화의 발전에 결정적인 영향을 미친다. 리더는 단순한 관리자가 아닌, 문화의 창조자이자 변화의 촉진자로서의 역할을 수행해야 한다. 이를 통해 조직은 더욱 건강하고 생산적인 문화를 형성할 수 있으며, 지속 가능한 성장과 혁신을 이룰 수 있을 것이다.

특별하다고 여겨지지 않을 때,
문화가 진정으로 자리 잡은 순간이다.

04

우리의 문화가
지속되기 위한 Action

오랜 시간, 사랑받는 조직의 비밀

국내 화장품 기업인 아모레퍼시픽은 지속 가능한 조직 문화를 만드는 데 필요한 핵심 요소들을 잘 보여주고 있다. 아모레퍼시픽의 사례를 통해 지속 가능한 조직 문화를 위한 요소들을 살펴볼 수 있다.

첫째, 구성원 특성에 맞는 맞춤형 정책이 필요하다.
아모레퍼시픽은 여성 직원 비율이 높다는 특성을 고려해 사내 어린이집 운영, 여성 휴게실 내 안마 시설 등 여성 친화적인 정책을 적극 도입했다. 이는 구성원들의 니즈를 정확히 파악하고 반영한 결과이다.

둘째, 일과 삶의 균형이 중요하다.

40시간 근무제, 잘 갖춰진 휴가 제도 등을 통해 구성원의 워라밸을 존중함으로써 장기적인 직원 만족도와 생산성 향상을 꾀할 수 있다.

셋째, 평등하고 수평적인 조직 문화를 조성해야 한다.

'님' 호칭 사용, 자율복장 등을 통해 수평적인 조직 문화를 만들어가는 것은 구성원들 간의 원활한 소통과 창의성 발현에 도움을 준다.

넷째, 건강과 복지에 대한 투자가 필수적이다.

사옥 내 병원 시설 구비 등 구성원의 건강과 복지에 투자함으로써, 구성원이 회사에 대한 신뢰와 소속감을 갖게 된다.

다섯째, 장기근속을 유도하는 환경을 조성해야 한다.

아모레퍼시픽의 평균 근속 연수가 12.3년으로 높은 것은 여러 정책들이 구성원의 만족도를 높이고 장기근속을 유도하는 데 기여했음을 보여준다.

여섯째, 기업 철학과 문화의 일치가 중요하다.

'인재의 힘'을 성장 동력으로 삼고 이를 실제 정책으로 구현하는 일관성이 문화의 지속성을 높인다.

마지막으로, 지속적인 노력과 개선이 필요하다.

'세상에서 가장 일하기 좋은 회사'를 만들기 위한 지속적인 노력은 문화가 정체되지 않고 계속 발전할 수 있게 하는 원동력이다[18].

직원 등 현황
(기준일: 2023.06.30)

사업부문	성별	직원수 기간의 정함이 없는 근로자 전체	(단시간 근로자)	기간제 근로자 전체	(단시간 근로자)	합계	평균 근속 연수
화장품/생활용품	남	629	–	10	–	639	12.5
화장품/생활용품	여	1,861	53	138	1	1,999	12.2
지원/R&D/SCM	남	1,102	2	21	–	1,123	12.3
지원/R&D/SCM	여	1,152	30	111	1	1,263	12.4
합계		4,744	85	280	2	5,024	12.3

아모레퍼시픽 직원수/금융감독원 전자공시시스템 DART 갈무리

[표 8-1] 아모레 퍼시픽 평균 근속 연수

이러한 요소들을 종합적으로 고려하고 실천할 때, 조직은 구성원들로부터 오랜 시간 사랑받을 수 있으며, 지속 가능한 문화를 만들어갈 수 있는 것이다.

조직 문화가 지속되기 위한 세 가지 핵심 역량

조직 문화의 지속과 발전을 위해서는 다양성, 유연성, 능동성이라는 세 가지 핵심 역량이 필수적이다. 이 역량들은 각각 독립적이면서도 상호 보완적인 역할을 하며, 조직 문화의 지속성을 위한 중요한 요소이다.

> 조직 문화의 지속성 = 다양성 + 유연성 + 능동성

다양성은 차이를 이해하고 다양한 관점을 수용함으로써 문제 해결 능력을 강화하는 데 중요한 역할을 한다. 앞에 제시한 구글의 사례를 보면, 그들의 '20% 시간' 정책은 구성원이 자신의 업무 시간 중 20%를 개인 프로젝트에 할애할 수 있게 함으로써 다양한 아이디어의 발현을 촉진했다[19].

유연성은 예측 불가능한 환경에 적응하는 능력을 높이는 데 필수적이다. 상황이 변해도 스트레스를 덜 받고 새로운 상황에 잘 적응해 나가는 심리적 유연성은, 급변하는 환경에 적응하는 데 필수적이다. 이는 예기치 못한 변화나 도전에 직면했을 때 빠르고 효과적으로 대응할 수 있게 해준다. 또한, 새로운 아이디어와 다양한 관점을 이끌어낼 수 있다.

능동성은 스스로 역량을 개발하고 변화에 주도적으로 대응하는 자세를 말한다. 삼성전자의 'C-Lab' 프로그램은 구성원의 능동성을 촉진한다. 이 프로그램을 통해 구성원은 자신의 아이디어를 직접 사업화할 수 있는 기회를 얻으며, 이는 개인의 성장뿐만 아니라 회사의 혁신에도 기여하고 있다[20].

다양성, 유연성, 능동성이라는 세 가지 핵심 역량을 통해 우리의 조직 문화는 지속적으로 발전하고, 다양한 도전과 변화에 유연하게 대응할 수

있을 것이다. 이는 단순히 조직의 생존을 위한 전략이 아니라, 더 나은 미래를 위한 필수적인 진화의 과정이다.

특별하다고 여겨지지 않을 때 '문화'가 정착된 것

에드거 샤인(Edgar Schein) 교수의 조직 문화 모델은 조직 문화를 이해하는 데 매우 유용한 도구다. 이 모델은 조직 문화를 세 가지 층위로 나누어 분석하며, 이 모델을 통해 우리는 조직 문화의 복잡성과 깊이를 더욱 명확히 이해할 수 있다.

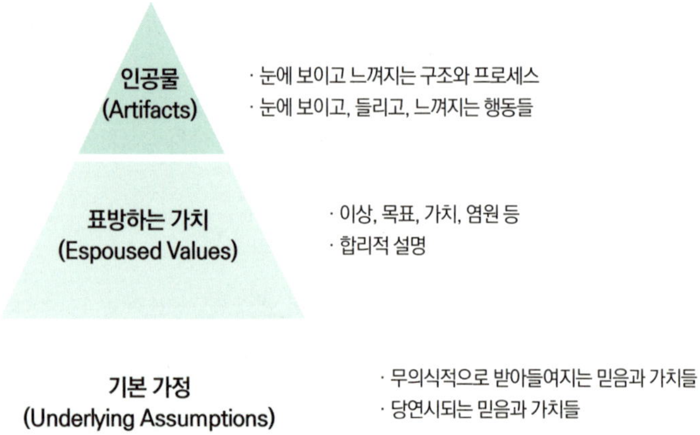

인공물 (Artifacts)
- 눈에 보이고 느껴지는 구조와 프로세스
- 눈에 보이고, 들리고, 느껴지는 행동들

표방하는 가치 (Espoused Values)
- 이상, 목표, 가치, 염원 등
- 합리적 설명

기본 가정 (Underlying Assumptions)
- 무의식적으로 받아들여지는 믿음과 가치들
- 당연시되는 믿음과 가치들

[그림 8-1] 에드거 샤인. 조직 문화 모델

첫 번째 층은 'Artifacts(인공물)'로, 가장 표면적인 층이다. 이는 눈으로 볼 수 있는 요소들로, 회사의 로고, 구성원의 복장, 사무실 배치 등이 해당된다.

두 번째 층은 'Espoused Values(표방하는 가치)'이다. 이는 회사가 공식적으로 중요하다고 말하는 가치들로, 미션 선언문이나 윤리 강령 등이 여기에 속한다.

마지막으로, 가장 깊은 층인 'Underlying Assumptions(기본 가정)'가 있다. 이는 조직 구성원들이 당연하게 여기는 믿음이나 생각들이다.

이 모델의 핵심은 진정한 조직 문화가 가장 깊은 층인 '기본 가정'에 있다는 점이다. 구성원들이 특정 행동이나 사고방식을 당연하게 여길 때, 그것이 바로 그 조직의 진정한 문화가 된다. 따라서 조직 문화를 변화시키고자 한다면, 이 깊은 층의 '기본 가정'부터 변화시켜야 한다.

조직 문화의 변화는 결코 쉽지 않다. 그러나 '기본 가정'을 이해하고 변화시키려는 끊임없는 노력을 통해, 우리는 의미 있는 변화를 만들어낼 수 있다. 이는 강력한 리더십 의지와 모든 구성원의 적극적인 참여가 필요한 여정이다.

우리가 특별하다고 생각하지 않을 때, 그것이 바로 문화가 진정으로 뿌리내린 순간이다. 물고기가 물의 존재를 인식하지 못하듯이, 우리도 조직 문화 속에서 무의식적으로 살아간다. '이렇게 하는 게 당연하지'라는 생각이 들 때, 그것이 바로 우리 조직의 진정한 문화이다.

다시 말해, 우리가 특별하다고 생각하지 않을 때, 문화는 이미 깊이 뿌리내린 것이다. 일상적인 행동과 사고방식 속에 조직 문화가 녹아있음을 인식해야 한다.

일.잘.러가 되는 여정

이제 우리의 조직을 돌아보자. 우리가 '당연하게' 여기는 것들은 무엇인가? 그 당연함이 바로 우리 조직 문화의 핵심일 수 있다. 만약 우리가 꿈꾸는 이상적인 문화와 현실 사이에 간극이 있다면, 그 차이를 좁히는 것이야말로 조직 문화를 변화시키는 시작점이 될 것이다.

조직 문화가 진정으로 정착되었다고 말할 수 있는 때는 그것이 더 이상 특별하게 여겨지지 않는 순간이다. 우리가 의식하지 않고 자연스럽게 하는 행동 그것이 바로 우리 조직의 진정한 문화다.

여러분의 조직에서 '당연하다'고 여기는 것들 중, 정말로 바람직하고 지속되어야 할 것은 무엇이며, 반대로 변화가 필요한 것은 무엇인가? 이 질문에 대한 답을 찾아가는 과정이 곧 조직 문화를 이해하고 발전시키는 첫 걸음이 될 것이다.

Epilogue

에필로그

Epilogue

에필로그

후회 최소화 프레임워크를 작동하자

잠시 눈을 감고 내가 80세가 되었다고 상상해 보자. 그리고 살아온 인생을 돌아보았을 때 무엇을 후회할 것 같은지 한번 생각해 보자.

이는 아마존의 CEO 제프 베지스가 개발한 인생에서 중요한 결정을 내리는 데 도움이 되는 정신 모델, '후회 최소화 프레임워크'를 통해 생각하는 방법이다. 후회 최소화 프레임워크는 단기적인 편안함이나 안정보다는 장기적인 행복과 성취에 집중하는 것을 목표로 한다. 뉴욕 헤지펀드에서 일했던 그는 아마존을 설립하기 위해 직장을 그만두기로 할 때 이 개념을 처음 도입했다고 한다.

 일반적으로 사람들은 자신이 한 일보다 하지 않은 일에 대한 후회가 더 많이 남는다. 그렇다면 워커로서 보낸 시간을 되돌아보았을 때 후회를 최소화하고 행복한 워커로 성장하려면 어떻게 해야 할까? 이에 대한 해답을 찾기 위한 치열한 고민 속에 우리 저자들의 연구가 시작되었다. 이 과정에서 단순히 현재에만 통하는 방식이 아닌, 시간이 흘러도 변함없는 워커의 중요한 가치에 집중했다. 이 책에서 다룬 8가지 키워드(변화, 워커, 책임, 협업, 소통, 사고, 마음, 문화)는 워커라면 누구나 고민하는 행복과 삶의 방향성, 그리고 매 순간 직면하는 도전 속에서 성장의 기회를 만들어나가기 위한 로드맵을 제시한다.

8가지 키워드가 만들어낼 변화에 집중하자

 △변화를 기회로 만드는 용기 △워커로서의 꾸준한 자기경영 △책임의 의미를 알고 완수하는 책임 의식 △협업을 통한 공동의 성취 △소통의 힘으로 이루어내는 성과 △사고의 전환과 디지털 사고를 통한 문제해결 △마음 관리를 통한 일터와 삶터에서의 행복 △문화의 이해와 존중을 통한 조화로운 공존

 이 8가지 키워드는 변화의 소용돌이 속에서도 우리가 진정으로 원하는 삶을 향해 꿋꿋이 나아가는 데 필요한 나침반의 역할을 할 것이다.

"내일을 실현하는 데 유일한 한계는 오늘에 대한 의심이다."
-프랭클린 D. 루스벨트

    해변에서 멋진 모래성을 만든다고 가정해 보자. 모양 틀, 삽 등 필요한 도구는 모두 준비되어 있지만, 문득 '파도가 밀려와서 모래성을 무너뜨리면 어쩌지?', 혹은 '멋지게 못 만들면 어쩌지?'라는 불안감이 몰려오기 시작한다. 이런 걱정은 결국 모래성 쌓기를 시도조차 못 하게 한다. 양손에 모래만 가득 쥔 채 고민만 하다가 시간을 흘려보내는 것이다.

    이 책을 통해, 불확실한 미래에 대한 두려움보다는 자신감을 갖고, 책에서 소개한 내용들을 실행에 옮겨 능동적인 워커로 성장하기를 바란다. 또한, 오늘에 대한 불확실성과 의구심으로 인해 내일 찾아올 무궁무진한 기회를 놓치게 되는 안타까운 일들을 최대한 겪지 않았으면 한다.

    예기치 못한 도전과제에 직면할 때마다 앞서 언급한 8가지 키워드를 참고하여 현명한 결정을 내리길 바란다. 의심을 자신감으로, 도전을 성취로 바꿈으로써 워커 개인의 새로운 도전이 성장의 밑거름이 되고, 개개인의 성장이 모여 조직의 문화가 되는 변화가 마법처럼 펼쳐지기를 희망한다.

참고문헌

01챕터

1) 이윤정(2023.5.2.). 할리우드 작가들, 15년 만에 '파업'. 경향신문.
2) 양준석(2024.7.11.). [AI와 고용시장①] IMF, AI가 미래 일자리 60% 대체. AI TIMES.
3) 홍준기(2024.2.23.). 당신의 직장을 위협하는 AI… 실제 미국 해고 사례 분석하니. 조선일보.
4) 김상준(2024.7.5.). 삼보모터스그룹, 전 계열사 '로봇 프로세스 자동화' 시스템 도입추진. 동아일보.
5) Microsoft.(2021). The Next Great Disruption Is Hybrid Work—Are We Ready?
6) 이현주(2024.7.9.). 원희룡 언급한 '꿈같은' 주3일 하이브리드 근무제 뭐길래. 한국일보.
7) 이현승(2023.8.21.). 소통 안된다" 재택근무 거둬들이는 회사들… 직원들 의견은 분분. 조선비즈.
8) 안희정(2024.4.15.). '뚜루루 뚜루~' 간주만 들어도 딱 아는 이 회사… 어떻게 들어가지?. 지디넷코리아.
9) 박시현(2024.5.27.). 서울 직장인 퇴근 후 달려가는 곳은. 매일경제.
10) 최현정(2023.12.21.). 오바마폰으로 유명했던 블랙베리… '자동차'에 탑재되는 근황. 전자신문.
11) 한수의(2023.10.). [경영의 窓] 인재 부족, 업스킬링·리스킬링으로 해결하자. Chief Executive.
12) 이인열(2024.4.2.). [경제포커스] 아마존 시대에도 월마트가 잘나가는 비결. 조선일보.
13) Sarah K. White(2024.7.10.). '생성형 AI·역량 기반 채용으로 전환하기'… 조직 내 직무 재정의를 위한 체크리스트. CIO.
14) 링크드인(2020). 2020 Workplace Learning Report.
15) 권하영(2024.7.14.). "미라클 모닝에서 헬시 플레저까지"… 新라이프스타일 '갓생' 부상. 청년일보.
16) Häfner, A., & Stock, A.(2010). Time management training and perceived control of time at work. International Journal of Stress Management, 17(4), 255-263.

17) Hill, P. L.외 5명(2020). Social, emotional, and behavioral skills: An integrative model of the skills associated with success during adolescence and across the life span. Frontiers in Psychology, 11, 1943.

18) 빈난새(2024.3.4.). 작년 고공비행 국내 LCC…치열한 1위 경쟁. 한국경제.

19) 강홍민(2024.6.4.). 회사는 회사일 뿐… Z세대 간 사원들끼리도 세대 차이 느껴요. 한경비즈니스.

20) Fogel, B.(2024.2.3.). Boomers, Gen X, Gen Y, and Gen Z Differences Explained. Operation Technology.

21) 사람인(2021). '어린 리더 vs 연상 부하'에 대한 직장인 설문조사 결과.

22) Jenkins, J.(2020.12.1.). Leading the four generations at work. American Management Association.

23) 정진호 외(2024). DEI시작하기: 기업과 개인을 위한 안내서. 서울: 원앤온리.

24) 레오나르드 믈로디노프(2018). 유연한 사고의 힘: 창의적인 사고를 할 수 있는 사소한 습관(김정은 역). 서울: 까치글방.

25) 정현진(2024.6.23.). "번아웃까진 아닌데 약간 무기력"… 토스트아웃의 등장. 아시아경제.

26) 라파엘 산탄드루(2018). 나를 비참하게 만들지 않는 기술(홍선영 역). 서울: 생각의 날개.

27) 양희정, 이창현(2024). 불확실성에 대한 인내력 부족과 걱정의 관계: 심리적 유연성으로 조절된 불안민감성의 매개효과. 국제인문사회연구학회, 6(2), 315-334.

28) Evan Schuman(2024.6.26.). "AI 도입으로 인한 업무 효율성 증가, 직원은 외로움 느껴" HBR 연구. CIO.

29) 이기욱(2024.6.6.). AI 개발자들 "AI 위험성 경고할 권리 보장하라". 동아일보.

30) 김덕진(2023). AI 2024 트렌드&활용백과. 서울: 스마트북스.

02챕터

1) 최석환(2021.7.6.). "정년연장은 반사회적"… '공정 보상' 외치는 MZ노조. 머니투데이.

2) 임창현, 위영은 외(2017). 학습민첩성(Learning Agility) 측정도구 개발 연구. 한국인력개발학회 HRD연구 학술저널 HRD연구. 19(2). 81-108.

3) 배준열(2023.9.13.). 직장 내 보상 부족… 우울증 없어도 자살 생각까지 일으켜. 의사신문.

4) 박용삼(2016.11.20.). 당근과 채찍이 능사 아니다. 중앙일보.

5) 신성진(2018.10.21.). 보상만 따지면 돈 못 벌어, 원하는 일 해야. 중앙일보.

6) 정헌희(2023.9.5.). [EBS 위대한 수업, 그레이트 마인즈(시즌3)] 하워드 가드너의 '다중지능이론' 특강. 한국강사신문직장인.

7) 최보윤(2024.7.12.). [요즘말 사전] 시성비, 투자하는 시간 대비 성능. 조선일보.

8) 사이먼 시넥(2021). 스타트 위드 와이(Start With Why): 나는 왜 이 일을 하는가(윤혜리 역). 서울: 세계사.

9) 스티븐 코비(2023). 성공하는 사람들의 7가지 습관(30주년 에디션)(김경섭 역). 파주: 김영사.

10) 새벽을 여는 마케터(2024.3.8.). 시간을 버는 가장 쉬운 방법, Time Blocking. 오픈애즈 뉴스레터.

11) 칼 뉴포트(2017). 딥 워크 강력한 몰입, 최고의 성과(김태훈 역). 서울: 민음사.

12) 쉬센장(2020). 하버드 첫 강의 시간관리 수업(하정희 역). 서울: 리드리드출판.

13) 최준영(2022.12.11.). "첫 직장 유지·퇴사 이유 1위는 직무적성 때문". 문화일보.

14) 황원규(2023.11.29.). "지구를 위한 '메타인지' 사용법" [2023 미래지식 포럼]. 더나은미래.

15) 오규덕(2012.1.11.). 취업준비, 하고 싶은 직무로부터 시작하자. 지역내일.

16) 켄드라 체리(2023.11.13.). What Is the Negativity Bias?. verywellmind.

17) 갤럽프레스(2021). 위대한 나의 발견 강점 혁명. 서울: 청림출판.

18) 한준기(2023.2.27.). 제대로 된 성과관리를 위하여 – 목표 설정의 다섯 가지 키워드. 월간경영.

19) 한현석(2022.12.15.). 나는 왜 '일'을 하는가. 프라임경제.

03챕터

1) 한승곤(2024.1.10.). 회사 파일 4000개 지우고 퇴사한 직원 벌금형. 파이낸셜뉴스.

2) 고용노동정책팀(2023.1.31.). 100대 기업 인재상 보고서. 대한상공회의소.

3) 린다 그래튼(2020). 100세 인생(안세민 역), 서울: 클.

4) 정유미(2020.11.17.). 요즘 신입사원들은 왜 책임감이 없을까. 경향신문.

5) 꾸이 응우옌 후이(2001.9.). in Praise of Middle Managers, 하버드비즈니스리뷰.

6) Roger Connors, Tom Smith(2021). How Did That Happen. 미국: Portfolio.

7) 지나영(2023). 코어 마인드. 서울: 위즈덤 하우스.

8) 이지은(2024.8.29.). 영원히 대리로 남을래, 웰빙대리 꿈꾸는 MZ세대. 아시아경제.

9) 김경민, 문지민(2023.6.23.). 횡령·성추행... SNS 타고 삽시간 확산. 매경이코노미.

10) 야멜 멜라미드(2015). 우리는 왜 거짓말을 하는가?. EBS국제다큐영화제EIDF.

11) 김주영(2018.12.5.) 탕비실서 커피믹스 한 움큼, 직장인들의 소확횡. 세계일보.

12) 김평식(2015). 개인적 조직적 및 환경적 요인이 직원 절도에 미치는 영향 연구. 한국범죄정보연구. 한국사회안전범죄정보학회.

13) 이규열(2023.5.). AI·데이터로 조기 퇴사자 95% 예측. 동아비즈니스리뷰.

14) 박지민(2023.7.13.). 레퍼런스체크, 실제로는 '이렇게' 합니다. 잡플래닛.

15) 크리스토프 앙드레(2018). 내 마음이 왜 이래(이세진 역). 서울: 부키.

04챕터

1) 안삼수(2022.8.17.). 10대 절반은 스마트폰으로 TV 본다. 파이낸셜뉴스.

2) 김봉준(2022.8.). 업무 역량 끄집어내는 것은 인재 활용 성장시키며 성과 내는 것이 인재 경영. 동아비즈니스리뷰.

3) Evan W. Carr, Andrew Reece, Gabriella Rosen Kellerman, and Alexi Robichaux(2019). The Value of Belonging at Work. Harvard Business Review.

4) 임대환(2020.7.27.). 성인남녀 73% "실패 두려움 크다"… 56% "직장서 버틸 수 있을까 걱정". 문화일보.

5) 서경리(2022.6.27.). 직장인 100% 직장 내 무례함을 경험한 적 있어. 톱클래스.

6) 크리스틴 포래스(2018). 무례함의 비용(정태영 역). 서울: 흐름출판(주).

7) 마릴리 애덤스(2018). 삶을 변화시키는 질문의 기술(정명진 역). 파주: 김영사.

8) 로버트 치알디니(2023). 설득의 심리학 1(황혜숙, 임상훈 역). 파주: 21세기북스.

9) 추가영(2023). AB인베브와 구글이 잘하는 '이것'. 긱스.

10) 마이크로소프트(2021). 트렌드지수(Work Trend Index) 조사.

11) 마흐디 루가니자드, 바네사 본스(2022.01.27.). 부탁의 말? 만나서 해야 성공률 높아져. 하버드비즈니스리뷰.

12) 윤승원(2021.11.). 리스킬링을 교육 관점에서만 보면 실패, 핵심 부서 모두의 협업과 공감대 필요. 동아비즈니스리뷰.

13) Nan Jia, Xueming Luo, Zheng Fang and Chengcheng Liao(2024). When and How Artificial Intelligence Augments Employee Creativity. Academy of Management Journal. 07. 5-32.

14) 이동인(2023.10.13.). 넘쳐나는 정보… 지금 필요한 인재는 '폴리매스'. 매일경제.

15) 차현아(2018.12.4.). 우버가 '다양성' 강조하는 이유. 조선일보.

16) 삼성전자 뉴스룸(2023.3.7.). "다양성과 포용이 만드는 혁신" 전 세계 삼성전자 임직원에게 듣다.

17) 카카오(2023). 다양성 보고서.

18) 추가영(2022). 다양성, 형평성, 포용성 'DEI' 높이려면. 동아비즈니스리뷰.

05챕터

1) 추가영(2024.2.16.). AI 시대에 '소프트 스킬'에 대한 수요가 늘어나는 이유. 한국경제.

2) 이재형(2023.3.). 지속가능성-퀀텀점프 비결은 '다양성' 느슨한 결속과 단순한 규칙이 핵심. 동아비즈니스리뷰.

3) 통계청(2023). 생명표.

4) 데이비드 A. 싱클레어 외(2020). 노화의 종말-하버드 의대 수명 혁명 프로젝트(이한음 역). 서울: 부키.

5) 사람인(2024.6.4.). 직장인 76% 세대 차이 토로 … "MZ도 MZ와 세대갈등 느껴요". 사람인 뉴스룸.

6) 김상숙(2021). 공기업 조직 구성원의 다양성 인식이 조직몰입에 미치는 영향: 다양성 감수성(Diversity Sensitivity)의 조절효과를 중심으로. 한국사회와 행정연구. 32(1). 157-180.

7) 마우로 기엔(2023). 멀티제너레이션 시대, 대전환의 시작(이충호 역). 파주: 리더스북.

8) 통계청, 맥킨지코리아(2019). 대한민국 세대 구분.

9) 김영훈(2024.3.). '진실한 꾸중'은 어디 갔는가. 동아비즈니스리뷰.

10) 자밀 자키(2024). 힘든 시기에도 공감을 지속하는 방법. 하버드비즈니스리뷰.

11) 한국관광 데이터랩(2023). 관광트렌드 전망 및 분석 보고서.

12) 황한찬, 정주원(2022). 스마트워크와 조직 내 커뮤니케이션 변화에 대한 이론적 탐색. 한국지역정보화학회지. 25(4). 121-145.

13) 마이크로소프트(2021). 트렌드지수(Work Trend Index) 조사.

14) 린다 그랜턴(2021). 하이브리드 근무 시대, 제대로 일하기. 하버드비즈니스리뷰.

15) Satir V, Banman J, Gerber J, Gomori, M(1991). The satir model: Family and beyond. Palo Alto, CA: Science and Behavior Books.

16) 한병철(2017). 타자의 추방. 서울: 문학과지성사.

06챕터

1) 2023년 스마트폰 과의존 실태조사(2023.12.). 과학기술정보통신부, 한국지능정보사회진흥원.

2) 한영주(2024.2.13.). 숏폼의 이용과 부작용. 방송과기술.

3) 조동찬(2024.1.21.). 숏폼에 빠지면 도파민 중독?… 뇌의 빈틈 파고든다. SBS NEWS.

4) 이동구(2023.4.2.). 정보 과잉 시대의 올바른 대처. 울산제일일보.

5) 최경숙(2024.3.13.). 불편한 진실 확증 편향적 알고리즘. 충청타임즈.

6) 남보라(2024.1.3.). 진짜뉴스보다 6배 빠른 '가짜뉴스' 거르려면… 언론이 똑바로 해야 한다. 한국일보.

7) 조승한(2020.8.13.). 코로나19 가짜뉴스로 1~3월 사이 800명 숨졌다. 동아사이언스.

8) 세계경제포럼(2023). WEF_Future of Jobs 2023.

9) 심효준(2024.4.24.). AI시대에서 창의적 사고의 필요성. 중도일보.

10) 박제원(2024.4.2.). 비판적 사고란 무엇이고, 왜 필요한가?. 교육을 바꾸는 사람들.

11) 노용진(2010.8.31.). 기업 창의성 경영하기. LGERI리포트.

12) 홍주연(2024.1.23.). '가짜'에 당한다. 디지털 문해력 키우는 이유 3가지. Chosunbiz.

07챕터

1) 김현주(2024.2.14.). 직장인 85.2%, '직춘기' 겪은 적 있다. 세계일보.

2) 성진규(2022.2.7.). 출근하고 싶지 않고 무기력하다면?… 보어아웃 증후군. 하이닥뉴스.

3) 김영은(2022.8.20.). "우울하고 불안해요"… '직장인 금쪽이' 180만 명 시대. 한경비즈니스.

4) 윤다빈(2022.7.12.). 과로사회 MZ세대 44% "번아웃 경험"… 힐링 리스트 작성-실천을. 동아일보.

5) 박보현(2024.5.14.). 외로운 현대인, '반료돌'이 건네는 위로에 빠지다. 단디뉴스.

6) 신재우(2024.2.14.). 조용한 퇴사, 요란한 퇴사… 그 중심엔 '불안함'이 있다. 뉴시스.

7) 닐 도쉬, 린지 맥그리거(2021). 무엇이 성과를 이끄는가(유준희, 신솔잎 역). 서울: 생각지도.

8) 윤선영(2020.10.29.). 친구처럼 지내는 직장동료 많을수록 일도 더 잘한대요. 매일경제.

9) 이예림(2024.8.28.). 울분의 민족이 되어가는 한국… 30대 "사회 불공정" 심각. 세계일보.

10) 박정선(2024.7.25.). 뭐든지 과하면 '독'… 주체적으로 택하는 도파민의 순간. 데일리안.

11) 권기선(2024.5.2.). 도파밍, 도파민 디톡스, 활용한 색다른 마케팅 '활발'. 데일리팝.

12) 이선영(2018.5.30.). 뇌 속의 시계, 1초를 확보하라 '1초의 여유가 멀티태스킹 8시간을 이긴다'. 시사매거진.

13) 이바름(2024.6.26.). 尹 '정신건강정책 혁신위' 첫 회의 주재 … "국민 정신건강, 국가가 돌보겠다". 뉴데일리.

08챕터

1) 이수진(2023.7.24.). 함영준 회장이 이끄는 '오뚜기'가 '갓뚜기'인 이유. 리버티코리아포스트뉴스.

2) 최우리, 김경애(2022.12.19.). 파타고니아처럼 지구 위해 지분 물려주는 한국 기업 나오길. 한겨레.

3) 브리핑스(2022.2.10.). [행복한 회사가 어디 있나요] 구글코리아. 혁신을 만드는 구글의 조직문화. 모비데이즈.

4) 에이미 에드먼슨(2019). 두려움 없는 조직(김태훈 역). 경기: 다산북스.

5) 애덤 그랜트(2016). 오리지널스(홍지수 역). 서울: 한국경제신문.

6) 김정우(2024.5.14.). 고속도로 '색깔 유도선' 개발한 공무원, 13년 만에 훈장 받아. 한경비즈니스.

7) 이동준(2019.4.29.). 남양주 별내의 '장수의자', 다른 동네에도 없는 '별난 의자'. 세계일보.

8) 노병우(2023.1.2.). cj대한통운 '칭찬챌린지/조직문화 혁신, 기업문화 확산. 프라임 경제.

9) 김상수(2024.4.4.). 삼성바이오로직스 임직원 건강 챌린지·케어. 헤럴드 경제.

10) 박성국, 정서린(2022.5.3.). '조직문화' 바꾸고 바꾼다... 기업들 소통 넘어 혁신 중. 서울신문.

11) 한현주(2020.5.24.). SK C&C, 소통앱 '햅'으로 행복경영 실천... 3개월 만에 65개 행복 아이디어. 글로벌이코노믹.

12) 리드 헤이스팅스(2020). 규칙 없음(이경남 역). 서울: 알에이치코리아.

13) 고성현(2022.5.3.). LG전자, 새로운 조직문화 위한 11가지 가이드 마련. 디지털 투데이.

14) 홍승표(2023.10.20.). 현대제철, 그라운드 룰 '제철 레시피' 공개 "유연한 조직문화 도모". 인더뉴스.

15) 김남국(2018.1-2월 합본). 조직문화가 전략을 이긴다. 하버드비즈니스리뷰.

16) 전민준(2024.2.21.). 미래에셋생명, 건강한 조직문화 형성 앞장… '팀 그라운드 룰 만들기'. 머니앤밸류.

17) 사티아 나델라(2018). 히트 리프레시(최윤희 역). 서울: 흐름출판.

18) 이수진(203.8.29.). [기업문화 이곳은], 아모레퍼시픽의 성장동력, '인재의 힘'... 지속적 조직구조 변화로 직원 만족도 UP. 리버티코리아포스트.

19) 에릭 슈미트(2014). 구글은 어떻게 일하는가(박병화 역). 파주: 김영사.
20) 삼성뉴스룸(2023.12.28.). 삼성전자, 'CES 2024'에 'C랩 전시관' 운영 C랩 스타트업 23개 'CES혁신상' 수상. 삼성뉴스룸.

저자소개

김예진

국내 유수의 기업 및 기관에서 연간 250회 이상의 활발한 교육을 하는 전문 강사이자 몽골호텔협회 CS초빙교수로 다양한 강의 현장에서 다채롭게 활동하고 있다. 명실상부한 최고의 서비스기업인 삼성에버랜드 서비스아카데미 사내 강사 출신으로 2010년부터 현재까지 교육 현장에서 끊임없이 성장해 나가고 있다. '강의를 연구하고 디자인한다'는 신념을 가지고 개인과 조직의 발전을 위해 교육하고 있으며, 주요 강의 분야는 고객 만족(CS), 감정관리, 소통, 리더십 등이다. 컨설팅 및 온·오프라인 강의를 활발하게 하고 있다. 현재 삼성 관계사, LG그룹 등을 비롯한 대기업 및 전국지자체의 인재개발원에 출강하며 우수 강사로 인정받고 있다.

하수민

리얼에듀컴퍼니 대표. 기업 및 공공기관에서 활발하게 강의와 컨설팅을 하고 있으며 2021년부터는 인사혁신처 정부 정책소통 전문강사로도 활동 중이다. 국민대학교 글로벌창업벤처 대학원에서 창업교육학을 전공하였으며 급변하는 시대의 미래 인재의 필수 요소인 기업가정신을 접목한 교육을 연구하고 교육현장에 접목하고 있다. 학습자와의 공감 능력이 뛰어나며 실제 적용 가능한 강의를 하는 것이 가장 큰 특징이다. 주요 강의 분야는 커뮤니케이션, 계층별 역량 강화, 회복탄력성과 스트레스 관리, 리더십(리더의 멘탈 관리) 등이 있다. 다짐테라리움이라는 체험 힐링 콘텐츠의 저작권을 가지고 있으며 현재 삼성 관계사, LG 관계사, 현대자동차그룹 등 대기업 및 공공기관의 인재원에 출강하고 있다.

이선혜

WU에듀앤코칭 대표로서 'Always Walk with You'라는 슬로건 아래, 개인과 조직의 동반 성장을 위해 연구를 이어오고 있다. 대학에서는 기업가정신, 직업윤리 등 다양한 교과목을 강의했으며, 현재는 세대 간 소통, 코칭 커뮤니케이션, 셀프 리더십 등 맞춤형 교육 및 워크숍 프로그램을 제공하고 있다. 저서로는 「신입사원을 위한 C.A.R.E 소통 가이드」가 있으며, 심리적 특성과 창업 의지에 관한 논문을 썼다. (사)한국코치협회 인증 코치로서 활발히 활동하며, 코칭 전문가로서의 역량을 키워나가고 있다.

조은님

링크인컨설팅 대표로 사람과 사람이 연결되고, 조직과 구성원이 연결되어 조화를 이루는 일터를 만든다는 슬로건을 가지고 HRD 전문 강사로 활동 중이다. 중앙대학교 글로벌인적자원개발 대학원에서 HRD를 전공하였으며, 상향식 학습, 직원몰입, 조직풍토, 혁신행동과 관련된 논문을 발표했다. 한국퍼실리테이터협회 인증퍼실리테이터(CF), 한국코치협회 인증코치로 활동하며 이를 기반으로 교육 프로그램을 연구·개발하여 진행하는 것이 강의의 특징이다. 주요 강의 분야는 조직문화와 리더십, 협업, 커뮤니케이션, 회복탄력성 등으로 구성원을 연결하고 성장시키는 촉진자로 함께하고 있다.

김윤정

교육컨설턴트이자 강사로서 대학과 다양한 기관에 교육을 제공하고 있다. 강사로 활동하기 전에는 호텔신라와 대학 입학홍보팀에서 근무했으며, 현재는 '포미컴퍼니' 대표로서 더 가치 있는 내일을 위한 교육을 목표로 하고 있다. 주요 강의 분야는 디자인씽킹을 기반으로 한 문제해결과 창의력 증진, 스마트워크, 디지털리터러시 등이다. 특히, 에듀테크와 문제 해결 사고력에 깊은 관심을 가지고 지속적으로 학습하며, 디지털 기술이 올바른 사고와 결합되어 실무에 효과저으로 활용될 수 있도록 돕는 것을 목표로 삼고 있다.

도지은

디오 커뮤니케이션 대표로 조직과 구성원의 긍정적인 변화를 돕는 기업교육 강사로 활동하고 있다. 성균관대학교에서 화학, 경영학을 복수전공하여 LG화학 생산관리 엔지니어로 사회에 첫발을 디뎠다. 이후 연세대학교 대학원에서 인적자원개발 석사과정을 전공하였고, NICE D&R 컨설팅팀, 한화호텔앤드리조트 인재개발팀에서 근무하며 제조업, 컨설팅업, 서비스업 등 다양한 업종에서 경험을 쌓았다. '연결'을 중요 가치로 삼아 '구성원 간의 연결', '구성원과 조직과의 연결', '나와 일의 연결', '고객과 서비스의 연결'을 위해 꾸준히 연구하며 강의하고 있다. 퍼실리테이션, 코칭, 게이미피케이션 등 폭넓은 방식으로 교육생에게 닿는, 효과 높은 교육을 진행하고 있다.

김은영

위허브(We Hub) 컨설팅의 대표이며, 숭실대학교 일반대학원 경영학 박사과정 중이다. '조직의 성장을 위한 솔루션을 연구하고 강의한다'를 모토로 기업과 공공기관에서 강사로 활동하고 있다. 현대백화점, 삼성전자서비스, BBQ 연수원에서 사내강사로 근무하며 CS 강의와 현장 코칭을 통해 풍부한 경험을 쌓았다. 현재는 국내 기업 및 공공기관 임직원을 대상으로 강의하고 있으며, 주요 강의 분야는 마음 관리, 조직문화, 리더십, 생성형 AI 활용법 등이다.

박승은

하트컴퍼니 대표로 'Human Emotion And Relation Therapy' 사람 정서와 건강한 관계 회복이라는 슬로건 아래 다양한 조직 및 개인을 대상으로 리더십, 설득의 기술, 스트레스 관리 등의 주제로 강사 활동을 하고 있습니다. 한양대학교 교육대학원에서 인재개발교육을 전공했으며, 교육 철학인 사람 간의 관계와 소통을 개선하는 것이 개인의 성장과 조직의 성공에 핵심적이라는 점을 강조하며, 다양한 교육과 코칭 프로그램을 통해 실질적인 변화를 이끌어내고 있다. 저서로는 「NCS 직업기초능력평가 기술능력」(지은이

'KSA 한국표준협회 연구의원'으로 기재)이 있으며, 긍정심리자본, 조직몰입 및 직무스트레스와 관련된 논문을 썼다.

워커빌리티

초판 2쇄 인쇄	2025년 01월 31일
초판 2쇄 발행	2025년 02월 05일

지은이	김예진 · 하수민 · 이선혜 · 조은님 김윤정 · 도지은 · 김은영 · 박승은
편집	이다겸
디자인	박나경
마케팅	안용성, 이홍석
기획	민현기 (로젠탈 콘텐츠 랩)
펴낸이	하혜승
펴낸곳	㈜열린길
출판등록	제2020-000047호
주소	서울특별시 성북구 보문로 37길 15, 201호
전화	02-929-5221
팩스	02-3443-5233
이메일	gil-design@hanmail.net

ISBN 979-11-990110-0-7 03190

* Book Insight는 ㈜열린길의 출판 브랜드입니다.

* 책값은 뒤표지에 있습니다.

* 이 도서의 국제표준 도서번호(ISBN)는 국립중앙도서관 서지정보유통지원시스템 홈페이지(http://seoji.go.kr)에서 이용할 수 있습니다.

* 이 책은 저작권법에 따라 보호받는 저작물이므로 무단전재와 무단복제를 금지하며, 이 책 내용의 전부 또는 일부를 이용하려면 반드시 저작권자의 동의를 받아야 합니다.

* 북 인사이트는 교육전문가들의 콘텐츠 개발과 출간을 지원합니다. 좋은 원고가 있으면 언제든 inlab2020@gmail.com으로 보내 주세요.